先住民からみる現代世界

わたしたちの〈あたりまえ〉に挑む

深山直子　丸山淳子　木村真希子 編

昭和堂

はじめに

みなさんは、アイヌモシリという言葉を知っているだろうか。アイヌモシリとは、アイヌ語で「人間の住む大地」を意味し、アイヌの人々が何世代にもわたって暮らしてきたところを指している。この大地で、アイヌの人々は交易を通して栄え、他文化と交流しながらも独自の言語や文化を発展させてきた。ところが、そこは今では、北海道や千島列島などと呼ばれている。暮らす人々の大半はアイヌではなく、日常的にアイヌ語が聞こえてくるわけでもない。どうして、このような状況になったのだろうか。

アイヌと似たような状況にある人々は、実は世界各地にいる。長い間、そこに暮らしてきたにもかかわらず、たとえば学校で自分たちの言葉や歴史を学ぶこともかなわず、自分たちが信じる神に祈りをあげることも禁じられ、ときにはその土地から追い出されたり、望まない変化を強いられたりすることもあった。より力のある人々がつくった国のなかで、自分たちの国を持つことも許されないままに、さまざまな苦難を強いられて生きてきたのである。本書の主人公となるのは、こうした人々である。

彼らは、二〇世紀の後半に入ったころから、「先住民/先住民族（indigenous peoples）」と名乗り、地域や国を越えて連帯するようになった。アイヌの人々も、このグローバルな動きに加わった。自らが経験してきた苦難を他者と共有し、協力して問題解決の道を探るようになったのである。やがて国際社会もこの問題に注目し始めた。とくに国連は、世界各地から集った先住民が、この問題に関心を寄せる人々とともに、現在も続く過酷な状況を改善することを求めて、さまざまな働きかけをする場となった。

その働きかけが一つの実を結んだのは、二〇〇七年のことであった。国連において「先住民族の権利に関する国連宣言」が採択されたのである。ついに先住民が、それぞれの固有性を維持しながらも、平等な権利を持つことが国際法のなかで高らかに宣言された。これにより、先住民の運動における新しい幕が上がった。国連に集った先住民は、ここから再びそれぞれの国や地域に戻って、具体的な問題の解決に向けた新たな試行錯誤を始めることとなった。先住民の暮らす国や地域の状況は、その歴史的な経緯や政策のあり方、経済的事情に至るまで、多様性に富んでいる。それを受けて、各地の先住民の新たな挑戦もまた、それぞれに独自の展開を見せながら、今まさに続いている最中である。

ところで、このような国連を主な舞台とするグローバルな動きに、日本からアイヌ以外の人々も加わっていたことは、あまり知られていないのかもしれない。それは、沖縄を中心に暮らす、しばしば琉球民族と名乗る人々である。彼らも先住民であると聞いたら、なるほどと思うだろうか。それとも、いや、先住民らしくない、と違和感を持つだろうか。実は琉球の人々の間でも、自分たちを先住民だと考えている人もいれば、そう考えない人も多く、一つのまとまった考えがあるわけではない。

同様に、世界を見渡せば、先住民として権利を主張し、国連という国際法のシステムに訴えることを選択した人々がいる一方で、同じような状況におかれていても、その道をあえて選択しない、あるいはできない人々もたくさんいる。また先住民であることが認められたとしても、それだけですべての問題が解決するわけではない。ときには、一部の人々だけの権利が認められたことで、他の人々が排除されたり、あるいは地域社会に対立や格差が生まれたりすることもある。先住民という概念が、多様な人々を含み込むものとして育まれてきた一方で、その概念の境界領域では、複雑で一筋縄ではいかない問題が数多く生まれてもいる。

この数十年で、先住民の問題に対する国際的理解は大きく進展したといわれる。これを進めたのは、なによりも先住民自身による、世界をより良いものにしようとする地道な努力であった。それでもなお、彼らの挑戦は終わりを迎えてはいない。このことは、先住民をめぐる問題が彼らの問題というよりはむしろ、現代世界に生きる私たちみなの問題として、今いちど考え直さなければならないことを意味している。

本書は以上のような問題意識から「先住民からみる現代世界」——すなわち現代世界に対する、先住民自身を主体とする見方と、先住民という概念を切り口とする見方の双方——を、世界各地における事例に基づいて丁寧に描き出すことを目指している。先住民のグローバルな運動や「先住民族の権利に関する国連宣言」は、どのような意味や影響力を持ってきたのだろうか（第Ⅰ部）。一方で、先住民は、歴史的な経緯や法・政治的な枠組みが異なる国家のなかで、それぞれ、どのように独自の運動を展開しているのだろうか（第Ⅱ部）。そして先住民になることを選択する人々、しない人々、あるいはできない人々の間には、どのような違いや葛藤が生まれているのだろうか（第Ⅲ部）。本書は三部構成で、これらの問いについて考えていきたい。また一・二章は「国連」、三・四章は「国家」、五・六章は「歴史」、七・八章は「政治」、九・一〇章は「伝統」というキーワードでつながっており、それを手がかりに読み始めることもできる。さらにこの問題の拡がりが感じられるように、各章の間には九つの多彩なコラムが加えられている。

本書を通して読者のみなさんが、現代を生きる先住民の多様さに触れて、さらに先住民を問うことの奥深さに気づくことを通じて、当たり前と思っていた世界の見方が少しでも変わったと感じられたのならば、編者にとってこれ以上の喜びはない。

二〇一七年九月二〇日　吉祥寺のにぎやかな飲食店にて

編者一同

目次

第Ⅰ部　国際社会に立つ先住民

第Ⅱ部　国家に対峙する先住民

序章　いま、なぜ先住民か

丸山淳子・木村真希子・深山直子

1　先住民の新たな挑戦

ニューヨークの国連本部ビルには毎年、美しい民族衣装に身を包んだ世界各地の先住民が集う。国家の代表ばかりが議論する場だと思われてきた国連で、国家のなかで政治的に抑圧され、経済的に搾取され、文化的に見下されてきた人々の声に耳が傾けられる。ニュージーランドのマオリと、インドのナガと、ボツワナのサンといった、居住地はもとより言語も文化も異なる人々が、同じ先住民として、互いの苦境と戦略と希望について話し合う。こんな光景は、最近まで想像さえされなかったものだろう。

二〇〇七年、「先住民族の権利に関する国連宣言」（以下、国連先住民族権利宣言）が採択された。先住民が長年にわたって粘り強く交渉を重ねた成果であった。この宣言は、先住民が主流社会とは異なる独自の文化や社会を維持することや、自らの目指すところを追求し経済社会開発を主体的に進める権利を持つことを認めるものであった。これにより、かつて一般的であった「先住民は他の国民に同化するべきである」とする考え方は、明確に覆された。いまや先住民は国際社会における重要なアクターとして無視できない存在になっている。

世界各地で多様な暮らしを営む人々が、それぞれの国家のなかで周辺化されてきたという経験を共有している点において、先住民という共通のアイデンティティを持つようになったのは、比較的新しいことである。彼らは植民地化を推進した列強諸国や近代国家の政府によって、「未開の」「遅れた」「滅びゆく」民族と位置づけられ、基本的には絶滅か同化かという二択を迫られてきた。もちろん彼らはそれぞれの地域で抵抗してきたが、その声は結局のところかき消されてきた。

ところが二〇世紀も終わりに近づくころから、先住民という概念がグローバルに使われ始めた。先着性やヨーロッパ系植民者による抑圧の有無などにこだわらずに、より広い意味で国家のなかで周辺化されてきた人々が、世界各地で「先住民」として声を上げ、地域や国を越えて連帯していった。その結果、先住民の問題が国際的に取り組むべき重要な課題であるという認識が広まり、ついに国連先住民族権利宣言というかたちで、その主張を世界に響かせることに成功したのである。

その二〇〇七年から一〇年以上が経過した今日、先住民の運動は新たな段階に移り、新たな課題も提起されつつある。国連先住民族権利宣言に謳われた内容を実質的なものとし、具体的な権利を獲得するためには、世界各地の先住民との連帯もさることながら、むしろ国家や地域における交渉が以前にも増して重要になってきている。先住民がグローバルな議論を経由しつつ、ローカルな脈絡において主流社会と対峙するとき、彼らにはどんな困難が待っているだろうか。さらに、先住民という概念が拡張し、数多くの集団が「先住民になった」結果、先住民はその内部に高い多様性を含み込むようになった。先住民という名乗りを積極的に使う人々がいる一方で、あえて別の戦略をとる人々もおり、また先住民として力を得る人々がいれば、先住民から排除される人々もいる。このような差異が生じるなかで、彼らの間にはどのような関係が築かれるのだろうか。

先住民にとって挑戦の舞台は、国際社会から再びそれぞれの国家や地域へと回帰しつつある。さらにその挑戦は、主流社会への抵抗にとどまらず、先住民内部、あるいは同様の苦難に直面しつつも先住民とは名乗らない人々との間における不平等や排除といった困難への対処にも及んでいる。こうした新たな展開と、それが提起する複雑な問題は、いまだ十分に検証がなされているとはいえない。

本書は、この点にフォーカスし、幅広い地域の具体的事例をていねいに考察することで、先住民という理念や現実をめぐるローカルな展開を解き明かすことを目指す。そして、そのことを通して、今いちど、先住民という切り口から現代世界を捉え直すことをその目的としている。

なお、本書においては、執筆者の学術的な背景や先住民との関わり方の多様性を反映し、それぞれの章やコラムの立ち位置や主張がすべて重なるわけではない。本書のなかで、「先住民」と「先住民族」という二つの用語が混在していることは、その最たる例である。読者に混乱を招く恐れはあるものの、後に述べるように、このこと自体が先住民をめぐる問題の複雑さと難解さを表していると考え、各執筆者の選択に委ねたものである。なお序章では、国連先住民族権利宣言などの国際法の名称や国連機関、その他の先住民組織の固有名詞として「先住民族」が定訳として定着している場合に「先住民族」を採用し、それ以外の部分は「先住民」と表記する。

2　先住民の周辺化の歴史

先住民は、植民地化や近代国家の形成の過程で排除され、この世界のなかでもっとも周辺化されてきた人々である。ここでは、近年の先住民運動の高まりを理解するために、その歴史的経緯を簡単に見ておきたい。

近代化が進められるなかで、先住民は虐殺や土地の収奪、強制労働などに直面してきた。たとえば、中南米のインディアスと呼ばれた人々は、コロンブスのアメリカ大陸到達以降、四〇年間に一二〇〇万人以上が虐殺された。また、北アメリカのインディアンはヨーロッパ人侵略以降、度重なる戦争や虐殺、強制移住の結果、総人口が二五％以下にまで減少したといわれる（上村 一九九二：一二―一五、三八―四五）。

このような迫害は、しばしば近代的な土地所有制度の導入と同時進行で進み、もともとそこに住んでいた人々の慣習的な居住や土地利用の権利も無視されることが多かった。こうして肥沃な土地は入植者や開拓者の個人所有地や大規模農場に転換され、狩猟採集の場であった森林地や河川などは国有となり使用が制限された。その結果、人々は諸資源にアクセスすることが難しくなり、生活は困窮し、飢餓や栄養不足、疾病などが蔓延することになった。これが近代における土地の「開発」の第一の形態ともいえよう。その後も、大規模ダムや道路、工場建設などにより、立ち退きや森林の伐採などが進み、彼らの生活圏は侵害され続けた（バージャー 一九九二）。

また、教育や医療などの領域においても、先住民はそこから排除されるか、むしろ負の影響を受けてきたといってよい。たとえば、一九世紀から二〇世紀にかけて北アメリカやオーストラリアでは、先住民の子どもを「近代的に育てる」ことを目的に、「遅れた」文化を持つ親元から強制的に引き離し、寄宿学校に入れたり里親に預けたりする制度が実施された。慣れない生活や栄養不足によって疾病が蔓延し、死亡したり虐待を受けたりした子どもは数知れず、成長した後に前世代との断絶に苦悩する者も多かった。

こうした数々の困難に対しては、それぞれの地域で、さまざまなかたちの闘いがくりひろげられてきた。なかには一時的な成功を収めた人々もいれば、政治的な手段に訴えた人々もいた。さらに、見過ごされがちなところだが、世界各地の先住民は、国家の規制や管理をかいくぐりながら、土地や資源にアクセスし、自らの生業や伝統を実践することで、日常的な抵抗を繰り広げてきた。しかし彼らが置かれた苦境が根本的に改善されることは少なく、ときにはさらなる土地収奪や強制労働などにあうことさえあった。それでも、その挑戦が積み重なり、やがて先住民の苦境は、国際社会にとって重要な課題として認識されるようになっていく。この大きな変化は、二〇世紀後半における先住民運動の高揚に端を発したと考えられる。

3　先住民の拡張と多様化

一九六〇年代末から七〇年代にかけて、南北アメリカやオセアニアをはじめとする植民国家の先住民によって、固有の法・政治・社会・文化的な地位や権利を求める先住民運動が高揚し、その組織化も進んだ。アメリカでは先住民問題の国際化を目指して、一九七四年に「インディアン条約会議」、一九七七年に「インディアン法資料センター」が設立された。また、一九七五年には「世界先住民族会議」の世界大会が開催され、南北アメリカやオーストラリア、ニュージーランド、北欧の先住民が参加した（バージャー 一九九二：一一五―一二〇、上村 一九九七：八二―八五）。

このような運動は一九七〇年代後半ごろから実を結び始めた。すなわち、各国家はそれまで、先住民を主流社会に同化させることを基本方針としてきたが、先住民としての地位を確立し、先住権を認定すると同時に、彼らの自決権を尊重する方向へと大きく舵を切り始めたのである。

さらにこの問題は、国連でも取り上げられるようになり、一九七一年にはマルティネス・コーボゥが「先住民問題の研究」に関する特別報告者に任命された。コーボゥは一〇年あまりかけて包括的な報告書を作成し、八〇年代前半に数回にわたって報告書を提出した。そのなかで、先住民の普遍的な権利を「宣言」としてまとめるための作業部会の設置と、一九九二年を国際先住民年とすることを勧告した。これを受けて一九八二年には、国連に先住民作業部会が立ち上げられた。世界各地の先住民が集って議論をする場が設けられ、国連先住民族権利宣言の起草も始まったのである（バージャー 一九九二：五一〇―五一一、上村 一九九七：七九―八一）。

このことは他の国際機関にも影響を与え、一九八九年には、国際労働機関（ＩＬＯ）が「先住民族」に関する最新の人権基準といわれるＩＬＯ第一六九号条約を採択した。この条約には彼らが「独自の文化や生活様式を維持しながら、他の人々と同じ諸権利を享受できる」という規定が盛り込まれている。また同年、世界銀行が出した「環境アセスメントに関する業務指令」においても、開発に際して「先住民族」に配慮することの重要性が明示された（高倉二〇〇九）。

このような国連を中心とする国際機関の動きにおいて、先住民の定義[1]が統一されなかったことは特筆に値しよう。この背景には二つの理解がある。一つは、国連先住民族権利宣言に記されているように、先住民は誰を先住民とするかの基準も自己決定できるべきであるというものである。もう一つは、先住民作業部会に参加する集団が増えるにつれ、先住民は国際人権システムのなかで発展中の概念であり、すべての国家や国際機関、そして先住民当事者が合意できる定義に至ることは困難だというものである。したがって先住民作業部会では、先住民を、時間的な先住、固有の文化、自認、周辺化の経験といった特徴を緩やかに共有する集団として位置づけ、議論が進められた。

コーボゥの提案からは一年遅れたが、一九九三年は「世界の先住民の国際年」、翌一九九四年からは「世界の先住民の国際一〇年」と定められ、先住民をめぐる諸問題が国際社会における重要な課題として認識されるようになった。こうして先住民概念がグローバル化し、またより包含的な概念として用いられるようになると、すでにその地位を確立していた先住民と同様の経験をし、問題を共有していたアジアやアフリカの集団のなかからも、自らを先住民として組織化し、国連の会議に参加するものが現れるようになった。さらに、国際機関で認定と支持を得たことを武器に、帰属する国家において先住民運動を展開する人々も出てきた。

4　国連先住民族権利宣言の意義

「世界の先住民の国際一〇年」では、二つの主な目標が定められた。一つは、国連に先住民について扱う常設の機関を設けることである。これは二〇〇二年、経済社会理事会の諮問機関として「先住民族問題に関する常設フォーラム」が設置されたことで実現し、冒頭で示したように、現在も毎年、先住民が国連に集っている。もう一つは、この一〇年の間に国連先住民族権利宣言を採択することである。これは、アメリカやオーストラリアをはじめとする各国の反対もあって、最終年である二〇〇四年までには実現されることはなかった（上村 一九九七：九四―九五）。それでも、二〇〇五年から「第二次世界の先住民の国際一〇年」が始まり、先住民の粘り強い交渉が継続され、二〇〇七年九月一四日に国連総会にて一四三ヶ国の賛成を受けて国連先住民族権利宣言が採択されるに至った。かつて先住民は国連で意見を述べることさえ困難であったことを考えれば、この宣言の採択は、先住民が国際法の主体であり、それ以外の人々と違いを維持しながら平等の権利を持つことが認知されたという点で、画期的なものであった。

さてここで、先住民と先住民族という言葉について、国連との関係性を中心に大まかに整理しておきたい。かつて先住民を指す用語として native（原住民、土人）や tribe（部族民）といった言葉が使われていたが、これらは差別的な意味合いが強かった。そのため、当事者による権利回復運動や国連において、同じような意味合いでより中立的な言葉として indigenous population/peoples（先住民/先住民族）が採用されるようになった。さらに一九九〇年代以降、国連先住民族権利宣言の内容が議論される過程で、先住民は単なる集団としての population/people ではなく、個別に自決権を持った peoples であると主張するようになる。ところが政治的な自決権は国家からの分離独立の可能性を含意するため、そのことに反対する国家政府は indigenous population/people を採用することを主張した。このような経緯をふまえたうえで、日本では、自決権を持つのは民族であると理解されてきたこともあって、先住民の自決権を支持する研究者や活動家は indigenous peoples を「先住民族」と訳し、「先住民」とは異なる意味合いを持たせて使い分けた（たとえば、本書第二章、第七章）。

ただし、二〇〇七年には国連先住民族権利宣言が採択され、国連では indigenous peoples という表記が定着した。このため「先住民/先住民族」の使い分けが先住民としての権利の認定に関わるという認識は、九〇年代から二〇〇〇年代前半の一時期ほどの重要性を持たなくなったと理解してよいだろう。そのうえで peoples をあえて「民」と解釈し、「先住民」という訳を採用する研究者もいれば（たとえば、本書第一章）、国連や国際法における議論から距離をとりつつ、「先住民」という言葉に意味を見出す場合もある（たとえば、本書第三章）。あるいはやはり「先住民族」と「先住民」を積極的に使い分けて論じることもあり（たとえば、本書第四章）、その用いられ方は個々の文脈で異なっているのが現状である。

5　先住民運動と先住民研究のダイナミズム

一九六〇年代末より先住民運動が高揚するのに伴い、先住民を主題とした研究も数多く蓄積されてきた。歴史的に先住民の主張がもっとも顕著に表れたのは植民国家であったため、当初は先住民といえば、植民国家において植民地化以前からそこに居住する人々にのみ適用されがちであった（窪田 二〇〇九）。その文脈では先住民と外来の植民者との間に境界線を引くことは比較的容易であった。換言すれば、先住民が誰であるのかという点は自明視されたうえで、それをめぐるさまざまな問題や解決策について論じられたと考えられる。

しかしながら、一九九〇年代以降、先住民概念のグローバル化に伴い、国際社会においても先住民の存在感が増し、世界各地で自らを先住民であるという主張をする人々が現れた。同時に、さまざまな地域の先住民に関する研究が増えていくなかで、日本でも「先住民／先住民族」という言葉が一般化していった。そして先住民運動を支援する立場の研究者や活動家が国際的潮流を紹介したうえで、そのなかにアイヌ民族や琉球の働きかけを位置づける試みがなされた（たとえば、上村 一九九二、二〇一五）。

他方、植民国家におけるいわば古典的な先住民の間でも、近代化・欧米化や都市移入、非先住民との婚姻や交流などの変容が急速に進み、伝統的な暮らしや主流社会と異なる文化などによって特徴づけられる先住民像には収まりきらない人々が増えていった。すなわち先住民が拡張すると同時に多様化するなかで、先住民の特徴や要件を一定の基準に基づいて捉えることができなくなり、同時にまたそうすることが不当とされる社会状況が生まれたのである。このような現実を前に、あらかじめ定められた基準に基づいて先住民を捉えるのではなく、国家や主流社会、他の先住民や国際機関などとの関係に基づいて捉えることの方が適切だと考えられるようになってきた（Kenrick and Lewis 2004）。

ところで、人類学などの人文社会科学の学術的議論において、一九八〇年代後半以降、それまでの研究方法や理論的枠組み、あるいは諸概念全般について批判的に再考する動きが高まった。たとえば「伝統」や「文化」「民族」といった概念について、それまで不変的・静態的な描き方がされてきたことに疑問が呈され、むしろ可変的・動態的なものとして理解するべきだと考えられるようになった。このような本質主義から構築主義へという流れは、国際社会における先住民の拡張と多様化に伴って、先住民をさまざまな関係性のなかで捉えるというアプローチと齟齬のないものだったといえる。

その一方で、研究者による構築主義的な捉え方は、問題を生じさせることもあった。たとえば、先住民が帰属する国家において法・政治・社会・文化的改善を求めて先住民運動を行う際に、その根拠の一つとして自らの「伝統」を不変的・静態的なものとして位置づけ自己表象することは、効力を持つからこそ、しばしば実践されてきた。このことを研究者が「伝統」は近代化以降の社会変容のなかでいわば「創られたもの」であると指摘したことによって、先住民運動を阻害する植民地主義的な振る舞いとして、先住民から非難されたこともあった（たとえばTrask 1991）。多くの研究者にとって、そのような帰結は意図するところではなく、先住民に対してどのようなアプローチをとるのかについては、慎重にならざるをえなかったものと思われる。

しかしながら、一九九〇年代を過ぎて、二〇〇〇年代に入ると、国際社会における先住民の拡張と多様化はよりいっそう勢いを増し、二〇〇七年には国連先住民族権利宣言が採択された。先住民運動が急速に進展していくなかで、それぞれの国家あるいは地域、先住民運動に独自の展開が見られるだけでなく、先住民という概念や運動における矛盾や問題が指摘される事例も報告されるようになった。

このような現代の先住民の実態を捉えるために、たとえばデ・ラ・カデナとスターンは、先住性は自明なものでも内在的なものでもなく、「混淆、折衷主義、ダイナミズム」といったプロセスこそがその中心にあると指摘したうえで、先住民は「である（being）」という固定化された状態ではなく、「なる（becoming）」ものとして捉えるべきだと主張している。そして従来は先住民という切り口で論じられてこなかった人々をも俎上に載せ、議論を深めた（de la Cadena and Starn 2007）。窪田・野林も同様に、先住民を普遍性と差異をめぐるポリティックスを通じて「構築的に立ち現れる」存在と位置づけ、植民国家の植民者との境界が比較的明確で、先住民運動を先導してきた「顕在的先住民」のみならず、それ以外の地域で先住民概念のグローバル化に伴って先住民主張を始めた「潜勢的先住民」を積極的に取り上げている（窪田・野林 二〇〇九）。他方ピーターズとアンダーセンは、植民国家の都市の先住民に焦点を絞りながら、従来は辺境の地に「伝統的」な生活様式を送る先住民こそが「本物」であると表象されてきたことを批判し、現代を生きる彼らの「脆弱さ、創造性、そして複雑さ」を描き出す（Peters and Andersen 2013）。本書は基本的にこういった先行研究の延長線上にあり、先住民という存在が、個別の社会状況のなかで「立ち現われる」ものであると考え、その現れ方のダイナミズムに注目することに力を入れている。

6　本書の構成と各章の紹介

ここまで述べた背景をふまえ、本書は以下のように構成されている。まず本書は、二〇〇七年に採択された国連先住民族権利宣言を、国連を中心とした先住民の権利回復運動におけるもっとも重要な成果の一つとして位置づけ、第Ⅰ部でこれを取り上げる。そして、権利宣言が国際社会にとって、また日本の先住民にとってどのような意味を持ったのかを明らかにする。そのうえで続く二つの部では、この宣言の実質化において今日、重要な課題となっている二つのテーマに焦点があてられ、世界各地の事例に基づいて検討が進められる。すなわち、第Ⅱ部では、先住民の挑戦の舞台が再びローカルな文脈に回帰していることを見据えて、先住民あるいは先住民になろうとする人々が、それぞれが身を置く国家において、中央政府、地方政府、そして先住民ではない住民を相手にいかなる交渉を展開し、権利を獲得しようとしているかが示される。また第Ⅲ部では、先住民の多様化とそれが生み出す問題に着目し、先住民として権利主張をする人々とその戦略をとらない人々、また先住民のなかで成功していく人とそこから排除されていく人々の多様な実践を考察する。

以上の三部を通して、先住民という概念のグローバル化に伴い、それがいかなる成果と問題をもたらしているかが明らかにされる。また三部構成に加えて、第一、二章は「国連」、第三、四章は「国家」、第五、六章は「歴史」、第七、八章は「政治」、第九、一〇章は「伝統」というキーワードでつながっており、対になる論文として読むこともできる。

各章について見ていくと、第Ⅰ部の第一章では、国連先住民族権利宣言における個別の権利や、先住民の権利と国際法の関係、そしてそもそも国際的な意味での先住民と、その中核となる民《ピープルズ》という概念について議論される。第二章はアイヌ民族と琉球民族という日本の先住民による国連での働きかけとその成果について分析し、特に国連先住民族権利宣言採択後の動向をくわしく論じる。

第Ⅱ部の第三章と第四章では、先住民としての固有の政治的地位や法的権利をめぐる先住民運動の行方に注目する。第三章は、マオリとニュージーランド政府の間に生じた海にまつわる二つのコンフリクトに注目したうえで、先住民が主流社会の仕組みに則って経済的発展を目指す姿と、そのような仕組みの前提に抗し挑む姿の双方を指摘する。第四章では、台湾と沖縄には共通点が多いにもかかわらず、文化的状況や歴史、とりわけ近代国家成立史の違いから、双方での先住民運動の展開には大きな違いが見られることが明らかにされる。

第五章と第六章は、先住民が被植民地化や固有性を主張する際に、必ず伴う歴史の再構成という問題について取り上げ、そのダイナミズムや政治性に焦点をあてる。第五章は、アメリカのヤキが、先住民としての地位や権利を獲得するために連邦政府あるいは州政府から認定されるにあたって、研究者ではなく先住民自身が紡ぐ歴史が効力を持つように変化しつつあることを明らかにする。第六章では、モロッコのベルベル人にとって、自文化をアラブ人のイスラーム文化から差異化する先住民運動には限界があることから、生活実感に根差しつつ二者が融和的に位置づけられるような歴史観・故郷観を形成するという新たな展開が見られることが指摘される。

第Ⅲ部の第七章と第八章は、国家や地域という脈絡における先住民やトライブ（部族民）といった概念の成り立ちをふまえながら、「先住民になる」ことを戦略的に選択する人々としない人々の差異を描くことを試みる。第七章は、インドとミャンマーの国境地域で、「インド人でもミャンマー人でもない」という自覚を持つナガ民族が、先住民運動を通じて国家を超えたアジア地域の先住民ネットワークを形成し、国家にとらわれない生き方を模索している状況を描く。第八章は、同じインドでも先住民という主張をしないトライブのある集団の事例を手がかりに、そもそも「トライブ」という概念が非常に多様な人々を包含していること、したがってその人々が多様な戦略をとることは当然であることを論じる。

第九章と第一〇章は、先住民の権利や文化が認められる一方で、そこから排除されていく人々や文化があることに注目する。第九章では、グァテマラのマヤ系先住民のなかには、先住民文化として認められるコーヒー栽培に特化し、経済的にも潤うグループがある一方で、その波に乗らずに、昔ながらのトウモロコシ栽培に力を注ぐグループが忘れ去られるという対比が鮮明に描かれる。第一〇章では、ボツワナの狩猟採集民サンが、グローバルな先住民運動と連帯して法廷闘争を繰り広げることで、故地への権利を取り戻したものの、その権利運動の過程やもたらされた結果が、かえってこの社会の根幹をなす移動生活を制限したり、定住生活への志向を強化させるという矛盾が指摘される。

7　先住民の多様な現れ方と現代世界

本書は、これらの各章の間に、九つのコラムを加えることで、先住民を取り巻く問題が、それぞれの文脈のなかで極めて多様な現れ方をすることが理解できるように編まれた。最後に、各章とコラムの内容にも触れながら、本書の特徴を三つにまとめておきたい。

第一の特徴として、取り上げる地域に広がりがある点があげられる（一六〜一七頁）。すなわち、早くから国内外で先住民運動を進め、国家によっても先住民の地位と権利が一定程度認定されているニュージーランドやアメリカなどにおける最先端の動きを論じると同時に、それ以外の地域で、最近になって先住民運動に加わった人々や、国家による認定がないなかで運動を進める人々などの実態にも目を向けている。

前者の地域をとりあげた章・コラムでは、先住権がある程度認められたことによって、各地で新たな展開が生まれていることが示される。たとえばニュージーランドのマオリは土地だけでなく海への権利も主張し（第三章）、アメリカでは国家や州からの認定を得ることの重要性が増すとともに（第五章）、その認定によってこそ伝統的な文化活動の振興が進んでいる（コラム⑤）。またアメリカ先住民の遺骨返還が進み、それが日本のアイヌの遺骨問題の解決にも大きく影響を与えている（コラム④）。

他方、後者の地域の事例をみると、先住民運動によって状況が改善する場合のみならず、その限界や葛藤が明らかになる場合もあることが分かる。たとえば多くのアジア諸国は、「国内に先住民はいない」という立場をとっており、国連先住民族権利宣言の採択後も、先住民の地位と権利が回復されていない。アンダマン海域の先住民モーケンの生活圏が次第に狭められている現状は、このような文脈に位置づけられる（コラム②）。アフリカも同様の状況にあり、さらにその歴史的経緯から先住民と非先住民の境界が極めて流動的であるため、問題は複雑である。たとえばモロッコのベルベル人の場合、主流社会との文化的差異を強調する先住民運動には限界があり（第五章）、またカメルーンのボロロの場合は、国際的には「先住民」と認められても、国内ではむしろ「後から来た移住者」という位置づけになるという捻れが生じている（コラム⑥）。

第二の特徴は、先住民と共通点を持ちながらも先住民運動からは距離を置く人々を、意識的に取り上げた点である。

たとえばインドの少数民族であるナガは先住民運動を積極的に展開しているが（第七章）、同じ少数民族のビールは運動からは一線を画している（第八章）。同様に、タンザニアの狩猟採集民であるハッザとサンダウェ（コラム⑧）、そしてフィンランドの少数派であるサーミとスウェーデン（語）系フィンランド人（コラム⑦）も、同じ国のなかで周辺化された状況にありながら、前者は先住民運動に加わり、後者は別の戦略をとっている。さらにチベット難民も、先住民運動とは違うかたちで民族自治を目指している（コラム③）。こうした先住民という概念の境界領域に目を向けることによって、「先住民になる」ことの意味がより鮮明に理解されることを目指した。

第三の特徴として、文化人類学者、社会学者、先住民運動を推進してきた者、先住民当事者といった異なる立場や専門の執筆者が、先住民運動の到達点とそれがもたらす問題、さらには意図せざる帰結を総合的に描き出すことに努めた点があげられる。特に本書で立場や理解の違いが出ているのは琉球／沖縄をめぐる章とコラムである。本書では琉球／沖縄を積極的に先住民と位置づけて、その有効性を伝えてきた上村（第二章）と、上村の影響を受けつつ当事者の立場から運動を展開してきた宮里（コラム①）、そして沖縄出身で台湾の原住民研究に従事しつつ、琉球／沖縄の先住民運動を比較しながら分析した石垣（第四章）の論考が収録されている。三人による現在の琉球／沖縄における先住民運動の評価は一様ではないが、そのこと自体を考えることによって問題の奥行きが明らかになる。

また、先住民運動は、多様かつ目的の異なるアクターが交渉しながら進む複雑なプロセスであるため、一見すると先住民の権利や文化の承認という点で「成功」と評価されている場合でも、先住民の内部に対立や格差を生んでいることもある（第九章と第一〇章）。その結果、人々の試行錯誤が「先住民になる」こととは別の方向へ向かうこともある。たとえばアフリカではいったんは先住民運動に加わった集団が、より効果的な方法を求めて運動から距離を置いたり（第一〇章、コラム⑥）、先住民の地位と権利が一定程度認定されたオーストラリアにおいては、むしろ「非先住民側のルーツ」にも関心が寄せられる状況が現れている（コラム⑨）。本書では、こうした現状にも目を向け、先住民運動に対して一定の評価を下すことをあえて避け、むしろ先住民という問題の複層性を照らし出すことに注力をしている。

以上のように彩り豊かな章とコラムから、「先住民からみる現代世界」――すなわち先住民自身を主体とする見方と、先住民という概念を切り口とした見方の双方――が浮かび上がってくるだろう。そのことによって、グローバル化やネオ・リベラル化の進展、あるいはネオ・コロニアリズムの展開などによって、行き詰まりを見せる現代世界を別の視点から捉え直し、未来を展望することにつながると考えている。

注

1　ただし、コーボゥ報告書には先住民の作業定義があり、ＩＬＯ第一六九号条約でも条約対象の定義がなされている。国際的な人権システムのなかで先住民に当たるかどうかは、これらの定義を使って判断可能である。

参考文献

上村英明　一九九二『先住民族――「コロンブス」と闘う人びとの歴史と現在』解放出版社。
上村英明　一九九七「アジアにおける先住民族の権利確立に向けて――先住民族の権利に取り組む国連人権機構の歴史と現状」アジア・太平洋人権情報センター編『アジア・太平洋人権レビュー一九九七――国連人権システムの変動』七九―八〇頁。
上村英明　二〇一五『新・先住民族の「近代史」――植民地主義と新自由主義の起源を問う』法律文化社。
窪田幸子　二〇〇九「普遍性と差異をめぐるポリティクス――先住民の人類学的研究」窪田幸子・野林厚志編『「先住民」とはだれか』世界思想社、一―一四頁。
窪田幸子・野林厚志編　二〇〇九『「先住民」とはだれか』世界思想社。
高倉浩樹　二〇〇九「先住民問題と人類学――国際社会と日常実践の間における承認をめぐる闘争」窪田幸子・野林厚志編『「先住民」とはだれか』世界思想社、三八―六〇頁。
バージャー、ジュリアン　一九九二『世界の先住民族』明石書店。
de la Cadena, M. and O. Starn（eds.）2007. *Indigenous Experience Today*. Berg.
Kenrick, J. and J. Lewis 2004. Indigenous Peoples' Rights and the Politics of the Term 'Indigenous'. *Anthropology Today* 20 (2): 4-9.
Peters, E. and C. Andersen（eds.）2013. *Indigenous in the City: Contemporary Identities and Cultural Innovation*. UBC Press.
Trask, H-K. 1991. Natives and Anthropologists: The Colonial Struggle. *Contemporary Pacific* 3 (1): 158-167.

本書で取り上げる国と民族

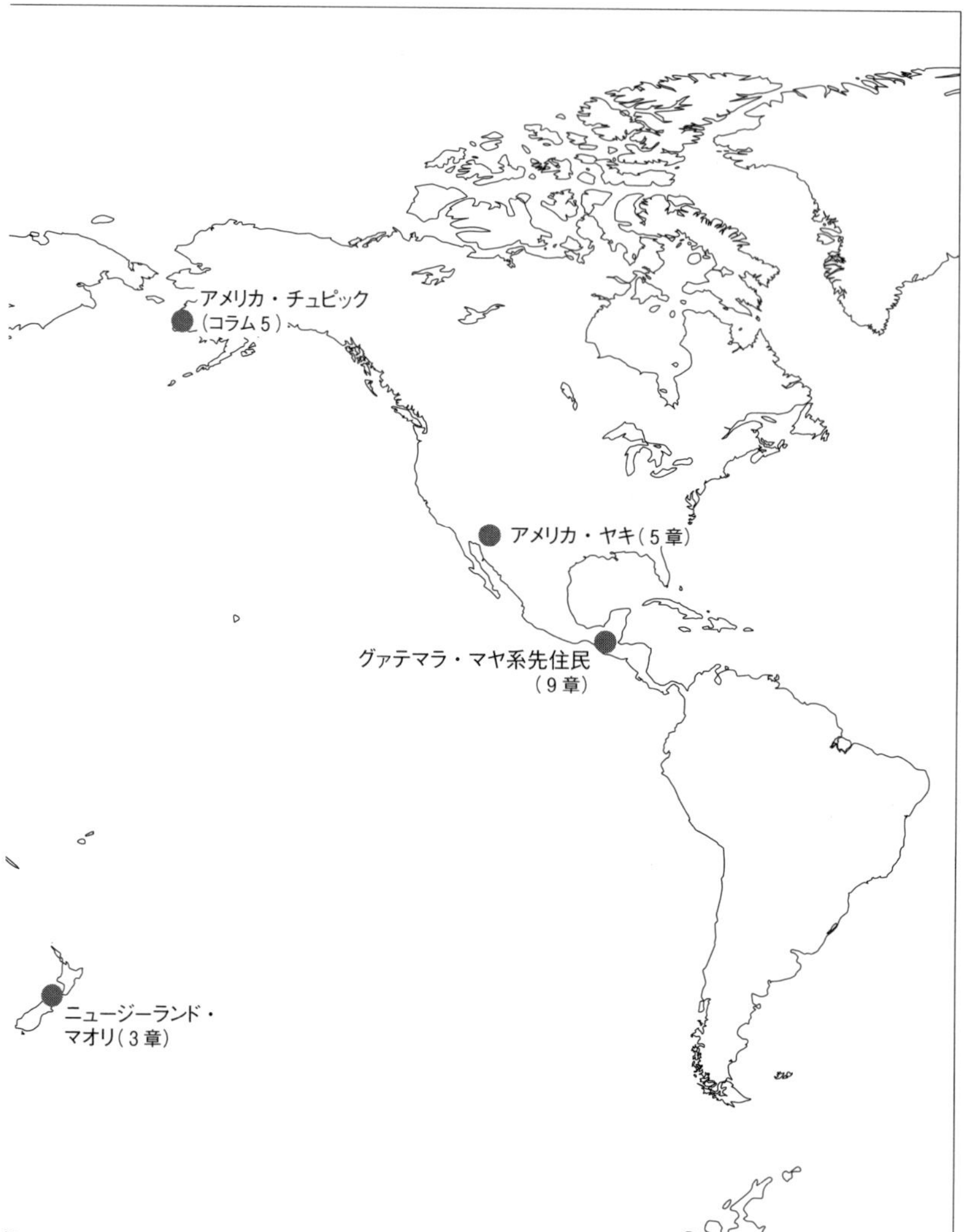

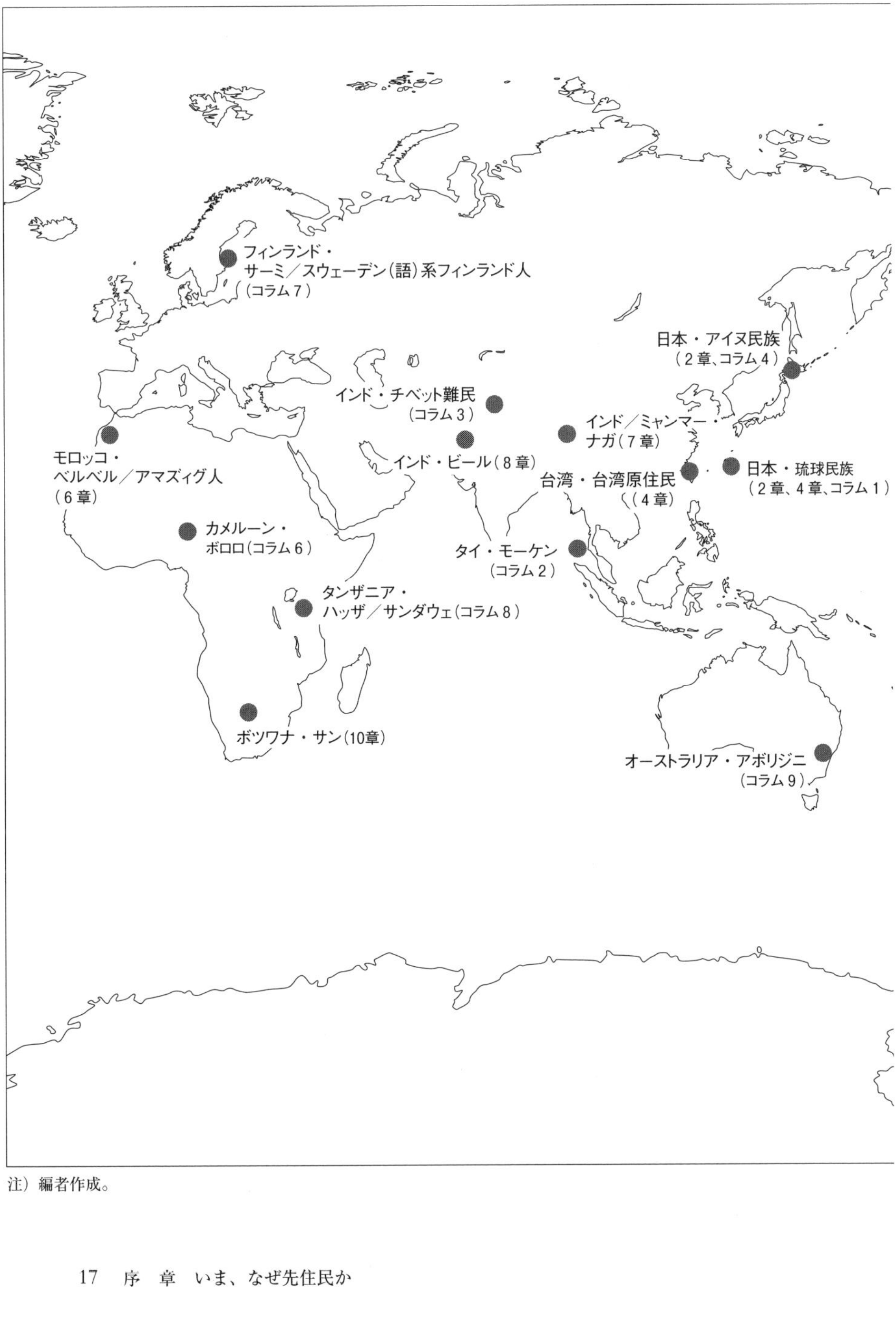
フィンランド・
サーミ／スウェーデン（語）系フィンランド人
（コラム７）
日本・アイヌ民族
（２章、コラム４）
インド・チベット難民
（コラム３）
インド／ミャンマー・
ナガ（７章）
モロッコ・
ベルベル／アマズィグ人
（６章）
インド・ビール（８章）
台湾・台湾原住民
（４章）
日本・琉球民族
（２章、４章、コラム１）
カメルーン・
ボロロ（コラム６）
タイ・モーケン
（コラム２）
タンザニア・
ハッザ／サンダウェ（コラム８）
ボツワナ・サン（10章）
オーストラリア・アボリジニ
（コラム９）

注）編者作成。

第Ⅰ部　国際社会に立つ先住民

第1章　先住民、先住の民、民《ピープルズ》の平等の完成形

先住民の権利に関する国連宣言を読み解く

清水昭俊

「先住［の］民の権利に関する国際連合宣言」（略称「国際連合先住民権利宣言」、二〇〇七年採択。本章では簡略に「宣言」と表示する）は、先住民の権利を体系的に整備した最も新しい国際法の文書である。国際連合（以下、国連）の総会決議なので、国際条約のような法的拘束力はないが、一九九三年にその草案が出て以来、国際慣習法として機能してきた。本章ではこの宣言から、先住民の権利の全容と、宣言が想定している先住民の姿を、読み解きたい。あらかじめ結論を述べれば、この宣言が述べる権利は、先住民に特殊なものではなく、全ての民《ピープルズ》の権利であり、この宣言は全ての民に適用すべき普遍的な国際法の文書である。

宣言は国際条約の形式で書かれており、国際法に独特の用語は誤解を招きやすい。本章のキーワード「先住民、先住の民」はその典型例である。もとの言葉 indigenous peoples は、しばしば「先住民族」と訳される。この表現は、当該地域の原初の歴史に基づく「どの民族よりも先に住んでいた民族」といった解釈を招きやすいが、それは誤解で

ある。そもそも宣言は、indigenous（形容詞なので「先住」とも「先住の」とも訳せる）を定義することを、意図的に避けた。peoples も国際法の独特の言葉であり、やはり定義がないので、日本語でいう「民族」を指すとは限らない。この二つの言葉の意味は後に説明しよう。それまでは意味内容が不確定なままに、indigenous に「先住［の］」、peoples に「民」を当てる。「民」は聞き慣れない言葉なので、適宜「民《ピープルズ》」とルビをつけよう。

宣言は前文と全四五条の条文からなる。条文は三部に分けられる。冒頭部は理論的な序論であり、先住民の権利の法的基礎を扱う。中央部は記述的な各論であり、先住民の個別の権利を述べる。条文の末尾には補足的な条項が置かれる。本章では、内容が具体的な各論から入っていこう。宣言の原文（英語版を参照する）を日本語で正確に理解するために、本章では私の訳文を用いる。条文は適宜省略して引用し、［ ］内に理解を補う語句を加える。私の強調したい語句には、傍点をつける。本章で用いる訳文とは異なるが、宣言全文の日本語訳を国連のサイトで読めるので、本章に合わせて参照していただきたい。

1 先住民の個別の権利

(1) 経済分野の権利

宣言は民《ピープルズ》の生活の全体を、「政治、経済、社会、文化」の四分野の枠組で把握する。内容が複数の分野にまたがる条項も多いが、宣言の各論では先住民の権利をおおむね、文化、経済、政治の分野ごとにまとめて、この順に提示する。社会分野の権利は少なく、他分野の条項で言及される。ここでは、他分野の基礎ともなる経済分野から見ていこう。

土地、領土、資源、環境に対する権利

「先住民は、彼らの政治的、経済的、社会的体制ないし制度を、維持し発展させる権利、彼ら自身の生業および発展の手段を確実に享有する権利、そして彼らの伝統的およびその他の経済活動の全てに自由に従事する権利を持つ」（第二〇条一項）。この条項は、他分野にも視野を広げつつ、経済分野の権利を最も包括的な言葉で述べる。「生業」と「発展」の対比を「伝統的」と「その他」の経済活動の対比と重ね合わせれば、この条項は、「生業」の「伝統的」経済活動と、「発展」する「その他」の経済活動とを、全て自由に選択し従事する権利を、先住民に保障する。「その他」とは「国民一般に開かれた」の意味である。後に見るように、宣言は経済以外の分野についても、先住民の権利をこの二種に分けて並列的に提示する。

次いで宣言は、「生業」の「伝統的」経済活動に関わる権利を展開する。「生業の手段」で最も重要なのは「土地と領土と資源」であり、最も詳細な規定によれば、先住民が「伝統的な所有権もしくは伝統的な占拠ないし使用「の歴史的事実」を根拠として彼らが占有する土地と領土と資源、さらに彼らがそれ以外にも獲得してきた土地と領土と（水、沿海その他の）資源」（第二六条二項、丸括弧内は第二五条から追加）である。これを一括して「土地等」と略記すれば、宣言は、先住民がこの土地等に対し「権利を持つ」（第二六条一項）と総括し、さらにその権利の内容を区分けして、「所有し使用し開発し管理する権利」（第二六条二項）、土地等との「独特の精神的関係を維持し強化する権利」（第二五条）、そして土地等の「環境および生産力量について、保全と保護の権利」（第二九条一項）を述べる。

生業の生活形態

上記の条項は土地等に対する先住民の権利を、国際法の用語を多用して記述した。この法的な文章を、「生業（subsistence）」を手がかりにして、人類学の知識で補充しよう。別の国際法（後述する国際労働機関第一六九号条約）によれば、先住民（および部族民）の生業とは、採集狩猟漁撈、牧畜、移動式農耕などに依拠する経済形態であり、人々は人力と限られた家畜の力で自然環境に適応し、それで得る食糧と物資で自活した。

生業の生活では、人々は自然環境のただなかに生活空間を確保し、自然環境と親和的で持続的な関係を形成して適応した。この自然環境との関係を、国際法の用語で、経済に重点を置いて述べたのが、第二六条と第二五条である。先住民の適応は、経済活動（「所有、使用、開発、管理」）のみならず、「精神的関係」つまり次項で見るような豊かな文化を包み込んでいた。先住民の多くは、外部の世界に知られた当時、この生業で生活していて、彼らは当時の生活文化ないしその記憶を近現代まで保持してきた。

植民地化の歴史、被害回復の権利、国家の役割

宣言は先住民の権利に付帯して、国家の責務も規定する。国家は、土地等に関わる「先住民の権利を承認し裁定するために……公正で独立的、中立的な、公開の透明な手続きを、設置し実施しなければならない。先住民はこの手続きに参加する権利を持つ」（第二七条）。先住民は「彼らの自由な事前の情報周知された承諾なしに没収、奪取、占拠、使用ないし毀損された」土地等について「被害回復の権利を持つ」（第二八条一項）。

これらの付帯条項は、先住民の深刻な現実を反映する。宣言は先住民の土地等に対する権利を幅広く承認するものの、現実には過去の歴史を通して、これらの土地等は彼らの「承諾なしに没収、奪取、占拠、使用ないし毀損」された。宣言が彼らに認定する権利は、今なお未承認の状態にあり、それゆえに「承認し裁定する」制度を必要とする。

宣言の前文は「先住民が……植民地化され、彼らの土地、領土、資源を強奪された結果、歴史的不正義の苦難を被り……」（段落六）と述べる。「文明」を名乗る近代の植民勢力（国家、特許会社、布教団体、農商鉱工業の入植者など）が、植民地やその彼方の辺境に進出した最大の目的は、土地、領土と資源の獲得であり、その住人（つまり先住民）は彼らの計画の障害にほかならなかった。先住民は外来勢力に生活領域を暴力的に蹂躙され、それを生き延びた人々は、植民者のいう「平定（平和化）」と「文明の教化、文明化」を強いられた。

この歴史を西ヨーロッパの近代法が下支えした。宣言が先住民の土地等に対する権利の根拠とした慣習的ないし事

実上の「占拠（occupy）、使用（use）、占有（possess）、獲得（acquire）」（第二六条二項）は、近代法の「所有」概念に該当せず、外来植民者は先住民を無権利と見なした。先住民のかつての生活空間に近代法が施行された後も、それによって所有権を主張するノウハウのない先住民は、しばしば外来者の法外な詐術によって土地等を奪われた。

この植民地支配の歴史を考慮すれば、宣言が近代法を転換しようとしていることも理解される。宣言は、近代法が無権利と見なした先住民の土地等との多様な関係を、「所有権」に含めて再定義し、保護しようとする（第二五条、第二六条一項二項）。しかし、国連加盟国が宣言の規定にそって、権利認定や被害回復のための国内法制度を整備しない限り、土地等を奪われた先住民の現実は変わらない。

このように見てくれば、宣言が承認し保護する先住民の特徴的権利は、先住民が被った「歴史的不正義」の被害を反転させて、「権利」の言葉で表現したものであることが分かる。先住民の特徴的権利を述べるこの宣言は、先住民の苦難の歴史と現状の記録でもある。

先住民の土地等への国家等の介入

宣言は先住民の土地等に対する「使用、開発、管理」（第二五条ほか）の権利を承認するものの、それをただちに先住民の手に委ねるのではない。むしろ、国家ないし第三者の介入に融和的な姿勢を示す。宣言は国家に、「先住民の……土地ないし領土に危険物を貯蔵ないし廃棄させないよう」、実効性ある措置を義務づけるが、先住民の「自由な事前の情報周知された承諾」があれば貯蔵廃棄を許容する（第二九条二項）。宣言は先住民の土地領土で「軍事活動を行わせてはならない」としながらも、「適正な公共の利益」に合致し、あるいは「先住民が自由に同意ないし要請する」ならば、軍事活動を容認する（第三〇条一項）。これらの規定は、放射性物質など危険物の貯蔵廃棄場、軍の演習場や実弾射撃場を、辺境に位置する先住民の土地領土に設ける事例が少なくない実情を反映する。

開発については、さらに許容的である。先住民の土地等に影響する事業、「とりわけ鉱物、水その他の資源の開発、利用、採取に関しては、それを認可するのに先立って」、国家は先住民の「自由な情報周知された承諾」を得るために、彼らと「誠実に協議し協力」しなければならない（第三二条二項）。この条文は国家に先住民との「誠実」な協議と協力を義務づけるのみで、先住民の権利に言及せず、彼らの関与は最小限に抑えられる（一九九三年の宣言草案は第三〇条で、「認可に先立って国家が彼ら［先住民］の自由な情報周知された承諾を得るよう［国家に］要求する権利」を明記していた）。

国民一般の権利、なおかつ先住民の権利

(1)の「経済分野の権利」の冒頭で述べたように、宣言は、先住民に特徴的な権利とともに、国民一般の権利をも述べる。たとえば、「先住の個人と民は、適用可能の国際労働法および国内労働法のもとに確立した全ての権利を、十全に享有する権利を持つ」（第一七条一項）。しかし、宣言はさらに次の規定を加えねばならなかった。「先住の個人は、労働条件、なかんずく雇用ないし給与について、いかなる差別をも被らされない権利を持つ」（同条三項）。宣言はとりわけ社会福祉の分野において、先住民の差別状況を重視し、国民一般の権利を平等に保障するために、国家の役割を規定する。たとえば、先住民は「彼らの経済的、社会的条件が――とりわけ教育、雇用、職業訓練と再訓練、住居、衛生、保健、社会保障の分野を含めて――差別なしに改善される権利」を持ち（第二一条一項）、国家はこの「改善を保障するために、実効性ある……特別措置を講じなければならない」（同条二項）。

宣言はこのように、社会福祉に関わる国民一般の権利について、先住民の差別状況に配慮した。しかし、差別的な社会史を反映して、下層民、民族的《エスニック》ないし宗教的少数集団《マイノリティ》、外来移民、貧困地域なども、しばしば先住民と同じような差別状況にあり、国家に「特別」の福祉政策を要請する。この状況は、国家の福祉政策に多様な選択肢を与える。先住民を対象に含めた福祉政策であっても、その政策の名称や主旨に「先住民」の言葉が出てこないことがありうる。この場合、先住民は、国家が先住民を他の種類の弱者（たとえば移民の民族的少数集団）に含めて対策を講ずると見なし、批判することもありうる。先住民の視点からは、外見上は同様の差別であっても、先住民ゆえの差別と、たとえば移民ゆえの差別とは、混同すべきではない。先住民はいわば、これら社会的弱者の人々や地域と、国家の福祉政策において競合する関係に置かれる。

先住民の「伝統、慣習」への介入、国際人権法の関与

宣言は、「先住民の児童を経済的搾取から、あるいは危険で……心身の発達に有害な……労働から保護するために」（第一七条二項）、あるいは「先住民の女性と児童が、いかなる形態の暴力と差別」からも保護されるよう（第二二条二項）、国家に特別措置を義務づけ、しかもそれだけでは済まさずに、国家に「先住民との協議と協力を通して」あるいは「先住民と連携して」措置するよう命ずる。国際人権法に反する行為や状態に対する国家の対策に、「協議と協力、連携」の形で先住民を巻き込むのは、それらが一部の先住民社会では慣習として定着していた実情を反映する。宣言は先住民の「制度的構造、独特の慣習……伝統……習わし」について、「促進し発展させ維持する権利」を承認するが、それは「人権の国際標準」に従うという条件のもとにおいてであり（第三四条）、先住民の権利より国際人権法の遵守を優先させる。

(2) 文化分野の権利

先住民の独自の文化に対する権利

宣言は先住民の生活文化について、幅広くかつ細目を網羅して、先住民の権利を認定する。「先住民の文化的伝統と慣習を実践し再活性化する権利……これには過去、現在、未来の彼らの文化を体現するもの――考古学的、歴史的な遺跡、文物、意匠、儀式、技術、視覚および身体芸術、文芸など――を維持し保護し発展させる権利が含まれる」（第一一条一項）。「彼らの精神的、宗教的な伝統、慣習、儀式を表明し実践し発展させ教える権利、彼らの宗教的、

文化的に重要な場所を維持し保護し、私的にアクセス〔立ち入り使用〕する権利、彼らの儀式用諸物を使用し管理する権利、そして彼らの遺体の返還を受ける権利」（第一二条一項）。「先住民の歴史、言語、口頭伝承、思想哲学、書記体系および文芸を、再活性化し使用し発展させ、将来世代に伝達する権利、コミュニティ、場所、個人を彼らの固有名で表示し、固有名を維持する権利」（第一三条一項）。

宣言はこれらの文化的権利に知的財産権の裏づけも与えた。「先住民の文化的遺産、伝統的知識および伝統的な〔さまざまの〕文化的表現、さらにまた彼らの科学、技術および〔さまざまの〕文化を体現するもの――人的および遺伝的資源、種子、医薬、動植物相の資産の知識、口頭伝承、文芸、意匠、スポーツと伝統的ゲーム、視覚および身体芸術を含む――について、それらを維持し管理し保護し発展させる権利……また、これらの文化的遺産、伝統的知識および伝統的な文化的表現に関わる彼らの知的財産を、維持し管理し保護し発展させる権利」（第三一条一項）。

国際法は近代の生活を扱うので、これらの条項は先住民の文化を、近代文化の言葉で表現する。しかし、先住民の「伝統的」文化は、生業の生活から生まれた文化要素を留めていることが多い。生業の生活では、人々は自然環境（動植物、地理、気候、天空など自然物およびそれらの現象）と自らの生存をかけて向き合い、実用的な探究による自然環境の知識、自然物を活用した適応技術と生活物資、自然物と自然現象を「魂、霊、神」などの観念によって人間と連続的に捉える自然崇拝の世界観、さまざまの生活場面で行為の遂行を裏づける呪術と儀礼などを生み出した。

前記の諸条項も、この観点から読解する必要がある。たとえば、第一二条一項のいう「宗教的、文化的に重要な場所、儀式用諸物」は、人工的に整備し製作した祭場、神殿、祭具などとは限らず、山、泉、川、岩、樹木など、外来者の目には自然物にしか見えないものでもありうる。自然環境との親和的な適応関係と、それが生み出す文化は、先住民が国際的に発信する中心的なテーマでもある。

宣言は、これら先住民の文化的権利を保護すべき国家に対し、先住民の「承諾なしに失わされた、もしくは彼らの法、伝統、慣習に違反して失わされた彼らの文化的、知的、宗教的、精神的財産について」被害回復の措置を義務づける（第一一条二項）。「宗教的、文化的に重要な場所、儀式用諸物、遺体」について述べる第一二条一項も、被害回復と同主旨の権利回復を規定する。

(1)の「経済分野の権利」で述べた経緯によって、これらの場所や諸物、遺体は、しばしば他者や国家の所有に帰した。近代法は、所有権が及ばない土地や諸物には、関与を許さない。しかし、宣言はこの法的制限を超えて、これらを「維持し保護し、私的にアクセスする権利」「使用し管理する権利」そして「返還を受ける権利」を、近代法上の権利として保障する。

先住民の「尊厳と独自性」

「先住民は、彼らの文化、伝統、歴史および願望の、尊厳と独自性に対する権利を持つ。それらは教育と公共情報に適切に反映されなければならない」（第一五条一項）。これは、文化のなかでも教育と公共情報という細目に関わる、軽い位置づけの条項であるが、文化分野の全体に関わる、その意味で非常に重要な理念を述べる。

国際法は、国連憲章（一九四五年）、世界人権宣言（一九四八年）をはじめとして、人間の不可侵の存在価値を「尊厳」と表し、それを基礎に人権保護の法体系を組み上げた。しかし、国際法が保護するのは基本的に個人の人権である。それに対して第一五条一項の前段は、個人の尊厳を民《ピープルズ》の尊厳へと展開する。民の「文化、伝統、歴史、願望」はそれぞれ、個人の生活、習慣（生活の連続性）、記憶、意思に相当し、これらはどれが欠けても、「私」という個人の人格は崩れてしまう。宣言は先住民を一個の集合的な人格と見るのであり、第一五条一項前段は先住（の）民の人格の尊厳を述べる。

差別の現状と歴史

しかし宣言は、先住民の文化的尊厳を述べるのに続けて、「先住民とその他全ての社会部分《セグメント》との間で、偏見を打破し、差別を除去し、寛容と理解、良好な関係を促進する」措置を国家に義務づける（第一五条二項）。宣言は、先住民とその文化が「その他全ての社会部分」とりわけ多数《マジョリティ》集団の主流《メインストリーム》社会から、恒常的に差別と偏見、不寛容な無理解（それは同時に同化圧力でもある）にさらされている現状を認識している。さらに長期の視野でいえば、「尊厳と独自性」は、先住民の被った「歴史的不正義」によって蹂躙された。外来植民者は先住民を、彼らの「文明」の対極にある「異教、野蛮（夷狄）、未開（未発達）」などと見なして、その「尊厳」（存在価値）を認めず、彼らの統治下で生き延びた先住民に、彼らの「文明」を教化し、同化を強制した。その歴史は今なお続いている。先住民が被った植民地支配は、つきつめれば、武力暴力による制圧と、それに続く彼らの文化的な「尊厳と独自性」の抹消であり、後に見る集団殺害および「民族絶滅と文化絶滅」だった。

教育と公共情報――多文化政策との連続性

宣言は先住民に、彼ら「独自の言語で、彼らの文化独自の教育学習方法……で教育を与えるような彼らの教育体系および制度を、設立し管理する権利」（第一四条一項）を承認し、同時に先住民の個人とりわけ児童が「国家の全ての等級と形態の教育を差別なく受ける権利」（同条二項）を規定する。

この第一四条では、先住民に特徴的な権利と、国民一般に開かれた権利を、並列的に提示するという原則が、明瞭に読み取れる。しかし、教育と公共情報に関する条項には、この二種の権利のいずれを述べるのか、不明瞭なものが少なくない。たとえば、先住民の個人なかんずく児童が「彼らのコミュニティの外に住むものも含めて……彼ら独自の文化について彼ら独自の言語で教育を受けられるよう」国家に措置を義務づける（第一四条三項）。情報メディアに関して、「先住民独自の言語による独自のメディア」を設立する権利、および「非先住民メディアに差別なくアクセスする権利」（第一六条一項）を認め、非先住民メディアが「先住民の文化的独自性を適正に反映する」よう求める（同条二項）。「政治、法、行政の手続きにおいて……通訳の提供その他の適切な手段によって、先住民が理解し、理解されるよう保障する」ことを国家に義務づける（第一三条二項）。先に見た第一五条は二項で、その他の社会部分との間で「偏見を打破し、差別を除去し、寛容と理解、良好な関係を促進する」措置を国家に義務づけた。

これらの規定は、保護対象を先住民と明示するものの、程度の差はあれ、先住民ではない民族的、言語的その他の集団にも適用可能である。国連加盟国の大半は多民族国家であり、あるいは移民や難民を受け入れて、国民の構成が文化的、民族的、宗教的に多元的であり、多かれ少なかれ多元的な文化政策を採用する。教育と公共情報に関する宣言の規定が、必ずしも先住民に限定する必要のない内容であるのは、経済分野の福祉政策とよく似た状況である。

(3) 政治分野の権利

自己決定権

政治に関する条項は経済分野の後にまとめて置かれるが、他の箇所にも分散している。先住民の政治的選択肢に重点を置いて見ていこう。

宣言は第一に自己決定権を規定する。

（一）「先住民は自己決定［自決、self-determination］の権利を持つ。この権利によって、彼らは彼らの政治的地位を自由に決定し、彼らの経済的、社会的、文化的発展を自由に追求する」（第三条）。

これは政治のみならず、先住民の権利の全体に関わるきわめて重要な規定である。この条文には歴史的背景がある。アジア、アフリカの植民地で独立運動が高揚していた一九六〇年に、国連総会は「植民地的《コロニアル》な国《カントリー》と民《ピープルズ》に独立を与えることに関する宣言」（略称「植民地独立供与宣言」）を決議し、「あらゆる形態の植民地支配を速やかに無条件に終了させる」ことを求めて、上記の第三条と同文で、ただし「全ての民《ピープルズ》」を主語にして「自決権」を提言した。この決議の想定では、「自決（self-determination）」は主権国家としての独立を意味し、当時の時代状況とあいまって、民の「自決」を「独立」と直結させる固定観念が世界に定着した。後に国際人権規約（一九六六年採択）は、一九六〇年の植民地独立供与宣言と同じ文章で「全ての民」の自決（自己決定）権を規定した。

自治その他の選択肢

宣言の審議過程では、第三条が先住民の「自決」分離独立運動を助長するとして、多くの国連加盟国が懸念を示した。それでも宣言は、第三条の「政治的地位を自由に決定する」権利を保持して、独立の制限は明記しなかった。この他に宣言は三つの選択肢を提示する。

（二）「先住民は、彼らの自己決定［自決］権の行使において、彼らの内的、地域的事柄に関わる問題について、……自治ないし自治政府の権利を持つ」（第四条）。

（三）「先住民は、彼らの権利に影響することのありうる問題について、彼らが彼ら独自の手続きに従って選んだ代表者を通して、政策決定に参加する権利、同様にして、彼ら独自の内発的な政策決定制度を維持し発展させる権利を持つ」（第一八条）。

（四）「国家は、先住民に悪影響を与えうる立法的ないし行政的措置について、……先住民の自由な事前の情報周知された承諾を得るために、彼ら独自の代表制度を通して、彼らと誠実に協議し協力しなければならない」（第一九条）。

この他に、後述するように、宣言は先住民が「国家の政治的、経済的、社会的、文化的生活に参加」する選択肢を提示し、つまり国民として政治参加する権利を認める（第五条）。ただし、これは先住民としての政治的権利ではないので、ここではそれを含めずに考察を進めよう。

先住民の自由な自己決定は全ての選択肢の必須要件であり、それゆえ第三条は、第二以下の選択肢と同列の選択肢を示すのではない。ここではより簡明に考察を進めるために、第三条の規定から、第二以下の選択肢にはない政治的地位つまり独立を抜き出して、第一の選択肢としたい。先住民が独立すれば、他の選択肢は関係なくなるが、独立するまでは他の選択肢が必要である。つまり、先住民は状況と案件によって全ての選択肢を使い分けることができる。

「自己決定」か「自決」か

政治的権利の四つの選択肢のうち、第一の独立と第二の「自治ないし自治政府」では、先住民に幅広い自由裁量の余地がある。他方、第三の「政策決定に参加」、第四の「国家との協議と協力」は、とりわけ後者では、先住民の裁量は狭く限定され、彼らは国家に対して従属的な地位に置かれる。しかし、この第四の選択肢でも、それを先住民が自己決定によって容認するならば、自己決定権の行使に該当する。宣言の原文のいう self-determination は、もはや一九六〇年の植民地独立供与宣言のように、「自決」つまり「主権国家としての独立」のみを意味するのではない。この点を考慮して、本章ではこの語を「自己決定」と表示し、必要に応じて「自決」を併記してきた。[1]

宣言の規定の濃淡

これらの政治的選択肢を念頭に置いて宣言を読み返せば、権利の規定に濃淡があることに気づく。宣言は経済と文化の分野で先住民の権利を数多く認定した。そのなかには、条文が権利を規定するのみで、その行使に伴う付帯条件には言及しない権利も、少なくなかった。独立と「自治ないし自治政府」の選択肢では、権利の行使に伴う条件は先住民の自己決定に委ねられるので、宣言は寡黙に留まったのだろう。

他方、第三の「政策決定に参加」、第四の「国家との協議と協力」の選択肢では、先住民は国家ないし第三者の侵蝕的な行動に対応を強いられる立場であり、宣言は個別の案件ごとに国家の責務と先住民の対応の条件を規定する。第二七条、第二八条一項、第二九条二項、第三〇条一項などがこれに該当する。宣言が言葉を費やして述べる権利も重要であるが、宣言が簡潔な条文で規定した権利もまた、それに劣らず重要であることを理解したい。

2　先住民の権利と国際法

(1)　先住民権利宣言と国際法の準則

他の全ての民との平等

宣言の序論は国際法の準則を参照して、先住民の権利を国際法の基礎の上に構成する。「先住民は一つの集合体ないし個人［複数］として、国連憲章、世界人権宣言、および国際人権法［人権に関わる国際法の総称］が承認する全ての人権と基本的自由を、十全に享有する権利を持つ」（第一条）。既述のように、国際人権法は個人の人権を対象とした。しかし第一条は、先住民を「一つの集合体（a collective）」と明記して、先住の民《ピープルズ》に国際法上の「全ての人権」を承認した。宣言は「集合権（collective right）としての人権」の概念を導入するという大きな貢献を行った（Coulter 1994）。

「先住の民と個人は自由であり、他の全ての民および個人と平等である」（第二条）。この条項は、既述のような植民地支配と差別的政策から先住民を解放する。さらに、「全ての民と平等」の規定は国家および国民との関係を劇的に転換させる。先住民の属す国家の国民も一つの集合体であり民《ピープルズ》であるから、今や先住民はこの国民と「平等」の立場にある。

「自由に追及する」発展の二つの方向

国際人権規約（一九六六年）は、先に触れたように、「全ての民」に自己決定権を規定した。それは「他の全ての民と平等」である先住民にも適用される。それが、先に第一節(3)の「政治分野の権利」で見た第三条の規定である。民の自己決定権は「政治的地位を自由に決定し、経済的、社会的、文化的発展を自由に追求する」権利、つまり彼らの生活を全面的に発展させる権利を保障する。

自己決定権が先住民に開いた生活の全面的な発展を、宣言は二つの方向に分岐させる。「先住民は、彼らの独特の政治的、法的、経済的、社会的、文化的な制度を維持し強化する権利を持つ。その一方で、彼らが選択するならば、国家の政治的、経済的、社会的、文化的生活に十全に参加する権利を保持する」（第五条）。一つの方向は、それぞれの先住民に「独特の」制度を発展させる方向であり、後に述べる民族発展に該当する。もう一つの「国家の……生活に十全に参加」は、国民なかんずく多数集団ないし主流社会の生活形態に参入する同化に等しい。後に見るように、宣言は強制的同化を先住民の「尊厳と独自性」の侵害として退ける。しかし第五条は、自己決定による自発的同化であれば、その選択は先住民の権利であると認める。宣言は決して先住民に特徴的な権利のみを述べるのではない。

国際法の原則から出発して、先住民の権利を順次に第五条まで展開すれば、宣言が次に進むべきは、同条が先住民に開いた発展の可能性を、個別に精査する作業であり、本章ではすでに、経済、文化、政治の分野ごとに概観した。そこでは、第五条の示す二つの方向に対応して、先住民に特徴的な権利と国民一般の権利とを併記していた。宣言が提示する先住民に特徴的な権利が、国際法の普遍的な原則に根拠を持つ権利であって、先住民に例外的に認められた特権ではないことに注意したい。

民の生命権、集団殺害を被らされない権利

興味深いことに、宣言は、国際法に根拠を求める序論と、先住民の個別の権利を精査する各論との間に、もう一つ

の重要なメッセージを挿入する。「先住の個人と民」の生命権の規定である。宣言は国際人権規約自由権規約に準拠して、「先住の個人は、生命の権利、身体的心的統合の権利、身体の自由と安全の権利を持つ」（第七条一項）と規定する。次いでこの個人権を集合権へと拡張し、「先住〔の〕民は個別の民として、自由、平和、安全に生きる集合権を持つ」（同条二項前段）と述べ、さらに国際法が禁ずる集団殺害罪《ジェノサイド》を参照して、民の生命権を侵害する行為を拒絶する。「先住民はいかなる集団殺害《ジェノサイド》の行為、その他のいかなる暴力行為……も被らされてはならない」（同条二項後段）。

ここで宣言は、「民《ピープルズ》の生命権」という新たな概念を国際人権法に導入した。

「強制的同化、文化の破壊」を被らされない権利

国連が制定した集団殺害罪条約（一九四八年採択）は、「国民的《ナショナル》、民族的《エスニカル》、人種的、または宗教的な集団を……破壊する意図で」個人と集団の生命を毀損する行為を「集団殺害罪」として禁止した。それをふまえた宣言第七条二項の重点は、先住民の身体的、生物的な生命の保護にある。宣言はさらに先住民の文化的生命にも視野を拡げ、「先住の民と個人は、強制的同化ないし彼らの文化の破壊を被らされない権利を持つ」（第八条一項）と規定し、具体的に次の行為を列挙して、国家にその防止と被害回復を義務づける（同条二項）。先住民の「個別の民としての統合、文化的価値、民族的同一性《エスニックアイデンティティ》」を侵害する行為（二a項）、「彼らの土地、領土、資源」の領奪（二b項）、「強制的な人口移住」（二c項）、「強制的な同化ないし統合」（二d項）、そして彼らを狙った「人種的、民族的差別を助長し扇動する宣伝活動」（二e項）。「強制的な人口移住」は集団殺害の行為であるが（宣言は第一〇条で重ねて強制移住を禁止する）、それは同時に、先住民の土地等との経済的、精神的、文化的な絆を切断する文化破壊の行為でもある。

ジェノサイド、民族絶滅《エスノサイド》、文化絶滅《カルチュラル・ジェノサイド》

先に、宣言が分野ごとに列挙する先住民の特徴的権利は、先住民が被った「歴史的不正義の苦難」の記録でもある

と指摘した。この観点から第八条二項の細則を読み返すならば、いずれも先住民の被った多種の歴史的苦難を括る要約でもあることに気づく。第八条一項はこの要約をさらに「強制的同化ないし彼らの文化の破壊」と総括して、それらを「被らされない権利」として拒絶した。宣言が序論で進めた先住民の権利の、抽象的で演繹的な理論構成は、第七条と第八条の、先住民に対する生命権侵害を表す二種の概念（集団殺害、そして「強制的同化ないし文化の破壊」）を媒介として、先住民の歴史的経験へと結合される。

このような第七条と第八条の枢要な役割のゆえに、国連人権委員会での条文審議過程では、とくに第八条一項の表現に大きな変更が加えられた。同項の「強制的同化ないし彼らの文化の破壊」を、一九九三年の宣言草案は「民族《エスノ》絶滅《サイド》と文化絶滅《カルチュラル・ジェノサイド》」と表現していた。いずれも「ジェノサイド」から派生した概念であり、これらの言葉にまつわる歴史を喚起する力を帯びている。

「ジェノサイド（genocide）」は、ユダヤ系ポーランド人のレムキンがナチス・ドイツの占領地統治を批判して提唱した概念であり、政治、社会、文化、経済、生物（生殖）、身体（食糧生活物資の管理、大量殺戮を含む）、宗教、道徳など多方面の政策技法を繰り出して、敵対的な国民集団を破壊しようとする包括的な政策を意味した（Lemkin 1994: 79-90）。しかし、国連が制定した集団殺害《ジェノサイド》罪条約は、先に見たように、特定集団の身体的、生物的生命に対する攻撃に絞って規制する。その意味で、同条約の日本語公定訳が当てた「集団殺害」は、適訳といえるが、「ジェノサイド」の原義からは外れている。その後の一九七〇年代、国連人権委員会では、この条約から漏れたジェノサイドの政策技法を「文化絶滅《カルチュラル・ジェノサイド》」と総称して、新たな規制条約を検討したが、成案を得なかった。

これとは別個に、人類学では南米の先住民を調査したジョラン（一九七〇）が、布教組織や入植者の恣意な管理と使役によって先住民が急激な文化変容を強いられる様相を、「民族絶滅（ethnocide）」の言葉で告発した。この概念は中南米の先住民運動に広がり、「民族絶滅」を拒絶し「民族発展（ethno-development）」を追求する政策枠組（「サン・ホセ宣言」一九八一年）を生みだした（UNESCO 1982）。この枠組は、国連由来の「文化絶滅」を「民族絶滅」の同義語と位置づけ、両概念によって先住民に対する同化政策を批判した。他方の「民族発展」は、宣言第五条が示した先住民の発展の二つの方向のうちの「彼らの独特の……制度を維持し強化する」方向に相当する。

宣言の「強制的同化ないし彼らの文化の破壊」と、宣言草案の「民族絶滅と文化絶滅」とは、決して置き換え可能の表現ではない。宣言の全体構成のなかで、これらの概念は先住民の歴史的苦難を総括する役割を担っていた。この役割にいずれの表現が適切であるかは、明らかだ。レムキンの「ジェノサイド」概念をふまえた「民族絶滅《エスノサイド》と文化絶滅《カルチュラル・ジェノサイド》」の概念は、それが国際条約の禁ずる集団殺害《ジェノサイド》と同系列の重大犯罪であることを告発する。国連人権委員会における宣言の条文審議では、多くの加盟国政府が「民族絶滅と文化絶滅」に難色を示し、逆に大多数の先住民組織がこの表現を支持した。「強制的同化ないし彼らの文化の破壊」は加盟国政府向きの表現であり、先住民組織はそれを「民族絶滅と文化絶滅」の意味で解釈していると考えてよい。

(2)　「民の平等」の国際法

先住民の権利を国際法の上に基礎づける過程で、宣言はいくつもの新たな概念を国際法に導入した。集団殺害罪条約以来の課題だった「民族絶滅、文化絶滅」の規制を、「強制的同化ないし文化の破壊」の表現によってであるが、宣言に記入した。先住（の）民を人権の権利主体と認定して、国際人権法に「集合権」と「民の生命権」の概念を導入した。そして「先住［の］民は他の全ての民と平等」とする原則。これらのなかでもとりわけ影響が大きいのは、「他の全ての民と平等」の規定と思われる。「民」と「先住［の］」の概念に焦点を絞って、国際法の変化をたどろう。

民《ピープルズ》の平等と植民地支配

第二次世界大戦後の国際秩序の再建を担った国連は、「peoples の同権［平等の権利］および自決［自己決定］の原則の尊重に基礎を置く諸国間の友好関係を発展させること」（国連憲章第一条二項）を一つの設立目標にした。通常、このpeoplesは「人民」と訳されるが、「人民大衆」などの「人民」ではなく、日本語では理解しにくい概念である。国連憲章の用語法では、peoples（複数）の同権は「諸国間の友好関係」の基礎であるから、国境で区画されたpeople（単数）とpeople（単数）の同権を意味する。peoples（複数）は、それぞれ「自決」によって国家を成り立たせる国民の全体であり、国語辞典の「人民」の項にそのような説明はない。国際法に特殊の用語として、本章では「民《ピープルズ》、民」と表示してきた。

国連憲章は「民の同権」原則を掲げながら、それを貫きはしなかった。植民地支配は戦後も続き、国連は植民地を「非自治地域」と「信託統治地域」の制度に取り込み、その統治を「施政国」（宗主国）に委ねたうえで、脱植民地化の政策を推進した。これらの地域の住人は「民《ピープルズ》」と呼ばれたものの、自決（自己決定）の権利は認められず、つまり民の最も重要な権利を制限された。この制限は一九六〇年に一部解除される。先に見た国連総会決議の植民地独立供与宣言は、全ての民の自決（自己決定）権を宣言し、全ての「独立未達成地域」に直ちに独立を与えるよう要請して、その範囲へと「民の同権」原則を拡大した。

ただし、この決議を含む国連の脱植民地化政策には、重大な欠落があった。国連は多くの「独立未達成地域」を独立に導いたが、新独立国（たとえばインド、フィリピン）内部の「非自治」地域や民族間の支配関係には、介入しなかった。また脱植民地化の対象を、施政国から遠いアジア、アフリカ、太平洋などのいわゆる「海外植民地」に限定したので、国連加盟国（たとえば南北アメリカの国々、ニュージーランド、オーストラリア、ソ連、中国など）の国内の「非自治、独立未達成、植民地的」地域とその民は考慮されなかった。

「先住諸人口」——国際労働機関第一〇七号、第一六九号条約

これら国連の脱植民地化政策から除外された地域と人々に対し、国際機関のなかでは国際労働機関（ＩＬＯ）が、「先住［の］」概念を用いて施策に乗り出した。「独立国における先住その他の部族的・半部族的な諸人口《ポピュレーションズ》の保護および

統合に関する条約」（ＩＬＯ第一〇七号条約、一九五七年採択）は、「より未発達な段階」にある「部族的・半部族的諸人口」を国民に「統合」させる同化政策を推進した。この条約は中南米に締結国が多く、同地域での影響が強かった。

この条約は「先住［の］（indigenous）」概念に標準的な定義を与えたことでも知られる。外来勢力に「征服ないし植民地化」された当時「当該国に……居住していた諸人口からの出自［血統］を根拠として先住とみなされる」人々（第一条一b項）。この定義は「先住［の］」の判定規準を、原初の歴史に求めるのではなく、「征服ないし植民地化」という近代の出来事に引き寄せる。

他方の国連では、一九七〇年代に人権委員会が先住諸人口の人権状況に取り組みを開始し、中南米では先住民運動が「民族絶滅」の拒否と「民族発展」の要求を掲げて、国家の同化政策に抵抗していた。この状況でＩＬＯは第一〇七号条約を第一六九号「独立国における先住のおよび部族的な民に関する条約」（一九八九年採択）に改訂し、統合＝同化政策からの転換を図った。さらに、「先住［の］」の歴史的規準「征服ないし植民地化の時」に「現在の国境の画定時」を追加した。全ての国家が、近代国家への変革、独立、戦争、領土拡張などで、国境の画定ないし再画定を経由した。この新規準によれば、そのつど、新たに国境内に編入された地域の住人を、「先住民」として派生させたはずである。[2]

ＩＬＯ第一六九号条約はまた、「諸人口《ポピュレーションズ》」に替えて「民《ピープルズ》」の概念を採用し、「先住民」を集合権の主体として承認した。しかしそのうえで、国際法が「民」に認める権利を意味するものではないという但し書きをつけた。「先住民」を、「民」の権利を制限された二級の「民」として差別する規定であり、先住民組織から憤激の声を浴びた。

「民の同権と自己決定」の原則の完成

国連人権委員会が一九九三年に採択した国連先住民権利宣言草案、二〇〇七年に国連総会が最終的に採択した宣言のいずれも、「先住の民は他の全ての民と平等」と明記し、何らの保留条件もつけずに、先住民の自己決定権を認定した。これによって、国連憲章の「民の同権と自己決定」原則に最後まで残されていた制限が撤廃され、少なくとも国際法の文面上、「民の同権と自己決定」原則の普遍性が達成された。

それと同時に、宣言はもう一つの転換を加えた。宣言は「先住［の］」の概念に定義を与えない。草案の審議過程では、加盟国政府と先住民組織のいずれにも、定義を求める声があった。しかし、宣言は草案の段階から一貫して、定義を与えなかった。「先住民」を定義すれば、それに合わない民を排除する。宣言はこの矛盾を避け、定義しないことによる柔軟に開かれた適用可能性を重視した。

宣言は、先住民の権利の「最小限の国際標準」を示すと述べ（第四三条）、「本宣言のどの箇所も、先住民が現に持っている、あるいは将来に獲得するであろう権利を、縮減したり無効にすると解釈してはならない」（第四五条）と述べる。「先住民」に定義を与えることが、この条項と矛盾することは、明らかだ。先住民が「将来に獲得する」べき権利には、先住民と自己認定する権利が含まれる。後述のように、この権利は民の自己決定権に含まれるべきものであり、宣言草案は条項（第八条）を当てて明記したが、二〇〇七年の宣言では削除された。

国際法は「民《ピープルズ》」にも定義を与えていない。「先住民」が「全ての民の同権」に到達した時点で、ＩＬＯ条約などによる定義は乗り越えられ、「先住［の］」、「民」の両概念は無定義なままに、現実の運用に委ねられている。

3　民《ピープルズ》の平等の完成形

(1)　全ての民は先住民と平等

「先住民は他の全ての民と平等」であれば、「他の全ての民は先住民と平等」でもある。宣言は先住民の権利を法的論理に従って構成する過程で、いくつもの新たな概念を導入した。それらは、理論的には「他の全ての民」に「平等」に適用されるはずである。さらにいえば、宣言が提示した先住民に特徴的な権利は全て、他の全ての民に適用すべき権利でもある。つまり宣言は、名称から「先住［の］」を外した「全ての民《ピープルズ》の権利に関する国連宣言」でもある。

しかし、独立国家の国民、とりわけ多数集団の主流社会が、先住民の権利の大半を、彼らにも保障されるべき権利として、とりたてて意識することはない。それは、彼らがそれらの権利を十全に享有してきたからである。

先住民は、外来植民勢力によるジェノサイド（集団殺害と民族絶滅・文化絶滅）の歴史によって、民《ピープルズ》の権利を最も深く侵害された民であり、国際法の目がその先住民に到達して、「最小限の」権利保護を整備した文書が、国連先住民権利宣言である。最も深く人権を侵害された者が、普遍的な人権を最も適格に代表する。同じ意味で、宣言が承認する先住民の権利は、国際法が全ての民に保障する権利を、最も普遍的な形で代表する。将来の改訂の可能性を考慮すれば、「今のところ」という保留つきの結論であるが、国連先住民権利宣言は、民が平等に享有すべき人権の完成形を代表している。

(2) 先住民とは誰か

最後にこの問いを考えよう。国際法は「民《ピープルズ》」概念を定義せず、国連先住民権利宣言は「先住［の］」の定義を避けた。では、宣言は誰を「先住民」とし、その権利を保護しようとするのか。その解は宣言の条文に求められる。宣言は先住民の自己決定権を規定した。自己決定は他者の関与を排除する。つまり、先住民を認定する権利の保持者は、当の先住民より他にありえない。先住民以外の何者であれ、「先住民」を認定する権威を主張するならば、それは先住民の自己決定権に対する越権である。つまり宣言は、「自己決定権を行使する先住民」と自己認定する集合体に期待する。宣言を読み、それが「我々の歴史と実情を言い当てている」と認識する集合体が、自らを「先住民」と認定し、自己決定権を行使して、宣言の提示する権利を主張するときに、宣言の保護対象とする「先住民」が出現する。

注

1　国際法では、すでに友好関係原則宣言（国連総会決議、一九七〇年）が、「民による自己決定権の実現形態」を、主権独立国家の樹立のみならず、独立国家との自由連合ないし統合、そして「その他のいかなる政治的地位であれ、民が自由に決定した地位」に拡大していた。国連先住民権利宣言の示す四つの政治的選択肢は、友好関係原則宣言の示す選択肢と相互補完の関係にある。

2　日本の先住民の捉え方にはさまざまの意見があるが、ＩＬＯ第一六九号条約の規定を参照した意見は希である。しかし、この条約が加えた新規準を適用すれば、「琉球処分」当時の琉球国民の子孫が日本国の先住民と見なされることは、注目に値する。

参考文献

国際連合総会『先住民族の権利に関する国際連合宣言（仮訳）』http://www.un.org/esa/socdev/unpfii/documents/DRIPS_japanese.pdf（二〇一七年一月二七日閲覧）

ジョラン、R　一九七〇（一九八五）『白い平和――少数民族絶滅に関する序論』和田信明訳、現代企画室（R. Jaulin 1970. *La paix blanche: Introduction à l'ethnocide*. Paris: Seuil）

Coulter, R. T. 1994. Commentary on the UN Draft Declaration on the Rights of Indigenous Peoples. *Cultural Survival Quarterly*, Spring 1994: 37-41.

Lemkin, R. 1944. *Axis Rule in Occupied Europe: Laws of Occupation, Analysis of Government, Proposals for Redress*. Washington, D.C.: Carnegie Endowment for International Peace.

UNESCO 1982. *Unesco and the Struggle against Ethnocide: Declaration of San José*. http://unesdoc.unesco.org/images/0004/000499/049951eo.pdf（二〇一七年一月二七日閲覧）

United Nations General Assembly 2007. *United Nations Declaration on the Rights of Indigenous Peoples*（A/RES/61/295）https://documents-dds-ny.un.org/doc/UNDOC/GEN/N06/512/07/pdf/N0651207.pdf?OpenElement（二〇一七年一月二七日閲覧）

第2章　声を上げた日本の先住民族
国際連合での運動がもたらした成果と課題

上村英明

1　ある思い出――一九八〇年代から

悲しい話から本章を始めることになるが、二〇一六年九月二一日、登別市にある「知里幸恵銀のしずく記念館」の館長を務める横山（知里）むつみさんが亡くなった。僕自身は、一九八六年九月の中曽根康弘首相の「単一民族国家発言」のころから、アイヌ民族の運動に直接関わることになったが、むつみさんやお連れ合いである横山孝雄さんには、東京での抗議集会以来よくお世話になった。むつみさんが「関東ウタリ会」（ウタリはアイヌ語で同胞の意）の結成に参画したのが一九八〇年であるから、人生においてはやや先輩として、ほぼ同じ時期を過ごしたことになる。むつみさんと孝雄さんは、一九九七年にむつみさんの出身地登別市に帰り、二〇一〇年には叔母にあたる知里幸恵さんの記念館を設立された。

2　戦後日本と消された「先住民族」

「近代」を「(主権)国家」の時代だとすると、先住民族が闘う相手は、世界各地でまず「国家」であった。「近代」は自らを「前近代」と対比するが、「近代」が開明的で進歩した文明の時代であるとすれば、「前近代」は未開で野蛮、よくて因習に囚われた頑迷固陋な時代とされた。その文脈のなかで、先住民族は「消滅する運命」にある人々として、国家あるいはその具体的な権力機構である政府によって存在そのものを否定、別の言い方をすれば「見えないもの」とされてきた。同時に、より巧妙には、自らの固有なアイデンティティを正当に主張する環境が政府によって破壊され、主張そのものが反社会的あるいは幻想であるかのように自ら思い込まされる環境に囲まれてきた。固有の権利主体性が一方的に抹殺されてきたのである。

その点、先住民族の闘いは、政府に自らを固有の権利主体であると主張し、権利主体として認知させることがその第一歩に当たる。これは、二〇〇七年九月に国連総会で採択された「先住民族の権利に関する国連宣言」の前文第二段落が以下のように規定するゆえんでもある。

「すべての人民(民族)が異なることへの権利、自らを異なると考える権利および異なる者として尊重される権利を有することを承認するとともに、先住人民(民族)が他のすべての人民(民族)と平等であることを確認し」(上村二〇〇八a:五を修正)。

アイヌ民族の場合、こうした闘いの表面化は、先述した一九八六年の中曽根首相による「単一民族国家発言」を契機にしていた。札幌ばかりでなく、東京でも集会が開かれ、上京したあるいは関東在住のアイヌ民族・支援者による首相官邸への抗議行動も行われた。その抗議者のなかに北海道ウタリ協会理事長の野村義一さん、むつみさん、そして僕自身もいたが、当時はアイヌ民族の存在そのものがやっと社会的な議論の俎上に乗った時期といえなくもない。中曽根首相によれば、日本国民は、古代から複数の民族の融合により形成された「大和民族」により唯一構成されている均質性に恵まれた優秀な「国民」であった。つまり、当時の日本政府によれば、アイヌ民族は「大和民族」の古代・中世における構成要素の一つにすぎず、長年の同化政策によって現代では「消滅した民族」集団にほかならなかった。たとえば、一九八一年、ジュネーブで行われた国際人権規約自由権規約に対する第一回定期報告書で、日本政府代表は、アイヌを先祖に持つが大和民族への同化を完成させた人々、「ウタリ人（Utari people）」が存在するとも紹介している（上村 一九九一：三〇—三五）。

アイヌ民族の実態でいえば、第二次世界大戦後の一九四六年三月に、小川佐助らを中心に民族組織として、北海道アイヌ協会が設立された。一八六九年に開拓使が設置されると、アイヌ民族の土地は国有地として一方的に収奪され、伝統的な生業を営むことができなくなった。一八九九年の「北海道旧土人保護法」で差別的ながらも一定の土地が農地として下付されたが、その一部も戦後の農地改革で、アイヌ民族を「不在地主」と見なして没収された。これに対する抗議が協会設立の最大の理由であった。しかし、「アイヌ」という言葉への差別観から、なかなか民族組織としての基盤整備は難しく、苦渋の選択として「同胞」を意味する「ウタリ」を使った北海道ウタリ協会への改称が行われたのが、一九六一年四月のことである（その後の社会情勢の変化と議論を経て、同協会がアイヌ協会と再改称したのは、二〇〇九年四月であった）。その意味で、「ウタリ」は日本政府がいう同化が完成した人々の呼称ではなく、厳しい差別に対する緊急避難的な意味合いを背景に持った民族呼称であった。

同じ時期を琉球（沖縄）に当てはめてみれば、この時期、琉球民族は正当に自らのアイデンティティを主張する環境を破壊されていたと考えられる。沖縄戦開始とともに日本政府の行政権を分離して始まった、アメリカによる直接統治は、一九四五〜五〇年の琉球列島米国軍政府、そして一九五〇〜七二年の琉球列島米国民政府と名称は変わったが、米軍による占領支配でしかなかった。当初日本の植民地統治に代わる、アメリカによる民主主義社会実現への期待があったが、その期待が裏切られると、琉球のなかでは、日本を「祖国」、米軍を「異民族」と規定し、「祖国日本」の平和憲法に望みをかけ、「沖縄県」の復活を求める社会運動が始まった。

その中心として、一九六〇年四月に「沖縄県祖国復帰協議会」が結成され、この運動では「異民族支配」に対する大和民族の「民族統一」が目標の一つとして掲げられた。その一方で、生活擁護・人権擁護のほか、「安保条約廃棄、核基地撤去、米軍基地反対」(一九六七年方針)など反政府の主張が明確に打ち出された(沖縄県祖国復帰闘争史編纂委員会 一九八二)。「民族統一」を名目としながら、反政府的な性格を持っていた祖国復帰運動に対し、一九五二年に結成された「琉球民主党」を母体とし、一九七〇年には日本の自由民主党に合流することになる保守勢力である「沖縄自由民主党」が、この運動に参加しなかった点に、逆説的だが注目してよい。いいかえれば、沖縄の祖国復帰運動は、自己決定権の行使や自らのアイデンティティに関する運動ではなく、米軍の抑圧に対する反戦・反基地運動、平和憲法に庇護を求める運動であったといってよいだろう。

「祖国復帰」が近づき、復帰後の条件が米軍基地の温存であることが明らかになると、「反復帰論」も盛り上がり、また平恒次による「沖縄特別自治体構想」なども発表された(平 一九七〇)。「沖縄県祖国復帰協議会」は、一九七二年五月一五日の「祖国復帰記念式典」を復帰の条件が満たされなかったとして欠席している。こうした時代的背景のなか、自らの主体性について「琉球人」か「日本人・沖縄県民」かという議論は揺れながら時間とともに後退し、一九八六年の中曽根の「単一民族国家発言」に対しては「沖縄県」からは大きな反対の声は聞かれなかった。また、沖縄自由民主党総裁であり、沖縄県知事であった西銘順治が、新聞記者に「沖縄の心とは何か」と聞かれ、「それはヤマトンチュー(大和人)になりたくて、なりきれない心だろう」と答えた有名な話は、一九八五年七月のことである。

本章では、こうした一九八〇年代から現在(二〇一六年)までの時代を中心に、日本の先住民族であるアイヌ民族と琉球民族による存在と権利回復を求めた国連への運動、その成果と課題を簡単にまとめておきたい。

3　権利主体としての存在の認知と単一民族国家観の転換

先住民族の闘いの相手は自ら属さざるをえなくなった国家・政府であるが、こうした「国内」の闘いは例外なく、彼らにとって極めて不利である。政治権力や経済的な資源は圧倒的に国家・政府に握られ、多文化主義や多民族主義、植民地の歴史的な責任などを想定していない法や行政制度はもともと国家・政府に有利に構築されている。また、これを取り巻く大衆・市民も、国民教育によって十分に「洗脳」され、先住民族の主張には積極的な傍観者である。その結果、一九七〇年代から、多くの先住民族の運動家たちが「国内」という枠を離れて、国連などの国際機関を利用した運動を展開するようになった（上村 二〇一六：一八二―一八六）。

しかし、残念ながら、現在の国際社会には、既存の国家・政府から独立した「世界政府」は存在しておらず、国連を含めたいずれの国際機関も既存の国家・政府を構成員とする組織にすぎない。その意味で、国際機関を通した運動は万能で善良な「救世主」ではないし、なるはずもない。

それでも「国際社会」での闘いは「国内」のそれよりわずかだけでも権利回復への動きを作り出す可能性が高い。たとえば、国際機関は、国家・政府代表ばかりでなく、市民社会組織（ＣＳＯ）、非政府組織（ＮＧＯ）、それぞれの分野の専門家に、より広くそして公的に開かれている。国際機関は、それに参加する国家・政府の政策や価値観の違いにより、より柔軟にそして積極的に多様性や人権に反応できる。たとえば、北ヨーロッパやカナダ、オーストラリア政府などであれば、先住民族政策に一定の歴史的理解や政策上の蓄積があり、先住民族問題を存在しないもの、消滅したものとして一蹴されることはない。さらに、国際社会には、各国の国内法とは異なる体系であり、多様性を前提とした国際法や国際人権法が広く適用され、グローバルな思考を求められる国際公務員も存在する。しかし一九八〇年代の日本では、アイヌ民族は消滅しており、権利の要求は金目当ての運動か、よくて福祉の問題とされた。

こうした可能性にかけ、アイヌ民族は、一九八七年八月、先住民族問題の初めての専門機関であった国連先住民作業部会に、野村理事長を代表とする代表団を送り始めることになった。まず、最初の参加で、アイヌ民族代表団が訴えたのは、中曽根首相による「単一民族国家」発言への抗議と、一九八四年にウタリ協会総会で可決された北海道旧土人保護法の廃止・アイヌ新法制定の必要性であった。とくに、一九九二年一二月、翌年に始まる「世界の先住民の国際年」の、国連総会での開幕式典（ニューヨーク）で、野村理事長が声明を読み上げたことは、中曽根発言の「単一民族国家論」を転換する大きな原動力となった。

(1) アイヌ民族と「アイヌ文化振興法」

少なくとも国連という国際機関で、アイヌ民族の存在を示し続けたことで、日本の政府や市民社会の姿勢はわずかずつでも確実に転換することになった。一九九五年三月には官房長官のもとに、アイヌ新法に関連して「ウタリ対策のあり方に関する有識者懇談会」が設けられ、翌年に報告書が提出されると、それに基づき一九九七年七月には「アイヌ文化振興法」（正式には「アイヌ文化の振興並びにアイヌの伝統等に関する知識の普及及び啓発に関する法律」）が制定され、旧土人という蔑称とともに、農業のみをアイヌ民族の選択肢とし、農地の下付においても差別的であった「北海道旧土人保護法」が約一〇〇年の時を経てやっと廃止された。

さらに、やや遡るが、一九九四年八月には萱野茂がアイヌ民族で初めての国会議員になり、また萱野と貝澤正（のちに耕一）によって提訴された「二風谷ダム裁判」では、一九九七年三月に札幌地裁がアイヌ民族を「先住民族」と認め、ダムの建設をその権利に照らして違法とする画期的な判決を下した。この判決では、裁判官による国際人権法上の先住民族の権利に積極的な検討が加えられたが、アイヌ民族の国連機関への参加とそれを利用した権利運動がその土台になったと考えてよい。

(2) 琉球民族とその国連参加

権利主体としての認知という問題でいえば、琉球民族の状況は、アイヌ民族のそれと異なっていた。重要な点は、権利主体としての認知がそもそも運動の中心課題にならなかったことである。アイヌ民族の場合、繰り返しになるが、「消滅した民族」ゆえに政策の対象にならないという言説に抗して「アイヌ新法」の制定運動があり、それは同時に蔑称を持つ「北海道旧土人保護法」の廃止というアイデンティティの問題と深く関わっていた。しかし、一九七二年に「祖国」に復帰した琉球民族にとって最大の問題は、米軍基地が縮小されずに、ますますその機能が強化され、基地を原因とするさまざまな人権侵害や環境破壊が後を絶たなかったことである。それゆえ、復帰後の「沖縄」では、米軍基地に反対する激しい運動が継続し、それは、日米安保条約は是か非かという日本全体の反戦・平和運動あるいはこれと密接に関連した保守か革新かという冷戦構造のなかでのイデオロギー論争・階級対立に埋没してしまった。

たとえば、琉球民族から先住民作業部会への参加は一九九六年七月の松島泰勝に始まるが、それは、一九九六年に、大田昌秀知事（当時）による米軍の土地利用に関する代理署名拒否に関する訴訟で、「県」の敗訴が最高裁で確定的になったことを背景としている。大田昌秀は、現職の西銘順治を破り、革新候補として一九九〇年一二月に県知事に就任するが、一九九五年九月には、地主の意思を無視した米軍用地強制使用の代行手続きを拒否することを表明した。日本政府は県知事を国の安全保障政策という専権事項に対する挑戦として司法機関に訴えたが、その後の最高裁判決は知事の行動に法的合理性はないとして、国が勝訴した。この対応は日本の司法制度が中央対地方という図式のなかで琉球民族の意思を救済できないことを意味していた。少なくともそう判断し、松島は国連人権機関への参加を行うこと、その意思を先住民族の権利として主張することを決意した。

決意は同じであったが、野村義一が北海道ウタリ協会の理事長であり、協会を中心に運動が広がったのに対し、松島泰勝は当時一人の大学院生に過ぎなかった。つまり、琉球における先住民族の運動は、一市民の参加から始まり、その小さな動きが徐々に賛同者を得て拡大した。たとえば、その後の琉球民族の先住民作業部会参加者を中心に、一九九九年二月には、「琉球弧の先住民族会（ＡＩＰＲ）」が結成され、人種差別撤廃委員会や自由権規約委員会への参加や働きかけが地道に繰り広げられた。

こうした運動の結果、二〇〇一年三月の人種差別撤廃委員会、および同年九月の社会権規約委員会が勧告した日本政府宛の「最終見解」（UN Document, CERD/C/58/CRP および UN Document, E/C.2/1/Add.67）において、「沖縄住民（the residents of Okinawa）」あるいは少数者としての「沖縄コミュニティ（the Okinawa community）」という主体が登場し、その集団に対する差別への懸念が明記されるようになった。さらに、二〇〇八年八月の自由権規約委員会による「最終見解」（UN Document, CCPR/C/JPN/CO/5）では、「琉球・沖縄人（the Ryukyu/Okinawa）」を先住民族と認め、固有の歴史や文化とともにその土地権を認めるよう勧告された。加えて、二〇一〇年四月の人種差別撤廃委員会の「最終見解」（UN Document, CERD/C/JPN/CO/3-6）では、「沖縄人（the people of Okinawa）」に対する持続的な差別が懸念され、軍事基地の不均等な集中がその経済的、社会的、文化的権利を侵害していると勧告された。国連の各人権機関によるこうした勧告は、琉球民族の権利主体性を明らかにするとともに、彼らが経験している問題の本質を表面化させることになった。

一方で、先住民族であるという認知の本質は（見えざる）植民地主義の犠牲者ということであり、それゆえ先住民族の権利回復には「自己決定権」が不可欠であるという意識も少しずつ、そして二〇一〇年六月鳩山由紀夫政権の崩壊のころから急激に琉球内部に広がるようになった。たとえば、二〇一三年五月には、龍谷大学の教員となった松島を中心に「琉球民族独立総合研究学会」、二〇一四年七月には「沖縄建白書を実現し未来を拓く島ぐるみ会議」、同年八月には「琉球・沖縄の自己決定権を樹立する会」、二〇一六年三月には「沖縄国際人権法研究会」、二〇一六年七月には「命どぅ宝！琉球の自己決定権の会（準備会）」などが次々と設立された。二〇一五年九月に、翁長雄志沖縄県知事が自らジュネーブの国連人権理事会に出席して、沖縄には「自己決定権」が存在し、それが日本政府によって侵害されていると発言したことも、こうした広がりの一つといえる。

4　「先住民族の権利に関する国連宣言」の採択と国内政策への影響

アイヌ民族の野村義一が一九八七年に、また琉球民族の松島泰勝が一九九六年に参加した「国連先住民作業部会」は、一九八二年八月に「国連人権委員会」の下部組織「差別防止少数者保護小委員会」（当時の略称「人権小委員会」）のもとに設置された、先住民族の人権保障に関する国連の最初の機関であった。この機関は、国連の運営ルールを大きく緩和し、すべての先住民族組織（ＩＰＯ）にオブザーバーとしての参加の権利を与えた。その目的の一つは、先住民族に対する「世界人権宣言」に当たる包括的な人権規準文書の起草作業にあった。

(1)　「先住民族の権利に関する国連宣言」の採択

先住民作業部会での作業では、一九八七年に先住民族組織から人権規準案として二二項目の原則が提示され、アイヌ民族が初参加した翌年の一九八八年には、エリカ＝イレーヌ・ダイス議長の手で、前文一二段落本文二八条からなる草案原案がまとめられた。この草案原案は、先住民族組織とダイスのような人権小委員会の委員を務める専門家、政府代表が協議し、一九九三年には、前文一九段落本文四五条の先住民作業部会草案として確定した。当初、この先住民族の権利に関する総括的な人権規準は、「国際先住民年」である一九九三年の国連総会採択を目指していたが、第一段階の起草作業そのものに一一年の歳月を必要とした（上村 一九九七：八四―九〇）。

繰り返すが、先住民族に対する人権侵害の加害者は国家・政府そのものであり、先住民族の権利に関する総括的な人権規準の採択は、植民地主義の下で人権侵害を続けてきた国家・政府に対する本質的で実践的な「告発状」あるいは「挑戦状」の作成に等しい。しかし、残念なことに、その起草作業を行う場そのものが国家・政府の支配下にあるという矛盾がこの作業の背景にあったことを忘れてはならない。

それでも、先住民作業部会や人権小委員会は国際人権の専門家によって構成されており、この起草段階では、比較的に先住民族組織との協力を積極的に展開した。しかし「国連先住民族権利宣言」草案が人権小委員会で一九九四年に支持され、さらにその親機関である国連人権委員会に上程されると、各国政府の圧力は先住民作業部会段階での協議とは比べものにならないほど強力にこの権利宣言を骨抜きにしようと試みた。政府代表によって直接構成される国連人権委員会は、一九九五年、新たに「国連先住民族権利宣言草案作業部会」を設置し、同年一一月から草案の抜本的な再検討を開始した（上村 一九九七：九〇―九一）。新たな作業部会の設置はそれ自身多くの先住民族組織による抗議の対象となったが、先住民作業部会の過程に参加した私も、権利宣言の採択は気の遠くなる作業のように思えたことを思い出す。そして、あるいはそれでも、さらに一一年の歳月が必要とされ、最後の最後まで、権利宣言採択の可能性は深い霧のなかにしかなかった。やや冷静にいえば、審議されている宣言は新たな国際法の形成に当たるが、それは法的作業ではなく国際政治という権謀術数が渦巻く世界のど真ん中にあること、そしてその不可解な国際政治が生まれる問題の本質が植民地化を不問にしようとする国家・政府の執拗な反撃から生まれたものであることを再認識させられた。

二〇〇四年の宣言草案作業部会までに合意された条文は、先住民族個人が国籍／民族籍を持つ権利（第五条）と先住民族の男女個人間の平等（第四三条）だけで、他の条文案は宙ぶらりんのまま、協議は膠着状態にあった。国家・政府のなかでは、CANZUSと呼ばれる国家グループ（カナダ、オーストラリア、ニュージーランド、アメリカ）は大幅な修正か廃案を求め、他方GLURACと呼ばれたラテンアメリカを中心とする国家グループは、国内政治の民主化を背景に、草案の原案採択を支持した。さらに、北欧を中心とする国家グループは、換骨奪胎にあたるような修正や廃案には強く反対を示しながら、若干の修正には応じる姿勢を見せた。先住民族組織も、既存の国内制度を持っているがゆえにより強力な人権規準を確実に持ちたいとするアメリカ大陸のグループは原案採択を強く支持し、国内政策をまず動かすための国際規準文書を早急に求める、権利基盤の弱いアジア・アフリカのグループは北欧諸国と共同歩調をとった（上村 二〇〇八b：五七―六二）。

二〇〇五年、史上最大の国連改革が始まり、二〇〇六年三月には歴史ある国連人権委員会が廃止された。同年六月に新設の国連人権理事会の開催が予定されていたが、最悪のシナリオは、国連人権委員会の下部機関であった宣言草案作業部会も廃止され、権利宣言草案そのものもそれに伴って廃案になるというものであった。しかし、国連改革はむしろ先住民族を強力に支援する流れとなり、最悪の予想はその実現を免れた。最後の宣言草案作業部会会合が二〇〇六年二月に終了すると、議長を務めたペルー大使は当初の草案原案をもとに、宣言草案作業部会の議論を踏まえて新草案を作り、それを二〇〇六年三月の最後の国連人権委員会に提出した。ここでの採択は実現できなかったが、新草案は六月の国連人権理事会の第一会期で審議のうえ採択され、九月には国連総会に上程された。国連総会のレベルでは、草案を精査したアフリカ諸国政府から多くの修正案が出されるという最後の波乱があったが、先住民族組織の運動家たちは協力して、これを説得した。その結果、二〇〇七年九月の国連総会では、前文二四段落本文四六条から構成される国連先住民族権利宣言が、ＣＡＮＺＵＳを構成する四ヶ国の反対を除いて、一四四ヶ国の賛成、一一ヶ国の棄権という圧倒的な支持の下で採択された（上村 二〇〇八b：五九―六二）。

新草案の段階以降行われた細かい修正には確かに問題はある。しかし、このプロセスに参加した者として率直に述べれば、一九九三年に確定した宣言草案がここまで維持されたことを、「夢のような展開」と評価してもいいように思う。また、この宣言草案作業部会には、アイヌ民族として北海道アイヌ協会の阿部ユポ副理事長が、琉球民族として知念秀記ＡＩＰＲ代表（当時）が粘り強く参加し、アジアの先住民族組織の一員として貢献したことも忘れてはならない。

(2)「先住民族の権利に関する国連宣言」の性格と先住民族の期待

国連先住民族権利宣言採択の重要性は各地の先住民族組織にも共有されている。国連において人権規準が整備されるプロセスは、その正攻法からいえば、法的拘束力のない権利宣言の採択、これに法的効束力を持たせた権利条約の採択と発効、そして条約を批准した加盟国政府に対する履行監視機関の設立という段階を踏む。国際人権の基幹文書でいえば、世界人権宣言（一九四八年採択）、国際人権規約（一九六六年採択、一九七六年発効）、自由権規約委員会・社会権規約委員会（一九七六年設置・一九八五年設置）という流れがそれである。その意味では、権利宣言は法的効束力のない権利宣言に過ぎず、法的効束力を持たせるには次の段階である「国連先住民族権利条約」が必要なはずである。宣言には効力はないとする議論に関しては、カナダ政府が「宣言は法的に拘束的な文書ではない」と明言しており（小坂田 二〇一七：三三二—三三四）、宣言の条約化の必要性を説く非先住民族の国際法研究者も少なくない。

しかし、長年の国連交渉を、身をもって経験してきた先住民族組織の戦略は、かつて植民地独立の加速化を目指し、一九六〇年一二月の有名な「植民地独立付与宣言」（正式には「植民地及び人民に独立を付与する宣言」）が採択された後、翌一九六一年にはこの宣言の適用を監視し、その実施に関して勧告を行う「脱植民地化特別委員会」（正式には「植民地及び人民に独立を付与する宣言履行特別委員会」）が設置されたように、宣言としての権利宣言の履行を直接監視する体制を構築し、機能させることである。もし、権利条約の起草、採択、発効という正式な順序を経れば、実効性が担保されるまでに、さらにどれだけの時間とエネルギーが必要か読めないというのが、宣言採択プロセスを経験した彼ら共通の危惧であった。幸い、現在では、「先住民族の権利に関する特別報告者」（二〇〇一年設置）、「先住民族問題に関する常設フォーラム（ＰＦＩＩ）」（二〇〇二年設置）、「先住民族の権利に関する専門家機構（ＥＭＲＩＰ）」（二〇〇七年設置）の少なくとも三機関が、国連における先住民族の権利に関する専門機関として、権利宣言の履行を監視しており、その内容は権利宣言本文第四二条にも以下のように明記されている。

「第四二条　国際連合及び先住民族問題に関する常設フォーラムを含む国連機関、各国に駐在するものを含めた専門機関並びに国家は、本宣言の条項の尊重及び完全適用を促進し、本宣言のフォローアップ（追跡措置）を行う」（上村二〇〇八a：四一）。

さらに、二〇一四年九月には、国連総会の特別会期として「世界先住民族会議」がニューヨークの国連本部で、その前年二〇一三年六月には、ノルウェーのアルタで準備会合が開催された。そこで採択された「アルタ会議成果文書」や翌年の「世界先住民族会議成果文書」でも、権利条約の制定には触れられておらず、権利宣言の履行強化として、人権条約機関の委員への先住民族候補者の任命の促進、国連人権理事会の普遍的定期審査（ＵＰＲ）の人権最低規準としての権利宣言の利用、先住民族の権利に関する専門家機構の任務の強化などが要請されている（小坂田二〇一七：一〇〇―一〇一）。この状況を別の見地から見れば、権利宣言は、実態的に一定の国際法上の拘束力を発揮することを期待される条約に近い、きわめて特異な宣言だと見なすことができる。その意味で、権利宣言は重要な人権文書に当たり、その採択は日本の先住民族政策にいくつかの影響を及ぼすことになる。

(3)　アイヌ民族に対する国会決議と新しい機関の設置、そして限界

二〇〇七年九月の「先住民族の権利に関する国連宣言」の国連総会での採択は、日本の政治状況にも大きな影響を与えることになった。まず、国連総会での採択では、日本政府は何らかの意思表明をしなければならず、留保条件を付けながらもこれに賛成票を投じた。そして、翌二〇〇八年七月には、Ｇ８サミット（先進国首脳会議）の北海道洞爺湖での開催を準備しなければならなかった。この一見無関係とも思える政治情勢が、アイヌ民族に、権利の前進に向けた新たな機会を提供した。

日本は、権利宣言の採択に賛成票を投じたが、先住民族に関する国際的に受け入れられる「定義」が存在しないと

理由づけし、それゆえにアイヌ民族は「先住民族」とは認められないという立場をとっていた。権利宣言には確かに先住民族とは何かを明記した「定義」条項は存在しない。その原因は、植民地として支配された経験は共通でも、各国によって支配の形態はさまざまであり、安易な定義条項は、各国政府に当該民族が先住民族に当たらないという口実を与えかねないからである。しかし、その先住民族が享受すべき権利は権利宣言で網羅されており、むしろその視点からアイヌ民族が「先住民族」であるかどうかを、当事者を交えて判断すればよい。つまり、定義がないからアイヌ民族が「先住民族」であるかどうか分からないという日本政府の言い訳は、明らかに滑稽な言い訳に過ぎなかった。ともかくも、そのアイヌ民族の土地である「北海道」に、国際的な定義がないとしても、国内的に先住民族の要件を策定し、その政策を持つアメリカ・カナダ・ロシアの首脳が来日する。イギリスやフランスにしても、植民地主義に絡めた民族問題には十分な経験を蓄積している。こうした国々の首脳が北海道を訪問し、アイヌ民族と触れ合う機会ができたときに日本政府はその矛盾をどう説明できるのかという問題である。

　これに気づいた北海道出身の国会議員を中心に、「アイヌ民族を先住民族とすることを求める決議」案が作成され、サミット直前の二〇〇八年六月に衆参両院の決議として全会一致で可決された。この決議は、冒頭で権利宣言の採択に言及し、これがアイヌ民族の長年の悲願であったことを述べ、宣言に関する「具体的な行動」が国連諸機関から求められていると結んでいる。そして、決議が求めた二つの条項は、いずれも権利宣言をふまえ、アイヌ民族を先住民族と認めること、また、アイヌ民族に対する政策を総合的に推進することを明文化したものであった。

　国会決議をフォローする形で、その後いくつかの政策が策定されるが、いずれも権利宣言の採択が前提とされている。国会決議と同じ日に出された同決議に関する官房長官談話、この官房長官談話に基づく同年七月の「アイヌ政策のあり方に関する有識者懇談会」の設置要綱、同懇談会の報告書に基づく二〇〇九年一二月の「アイヌ政策推進会議」の設置要綱などには、すべてにおいて、権利宣言が採択されたこと、それを「参照」しながら作業を進めることが明記された。

確かに、二〇〇九年に設置されたこの「アイヌ政策推進会議」は官房長官を直接座長としており、行政機構において極めて高い位置づけにある。また一四人の委員のうち五人がアイヌ民族という委員構成も画期的なもので、アイヌ民族政策の一定の前進を感じさせるものであった（上村 二〇一二：九八—九九）。しかし、「アイヌ政策推進会議」の設置理念が「総合的」「効果的な」アイヌ政策であったにもかかわらず、設置当初の議題は、野外でアイヌ文化を学ぶ施設と国立のアイヌ文化博物館を建設するという「象徴空間」の設置と、北海道が主導していたアイヌ福祉対策の対象とならなかった「道外アイヌ調査」に限られた。権利宣言に明記された先住民族の包括的な権利は、棚上げにされたどころか、「権利」に関する議論さえ起こらなかった。その理由として、二〇〇七年四月に北海道大学が設置した「北海道大学アイヌ・先住民研究センター」のセンター長で、「アイヌ政策推進会議」の委員となった常本照樹の政策ビジョンが、この機関の牽引役となったことを挙げることができる。

たとえば、「日本型先住民族政策」と呼ばれる彼の独特の考え方に基づき、二〇一〇年一〇月に同センターの主催でシンポジウム「日本型先住民族政策の可能性——海外の視点」が開催された。また常本自身が「アイヌ民族と『日本型』先住民族政策」という論文を二〇一一年九月に発表し、この概念を説明している（常本 二〇一一：七九—八二）。常本によれば、「日本型先住民族政策」は、「手続型先住民族概念」と彼が呼ぶ手続き重視の概念を土台に、権利宣言を参照しつつも、日本の既存の法律・制度に従って可能な形で政策を立案するというものだ。先住民族の権利の実現は、常本によれば日本の法・行政体系に適合しないので、結果として権利宣言に規定された権利はほぼ完全に無視され、「日本型先住民族政策」は日本政府の官僚主導型の政策立案体制を後押しする形となる。これに対抗して、二〇一六年四月に札幌で、国の「アイヌ政策推進会議」の方向性や「日本型先住民族政策」に不満を持つアイヌ民族や研究者、市民が「アイヌ政策検討市民会議」を立ち上げたことを紹介しておきたい。

(4)「沖縄」における「先住民族」をめぐる論争とその本質

「沖縄」における「先住民族」の権利を軸にした運動は、一九九九年に成立した「琉球弧の先住民族会」などを中心に地道に続けられてきたが、戦前の日本による極端な民族運動に対する嫌悪感、マルクス主義が持つ「民族」に優先する「階級」闘争主義の影響、琉球王国は先住民族の主流を占める狩猟・採集民族ではないというある種植民地エリートによる事大主義が、沖縄にあるさまざまな問題を先住民族という概念によって説明し、先住民族の権利にその解決を求めてきた動きの大きな障壁となった。国連先住民族権利宣言につながる問題ではなく、日本国内の「自治」に対する民主主義の実現、保守政権の対米従属主義を払拭する問題として解決しようとしたのである。しかし、二〇〇九年九月に誕生した民主党政権によって、米軍基地問題が頓挫すると、先住民族の権利運動は先述したように、「自己決定権」を求める運動とある種共鳴しながら展開してきた。それは、二〇一五年九月の翁長知事の国連人権理事会への参加と声明の発表で、一つの山を迎えることになる。しかし、その直前に事態はもう一つの小さな山を迎えていた。自民党沖縄県連が、ジュネーブに発つ直前(九月一七日)の翁長知事に対し、要約すれば、新基地建設への反対を主張しても、その根拠が「先住民・琉球人」の人権に由来すると主張しないでほしいとの要望を伝えた(沖縄タイムス二〇一五年九月一八日朝刊)。その理由は、①沖縄県内では「先住民・琉球人」の認定についての議論がない、②基地問題は基本的に県と政府の国内政治問題であり、人権問題ではない、というものだった。

この流れは、保守系の自治体を使った、「沖縄県民＝先住民族」論に反対する意見書の採択にも表れている。二〇一五年一二月二二日豊見城市議会で、二〇一六年六月二〇日には石垣市議会で、賛成多数のなか、それぞれに「国連各委員会の『沖縄県民は日本の先住民族』という認識を改め、勧告の撤回を求める意見書」と「国連の『沖縄県民は先住民族』とする勧告の撤回を求める意見書」が採択された。

これは、琉球における、先住民族として国連への運動を展開する勢力と、これを不愉快に思う先述した植民地エリート勢力との日本をめぐる関係性を示していて興味深い。簡単に紹介しておこう。まず、琉球人の先住民族としての国連への運動では、行政単位としての沖縄県の住民である「沖縄県民」を「先住民族」と主張したことは一度もなく、国連も「沖縄県民」を「先住民族」と勧告したことはない。私を含めて、日本国民の誰でも、沖縄県内に住民票を移せば、「沖縄県民」になれるし、逆の手続きをすれば、「沖縄県民」でなくなることができる。運動が主張しているのは、琉球王国時代の住民の子孫を「琉球人」と想定し、その人たちが「大和民族」と異なるさまざま歴史的な苦難を経験し、現在も人権上の理不尽な扱いを受けており、その責任は日本政府にあるということだ。

また、「先住民族」の権利を主張することの問題点として、豊見城市議会意見書は「先住民の権利を主張すると、全国から沖縄県民は日本人ではないマイノリティと見なされることになり、逆に差別を呼び込むことになる」と理由づけしている。残念ながら、これは基本的な文脈で差別文書である。この論理ならば、政府が先住民族だと認めたアイヌ民族は、全国民からそれによって差別される存在になるとの主張に等しい。つまり、日本社会は日本人ではないグループを差別する社会なので、異なるグループだと主張すべきではないとも取れる。

石垣市議会意見書は同じ点を別の理由で問題視している。「沖縄県が行政区域とする尖閣諸島を含む領土領海、天然資源や海洋資源がどこに帰属するかを問題にされかねず、あらゆる面で危険性を内在させるものである……」。この文言の背景を説明すれば、「沖縄」で日本政府の政策に反対すると、中国の脅威を誇張する政治家や活動家から、中国に利用され、走狗になっているという言説が持ち出されることが少なくない。なぜ、琉球人の権利を語ることは中国の利益になる危険性があるのだろうか。論理の悪質な飛躍であり、それこそ植民地主義的な事実無根の言説である。状況を「北海道」、アイヌモシリというアイヌ民族の伝統的領土に置き換えてみると、この論理の問題がよく分かる。実は、アイヌ民族の主張を公的に展開した一九八四年の「アイヌ新法案」では、アイヌ民族の伝統的領土を北海道本島、樺太南部、千島列島全域と規定している。石垣市議会の論理を使えば、アイヌモシリ全域の天然資源や海洋資源にロシアが介入してくることを懸念する必要がある。アイヌ民族を先住民族と認めたことによって、直接ロシアの利益を誘引する危険性があるのだろうか。もしあるとすれば、なぜ国会や政府は二〇〇八年にそれを認めたのか、あるいはその危険性はあの国会決議から八年経つなかでどこに現れているのかを意見書は本来説明する義務がある。

確かに、自民党沖縄県連がいうように、「沖縄」で、「先住民族」の議論は十分ではないかもしれない。しかし、私の経験からいえば、「先住民族」の概念を十分な時間と整理された根拠をもって説明すれば「琉球人」という意識につながることが少なくない。二〇一四年に始まった琉球新報の長期連載「沖縄の自己決定権」が広範な支持を集めたのもその一例だろう（琉球新報社・新垣二〇一五：一八―九八）。「沖縄県民」が「先住民族」としての「自己意識」を持っていない原因は議論を公正に行う場が設定されていないからであって、逆に豊見城市議会も石垣市議会もこの概念を真剣に討議した形跡は見られない。さらに、より単純にいえば、先住民族の権利が琉球は「日本」ではないという主張につながることを二つの意見書は懸念しているが、近年の独立論も自己決定権に関する議論も、主義主張の前に「日本」の近代国家形成過程のなかでの「琉球・沖縄」に関する歴史的事実の確認と再評価を求めていることを確認しておきたい。

(5) 国際的な森林認証制度と「先住民族の権利」

一方、国連先住民族権利宣言に明記された「先住民族の権利」概念は、国や政府の枠外で、日本社会に影響を与え始めている。その事例の一つに、公正な森林管理を求めて始まった森林認証制度における権利宣言の遵守がある。地球環境問題に一九八〇年代から急激な関心が集まるなか、一九九二年にはブラジルのリオデジャネイロで「国連環境開発会議（ＵＮＣＥＤ）」（別名「地球サミット」）が開催され、幅広い地球環境問題に対処するための国際合意が模索された。そして、熱帯林・寒帯林などでの大量伐採、そのなかでも「違法伐採」が、資源の枯渇だけでなく、地球温暖化の緩和、酸素の供給源の確保などの問題と絡めて注目された。この流れのなかで、環境保全に配慮し、適正に管理された森林から産出した木材およびそれを利用した製品に認証マークを付与する制度が森林認証制度として誕生した。国家や政府ではない、独立した第三者機関の介在によって、持続可能な森林利用を促進しようとするものである。

現在、国際的な認証運用機関には二つある。一つは「森林管理協議会（Forest Stewardship Council：ＦＳＣ）」、もう一つは「ＰＥＦＣ森林認証プログラム（Programme for the Endorsement of Forest Certification Schemes）」である。ＦＳＣは、地球サミットの翌々年一九九四年に、環境ＮＧＯ、林業者、先住民族組織、木材取引企業、地域林業組合などにより正式に設立された国際ＮＧＯで、最も厳しい認証規準を持っており、二〇一〇年にはＦＳＣジャパンが正式な日本事務所として認められた。他方、ＰＥＦＣは、一九九九年フィンランドを中心に、それぞれの国内規準を相互認証するメカニズムとして成立した国際ＮＧＯである。加えて、日本には「緑の循環認証会議（Sustainable Green Ecosystem Council：ＳＧＥＣ）」というもう一つの認証運用機関が存在する。ＳＧＥＣは、ＦＳＣやＰＥＦＣと異なり、日本の林業団体やＮＧＯによって二〇〇三年に設立された国内ＮＧＯで、国内法や国内制度の範囲内での認証規準を作成してきた。

こうした森林認証の運用機関に大きな変化が起こった。それは、二〇一二年に発表されたＦＳＣの認証規準「原則と基準」が第五版として大きく変更されたことである。特筆すべきは「原則三：先住民族の権利」において、一九八九年採択の国際労働機関第一六九号条約（先住民・種族民条約）とともに、二〇〇七年採択の権利宣言が認証規準に加えられ、そのうえでの「事前に十分な情報を与えられたうえでの自由意思に基づく合意（ＦＰＩＣ）」が適用上の用件とされたことである。この新しい原則に基づいて、ＦＳＣジャパンは、二〇一三年、北海道の森林管理において、認証を受けるためには、先住民族としてのアイヌ民族の権利尊重が権利宣言に従って行われなければならないという立場を明らかにした。ＦＳＣ認証は欧米やオーストラリアなどでは、その価値が広く認知され、認証マーク入りの製品が普通に市場に並べられている。ＦＳＣ認証によって市場における製品の価値を高めたい企業はこの規準の遵守を義務づけられ、海外ではＦＳＣ認証を持っていなかった企業に、地元政府が伐採許可を却下することも起こった。

北海道でも、製紙会社などは、社有林からの切り出しであっても、アイヌ民族の先住民族としての権利の尊重がＦＳＣ認証を受ける前提となった。日本社会にとって、先住民族の権利の尊重は、馴染みの薄い考えであり、具体的な認証規準の運用はまだ緒に着いたに過ぎない。北海道では、それぞれの運用機関の認証を持つ森林のマッピングやこれに関わるアイヌ民族団体の認定などが進められ、認証基準のやや緩やかな管理材を扱う大手製紙会社と北海道アイヌ協会の話し合いが、すでに二〇一四年一〇月から始められている。他方、規準の厳しい認証材に関しては、ＦＳＣの国際認証規準を直接適用するのではなく、それに準拠した国内認証規準によって行われるため、その改定が必要であり、二〇一五年からアイヌ民族の代表や専門家を含めた規準改定作業が進められている。このように、権利宣言に従ったアイヌ民族の権利の遵守という方向性は、ＦＳＣ認証では確定的となっている。

他方、日本国内ではＦＳＣよりも広大な森林に関わるＳＧＥＣは、先住民族の権利を規定した法が日本国内に存在しないことを理由に、認証規準に権利宣言を含めることやアイヌ民族との交渉を視野に入れてこなかった。しかし、ＳＧＥＣが国際的により信頼性の高い認証機関を目指して、二〇一四年七月にＰＥＦＣに加盟し、ＰＥＦＣ日本事務所として、二〇一六年六月から活動を開始することになった。しかし、ＳＧＥＣが、ＰＥＦＣの日本事務所として活動するためには、二〇一六年一〇月までにＰＥＦＣ国際水準にあわせて認証規準を改定することが求められている。ＰＥＦＣが各国事務所に要求する国際規準は二〇一〇年一一月に改定されたもので、ＦＳＣのように「先住民族の権利」を前面に出してはいないが、遵守すべき規準のなかに権利宣言が含まれており、ＳＧＥＣの新しい規定もこれを無視できない。ＳＧＥＣの認証林には、北海道の国有林などが含まれており、アイヌ民族の権利と今後どう折り合いをつけるかが問題である。

こうした森林認証制度は、権利宣言を国や政府がどう遵守するかという問題から独立し、グローバル化した企業活動をその市場経済の枠内でグローバルな人権規準から動かす実務的な動きであることに注目したい。その規準に権利宣言が含まれ、運用されようとしていることも、アイヌ民族自身が行った国連運動の成果である。もし琉球民族が先住民族であるという意思が一定の範囲で見えるようになれば、かつて「杣山」と呼ばれた共有林、現在の「沖縄県」の国有林などにもこうした動きが適用可能である（上村 二〇一七：二二五―二二八）。

ここまで読んだ読者には、改めて、一九八〇年代の日本社会を思い起こしてほしい。まだ生まれていなかった読者には、ぜひ想像してほしい。当時、日本は単一民族国家であるという神話が大手を振って一人歩きし、「先住民族」という概念はおろか「マイノリティ（少数者）」という概念さえ、まったく理解されなかった。アイヌ民族は同化によって消滅したかのように扱われ、琉球民族は「沖縄県民」として巧みにそのアイデンティティを隠蔽されていた。その時代から比較してもなお、日本の現実は、依然として厳しく、本質的な問題はほぼ何も解決していない。しかしである。国連への運動や権利宣言の採択は、この社会の枠組みを少しずつではあるが確実に変化させてきたといえないだろうか。もちろん、楽観視するつもりは一ミリもないが、この運動を長年担ってきた多くの友人たちと、改めて進むことを決意するとともに、亡くなった知里むつみさんを含めた彼らに敬意と感謝を送りたい。

参考文献
阿部珠理編　二〇一六『アメリカ先住民を知るための六二章』明石書店。
上村英明　一九九一「アイヌ民族と自由権規約――アイヌ民族の『法的地位』」『部落解放研究』八三、二六―四〇頁。
上村英明　一九九七「アジアにおける先住民族の権利確立に向けて――先住民族の権利に取り組む国連人権機構の歴史と現状」アジア・太平洋人権情報センター編『アジア・太平洋人権レビュー一九九七――国連人権システムの変動』現代人文社、七八―九八頁。
上村英明　二〇〇八a『アイヌ民族の視点からみた「先住民族の権利に関する国際連合宣言」の解説と利用法』市民外交センターブックレット三、市民外交センター。
上村英明　二〇〇八b「『先住民族の権利に関する国連宣言』獲得への長い道のり」『ＰＲＩＭＥ』二七、五三―六八頁。

上村英明　二〇一二「アイヌ民族政策のあり方――国際法および憲法・国内法の観点から」『FORUM OPINION』一七、九七―一一二頁。
上村英明・木村真希子・塩原良和編　二〇一三『市民の外交――先住民族と歩んだ三〇年』法政大学出版局。
上村英明　二〇一五『新・先住民族の「近代史」――植民地主義と新自由主義の起源を問う』法律文化社。
上村英明　二〇一六「『国境』を越えた先住民族運動」阿部珠理編『アメリカ先住民を知るための六二章』明石書店。
上村英明　二〇一七「人権としての自己決定権と環境・文化――『琉球』の歴史検証と『先住民族』の視点からの環境保全」『環境と公害』四六（三）、二四―二八頁。
上村英明・藤岡美恵子　二〇一六「〈巻頭言〉日本における脱植民地化の論理と平和学――その関係性の整理と問題提起」『平和研究』四七、i―xx頁。
岡和田晃、M・ウィンチェスター編　二〇一五『アイヌ民族否定論に抗する』河出書房新社。
沖縄県祖国復帰闘争史編纂委員会編　一九八二『沖縄県祖国復帰闘争史』沖縄時事出版。
小坂田裕子　二〇一七『先住民族と国際法』信山社。
越田清和編　二〇一二『アイヌモシリと平和――〈北海道〉を平和学する』法律文化社。
平恒次　一九七〇「『琉球人』は訴える――安易な『復帰』論、怠慢な『本土なみ』思想を排して、独立琉球を主張する」『中央公論』一九七〇年一一月号、九六―一〇八頁。
常本照樹　二〇一一「アイヌ民族と『日本型』先住民族政策」『学術の動向』二〇一一年九月号、七九―八二頁。
北大開示文書研究会編　二〇一六『アイヌの遺骨はコタンの土へ』緑風出版。
吉田邦彦　二〇一二『アイヌ民族の先住補償問題――民法学の見地から』自由学校遊ブックレット九、NPO法人さっぽろ自由学校「遊」。
琉球新報社・新垣毅編　二〇一五『沖縄の自己決定権――その歴史的根拠と近未来の展望』高文研。

【コラム①】差別主義と民族主義の清算

琉球民族の葛藤

宮里護佐丸

いま数えてみたら私が先住民族という概念を知って今年で二〇年になる。とくに自分で何ができたということもなく、琉球・沖縄が抱えさせられている現状に良い進展があったわけでもなく、ただ無為に時間だけが流れていった、あっというまの二〇年間であった。

私が「先住民族」という意味を知る少し前、一九九六年当時の沖縄県知事が国を相手に、米軍基地の継続使用に反対する地主の代わりとして土地を提供するための代理署名の手続きを拒否する裁判を起こした。裁判の争点となったのは、第二次世界大戦後琉球・沖縄の地に米軍基地が強制的に建設され、それ以降起こり続ける米軍人・軍属絡みの犯罪が全く減らず、不均等に多くの米軍基地が集中させられている差別状況に対して、琉球・沖縄の人々が被り続ける差別状況を日本国民に告発する意味合いが強かった。日本の最高裁判所は琉球・沖縄が被り続ける現状を一瞥だにせず、「日本国民として高度な公共の福祉のために我慢すべし」との判断を下した。

この事件は今まで国寄りの姿勢をとる県知事しか見たことのない人たちにとって、「もしかしたら基地問題は何とかなるかもしれない」との淡い期待を持たせたが、最高裁の決定は多くの琉球民族にとって「日本は私たちの現状と気持ちを解ってくれない」との絶望を生んだように感じる。私はこの判決の結果を知り、日本の法律の枠組みのなかでは私たちの権利が守られることはありえないと感じた。そんなとき市民外交センターの上村英明氏と知り合い、先住民族の権利と国際法、国連の活用法を教えてもらう機会を得た。その内容は無学な私にはあまりに高度な内容で、かつ日本国民として育てられ日本の教育を受けて成人した私には、琉球民族としての意識と、日本人としての二つの意識が自己矛盾なく同居している状態だったため、受け入れがたいものだった。

琉球・沖縄では、一八七九年に武力をもって日本に侵略・併合された当初から、琉球民族と琉球・沖縄の文化は大和民族により「後進性」「未開」「二級の国民」といったレッテルをはられ差別された。その上苛烈な同化政策により「自分たち琉球民族や文化は下等なもので大和民族は優秀な民族であり文化も素晴らしい。一日でも早く自分たちも立派な日本人にならなくてはならない」という考えを徹底的に刷り込まれた。当時の琉球民族出身の知識人たちも「日琉同祖論」を唱えたため、琉球民族と大和民族が同一の民族であるかのような幻想が広まった。日本人になりたい一心の琉球民族は第二次世界大戦中には日本軍のことを「友軍」と呼び献身的な協力を行ったが、日本軍が植民地の住民を信用するはずもなく、軍の直接間接の行為により多くの死者を出した。

日本政府と日本国の多数民族である大和民族にすり寄りたい琉球民族の人々は、自らを「日本人である」と主張する一方で自らを「ウチナーンチュ（沖縄島の人の意）」と呼称する。当時の私同様、潜在的には民族意識がありながら、日本人として育てられ、日本の教育を受けて成人した多くの人々は、琉球民族としての意識と、日本人（国民）としての二つの意識が自己矛盾なく同居している状態であるため先住民族概念はなかなか受け入れられないのが現状である。

そのため、現在でも沖縄の地では自らを先住民族であると名乗り行動する人々はたいへん少ない。

もう一方で先住民族概念が浸透しない理由に、琉球民族の土地に来て生活し活動している大和民族とその人々に遠慮する琉球民族の問題がある。

東京で生活し、「東京沖縄県人会青年部」という団体に所属していた今から二十数年前の話である。沖縄県人会であるはずなのに実に多くの大和民族の会員がいた、沖縄ブームと呼ばれる奇妙なブームが起こったためもあり、そのころはとくに多かったように思う。琉球民族出身の青年たちは進学や就職などさまざまな理由で東京に来ていたため、当然のことではあるが会の運営より自分の生活を優先させたし、多くの青年たちができるなら故郷に帰りたいと考え、その多くは数年すると会を離れ琉球・沖縄へ帰って行った。一方会に所属する大和民族の人々は東京にとどまり会に居続ける。そうすると会の中心で琉球・沖縄のことをやり続ける琉球民族の会員がいるうちは何とかなるが、そういう人々がいなくなったとき、古くから会に残っていてその会の運営にも長けている人間は、残り続ける大和民族の会員になる。沖縄ブームが来る前、琉球・沖縄があからさまな差別の対象であったころから会に所属していた大和民族の会員は、自分たちの立ち位置をよく理解しわきまえた行動をとっていたが、沖縄ブーム以降に会に参加した大和民族は琉球と日本の間の歴史などには興味を持たず、自分を癒すものとして琉球の文化を消費するだけの人々がほとんどであった。そのため、当時流行っていたサンシンや琉球民謡、エイサーなどの琉球・沖縄文化のうち彼ら彼女らの関心のある部分でしか活動しようとせず、琉球民族と大和民族の歴史や戦争体験の継承などの大和民族として見たくない部分には、関心を持たないどころか、そういった活動に対して、後から入った琉球民族の会員たちに「カッコ悪いもの」という意識を植え付ける行動に出る者すらいた。

私が会を運営していた当時、大和民族の会員やそれにすり寄る琉球民族の会員から出た言葉が、「琉球民族の会員のみで会の執行部を固めるのは差別ではないのか」や「芸能がやりたくて会に来た人たちが可哀想」「私たち（大和民族の会員）には権利がないのか」などの、会の趣旨を理解せず根本として琉球民族と大和民族が平等でないことの無理解から来る発言が多かった。当時の私は民族の知識もほとんどなく、差別被差別についても無知であったが、大和民族の土地で琉球民族の若者たちが、表面的でなく心から、自分たちの出自に誇りを持てる空間を作ることが大切であるとの信念があった。

それから数年して私は沖縄に帰り、生活を始めた。東京で上村英明氏に教えてもらった先住民族理論や、国際法と国連の利用法を沖縄で実践しないといけないとの思いから、微力ながら活動を始めたなかで、またもや大和民族の人たちと、それにすり寄りたい琉球民族の人たちの抵抗を受けることとなった。

「反戦・反基地の運動の場に民族問題を持ち出すのはいかがなものか？」「大和と沖縄の二項対立をあおるだけだ」「本当の敵に利する行為だ」「私たち（大和民族出身）を排除しようとしている」「運動を分断する気か？」「沖縄県民は日本人だ」「悪いのは政府であり、個人ではない」のように、政府寄りの人々から政府の政策に反対する市民団体の人たちまで、沖縄に住む多くの人たちからの批判を今でも受け続けている。大和民族と琉球民族の違いに目を向けたがらない大和民族の移住者と、それを擁護する琉球民族に共通するものは、差別主義と植民地主義を清算できていない部分が多いことのように感じる。琉球民族と大和民族が別の民族であると認めてしまうと、琉球と大和との歴史を見直さなければならないし、そこまで掘り下げてしまうと平和のための戦っていると白負している自分が差別者の側の人間であり、植民地主義の継承者であることを認めなくてはならなくなってしまう。そんな自分の姿を知ってしまうのは恐ろしいと感じるのではないだろうか。また先住民族と自らを認めてしまうと、「自分たちの側に立ってくれている大和民族の人たちが自分たちのもとを去ってしまい運動が立ち行かなくならないか」や、「違う民族だと認めてしまうとまた差別される側に回ってしまうのではないのか」といった差別され続けてきた側が持つ屈折した感情が邪魔をしているように感じる。

ここ数年、国連と国際法を使って沖縄の現状を変えようとする活動は認められ始めた感があるが、自らを先住民族と認識してより強く大きい権利の獲得を実現するには、まだまだ多くの時間を必要としそうである。

第Ⅱ部　国家に対峙する先住民

第3章　ビジネスと文化の交錯
ニュージーランドのマオリに見る海をめぐる二つのコンフリクト

深山直子

1　日本の水産会社に立てられたマオリの彫刻

ふだん魚をあまり食べない人でも、「ニッスイ」の名を一度や二度は耳にしたことがあるだろう。日本を拠点にグローバルに展開する水産業を中心とした企業、日本水産株式会社の通称かつブランド名である。ニッスイは二〇一一年に、研究開発施設を集約した東京イノベーションセンターを東京都八王子市に落成した。このセンターの正面口を入ったところには、見上げるような三点の彫刻が立っている[1]（写真3-1）。中央に立つ最も背が高い柱状の彫刻の先端には、貝殻の鋭い眼がはめ込まれた頭部を持ったひと型が認められる。それを挟む板状の彫刻には、ダイナミックな曲線状のデザインが見てとれ、近づくと得体の知れぬ生きものがひしめいていることに気づく。やや無機質な印象を与える白色を基調にした現代的建築物と、巨木を素材とした大胆かつ繊細な異国の彫刻は、そのコントラストから不思議な空間を作り出している。それらの彫刻は、アオテアロア・ニュージーランド[2]（*Aotearoa* New Zealand 以下ニュージーランド）の先住民マオリの手によるものである。しかし、日本が誇る水産会社ニッスイと、赤道を超えたニュージー

写真 3-1　ニッスイ東京イノベーションセンターに立つ３点の彫刻「タンガロアの家」（2016 年 8 月撮影）

ランドの先住民の間にいったい、どんなつながりがあるのだろうか。背の高い彫刻はいったい、どんな経緯から八王子市のその場所に立つことになったのだろうか。

ところで、一般的に先住民といえば、ある土地に長く住み、その土地と強く固有のつながりを育んできた「土着」の人々が想像されるだろう。実際に、世界各地の先住民が自分たちの置かれた窮状の改善を求めて運動を展開する際に、土地、より具体的には土地の所有や利用に関する多様な権利を奪還あるいは堅持することこそが、常に大きな争点になってきた。マオリもまた例外ではない。後に詳しく記すように先住民運動が盛り上がりを見せた際、彼らの主張においてもやはり、土地とのつながりとその実質的な回復こそが中心に位置づけられていた。しかしながら一九七〇年代以降、国家における先住民の地位が確立し、土地に関連する先住権の獲得が徐々に現実化していくなかで、マオリの関心は海へも寄せられるようになっていった。そして、一九八〇年代半ばから二〇一〇年代にかけて、海における先住権をめぐって多様なコンフリクトが展開するようになった（深山 二〇一二）。

本章は、ニュージーランドという西洋近代型のいわゆる「先進国」において、先住民マオリの問題提起から始まった、商業的漁業権に関するコンフリクトと前浜および海底の帰属や性質に関するコンフリクトに照準を合わせる。海をめぐる二つのコンフリクトを時系列に沿って明らかにするなかで、とくにマオリが何を問題視し、どのような主張を展開し、何を手にしたのかという点に注目する。そして、現代の海を舞台に、先住民が権利の獲得や地位の向上を求める事例を描き出す。さらに、二つのコンフリクトを対照的に捉えることによって、先住民が主流社会の仕組みに則って経済的発展を目指す姿と、そのような仕組みの前提に抗し挑む姿、双方を捉えたい。

第二節では、ニュージーランドでマオリが植民地化によって先住民になった経緯と、現代におけるマオリと政府の関係性の特徴を粗描する。第三節では、先住権としての商業的漁業権に関して、マオリと政府の間、さらにはマオリ社会内におけるコンフリクトを、対する第四節では、マオリと政府の間における前浜および海底に関するコンフリクトを見ていく。続く第五節では、第三節と第四節のコンフリクトの対照性を指摘し、その意味を考察する。

なお本章では「先住民族」ではなく「先住民」という言葉を使用する。「民族」という概念には集団としての自律性が含意されているが、マオリはその意味でヨーロッパ人による植民地化以前に一つの「民族」だったとは言い難く、また植民地化あるいは脱植民地化の過程においては、局面によって「民族」化する場合もあれば、そうではない場合もあった／あると考えるからである。とりわけ現代ニュージーランドにおいてマオリは、「民族」のみならず多様な集団、コミュニティ、あるいは個人のレベルで先住性を表出する人々、すなわち先住民として振る舞う人々と捉えることが重要だという立場に私は立っている（深山 二〇一二）。

2　先住民化の歴史と現代における先住性の表出

ニュージーランドは南半球のポリネシアと呼ばれる地域に位置する国家である。その歴史的経緯からイギリス連邦に属する立憲君主国となっている。北島と南島という主要な二島と、その他多数の島々によって構成されており、国土面積は日本の三分の二ほどである。二〇一三年時点で人口は約四二〇万人を数えており、そのうちヨーロッパ系住民が七四・〇％、マオリが一四・九％、アジア系住民が一一・八％を占めている（ニュージーランド統計局ウェブサイト）。

今やマオリはマイノリティの地位に甘んじているが、彼らポリネシア人は、現在ニュージーランドと呼ばれる島々に住み着いた最初の人間だった。マオリの祖先は、紀元後一二五〇年以降に東ポリネシアから複数回に分かれてカヌー（*waka*）で到来したと考えられている。各集団は上陸すると島内各地に生活拠点を定めて、出自に基づく部族集団から成る分節的な社会構造を発達させた。部族集団は、規模の小さいものから順に、ファーナウ（*whānau* 拡大家族）、ハプー（*hapū* 準部族）、イウィ（*iwi* 部族）、ワカ（*waka* 船団氏族）の四種類に分類される。ワカが緩やかにまとまる理念的連合体であるのに対し、イウィは一定の領域を持った自律的な政治的単位、ハプーはイウィの領域の一部分を成す集落の単位、ファーナウは日常的な活動の単位、と捉えられてきた。しかし近年は、植民地化以前から各部族集団の性質や関係性はより動態的であったことが明らかになってきている。

一八世紀後半になると、イギリス人をはじめとするヨーロッパ人が来島し西洋文化が流入するようになった。イギリスは当初、これらの島々に対する政治介入を避けていた。しかしながら、他国の植民地主義的関心の強まりを背景に、在住イギリス人や一部のマオリ首長から、治安安定化のために政治介入を要請する声が高まった。こうしてイギリスは政策転換を図り、これらの島々における平和的手段による主権の確立を目的として、一八四〇年にマオリ諸首長との間に三条から成るワイタンギ条約を締結した。条約の英語版は次のように要約できる（ワイタンギ審判所ウェブサイト）。

第一条　すべての首長たちは、主権のもとに有するすべての権利と権力を、イギリス女王に移譲すること。

第二条　イギリス女王は首長、部族、個々の家族や個人が、集団あるいは個人で所有する土地、不動産、森林、水産資源、その他財産を、望む限り支障なく所有することを保証すること。ただし首長は、土地所有者がある土地を手放すことを望む場合、その土地に対する先買権をイギリス女王に移譲すること。

第三条　イギリス女王はニュージーランドの原住民を保護し、イギリス臣民としてのすべての権利と特権を付与すること。

ワイタンギ条約には英語版とそれを翻訳したものとされるマオリ語版がある。二つの内容の齟齬や、締結に関する手続きの問題などについて、現在に至るまで議論が尽きない。とはいえこの条約では、イギリスによる人道主義的な配慮から、マオリに一定の権利とイギリス国民としての地位が保障されたことは確かであった。ところが現実には、条約締結後、イギリスあるいはヨーロッパ系入植者にその内容が遵守されることはなかった。単純にいえば無視されたのである。そして、ヨーロッパ人の入植が急速に進み、その過程で彼らはマオリの土地を実質的に収奪していった。居住や生業活動の場から追いやられた結果、マオリの伝統的な社会構造は弱体化し、言語や技術・知識といった無形の文化もまた危機にさらされた。さらに入植者によって持ち込まれた病気や悪化した生活環境によって人口は急減し、同時に政治的、経済的、社会的にも劣位に追いやられた。二〇世紀に入ると、人口はようやく増加傾向に転じた。しかしながらニュージーランドという西洋近代型の国家の形成が、イギリスからの独立性を強めながら進むに従い、マオリはマジョリティとなったヨーロッパ系社会への同化を強いられた。同化主義政策は実質的に、二〇世紀の後半に入っても継続した。

ところが一九六〇年代末から七〇年代にかけて、アメリカに端を発した先住民運動が世界的な広がりを見せるようになった。マオリもまた一九七〇年代半ばをピークに、都市部を中心に土地の占拠やデモ行進などといった社会的示威運動を全国各地で展開するようになった。そこでは主に、土地の奪還、マオリ語をはじめとする文化の復興、ワイタンギ条約の尊重が訴えられた。このような組織的で大規模な先住民運動の高揚は、ニュージーランド社会に多大なる衝撃を与えた。

その結果、一九七〇年代半ばから八〇年代にかけて、マオリとヨーロッパ系住民を対等に位置づける「二文化主義（biculturalism）」が理念化され、先住民政策の転換が図られるようになった。象徴的な出来事として、一九七五年ワイタンギ条約法（Treaty of Waitangi Act 1975）の制定が挙げられる。これにより、国家機関としてワイタンギ審判所（Waitangi Tribunal）が創設された。そしてマオリは、ワイタンギ条約の「原則（principles）」――条約そのものの文言ではなく、この立法以降に判例や立法などを通じて定められていくもの――に反した／反する「国王（Crown）」――実質的にはニュージーランドという国家の政府――の政策や実践に対して、ワイタンギ審判所にて申し立てることが可能になった。審判所は改革を経て一九八〇年代半ばから本格的に機能するようになり、一九八〇年代後半になると、マオリによる申し立ての数は急増した。とくに、部族集団が植民地化過程で経験した土地の収奪を訴えるケースが相次ぐようになった。

ワイタンギ審判所は裁判所とは異なるので、基本的に報告書の公刊というかたちによって、強制力を伴わない勧告を行う権限しか持たない。しかしながら、国家機関による勧告は、政府はもとより世論に大きな影響力を及ぼす。そのために、政府は一九八〇年代後半以降、マオリと和解することを目的に、マオリとりわけ部族集団との直接交渉を担う機関を整備していった。

審判所は申し立ての数に比してその処理能力が不足したこともあって、部族集団のなかには審判所ではなく裁判所に訴えたり、政府との直接交渉に臨んだりする者もいた。いずれにせよ国家機関において、土地を主たる対象とした植民地主義的収奪の実態が、具体的かつ詳細に解き明かされてきた。その結果をふまえて両者は交渉を行い、最終的には政府が部族集団に対して経済的資産を委譲することなどを条件に和解に至る、というわけである。現代ニュージーランドでは、このような一連のプロセスにおいて先住性が表出するところに特徴があるといえよう。

ところで、一九七〇年代末から一九八〇年代にかけて政府は、世界に先駆けて新自由主義を推し進め、多様な資源やサービス、そして権限を官から民へと委譲するデヴォリューション(devolution)政策を進めた。そのため、先住民政策においてもトップダウンに代わりボトムアップの方式が打ち出され、全国各地で領域を主張するローカルな部族集団、とりわけイウィが重視されるようになった。これを受けて全国のイウィは、植民地主義的収奪を訴えて政府との和解交渉を進める単位、さらに和解後には一定の資産を所有し管理する単位として、組織化を遂げるようになった。マオリ社会において、イウィが政治的そして経済的単位として自律性を強め、顕在化していくこの動向を、「再部族化(retribalization)」と呼ぶことがある。

こうして一九八〇年代以降、土地の収奪に関する和解交渉が進展してきている。ちなみに二〇一五年一〇月までに審判所が公刊した一二三の報告書を総合すると、すでにニュージーランドの土地全体の七九%についてを取り上げていることになる（Waitangi Tribunal 2016）。

以上、土地を中心とした現代の先住民運動を粗描した。この流れをふまえてマオリは先住民の権利、すなわち先住権は土地のみならず海にもあると主張するようになったと考えられる。

3　商業的漁業権をめぐるコンフリクト

海の先住権をめぐる二つのコンフリクトの内、この節ではまず、商業的漁業権に関するコンフリクトを見ていきたい（青柳 一九九九、Webster 2002, 深山 二〇一二：一〇三―一三四）。

写真 3-2　北東北部ノースランド地方のホキアンガ湾（2015 年 8 月撮影）

さて、マオリは自分たちのことを、先住民というニュアンスを込めてしばしば「タンガタ・フェヌア（*tangata whenua* 土地のひと）」と呼ぶ。確かに各地の部族集団はそれぞれの領域にて、住まい、耕し、自然の恵みを得ることを通じて、土地と強く固有のつながりを育んできた。その一方で、海に囲まれたこれらの島々では、もともと東ポリネシアよりやってきた祖先たちが優れた航海者であったこともあって、漁業もまた多くの部族集団にとって重要な生業活動であり続けてきた（写真３‐２）。その証左として植民地化以前から、高度な漁具や漁法が発達し、対象となる生物種も多岐にわたっていたことが明らかになっている。また、部族集団が特定の海域を排他的に利用していたケースがあったことなども、領域に対する権利を考える際に看過できない点として指摘されている。

第二節で見たように、一八四〇年に締結されたワイタンギ条約では、その第二条でマオリに水産資源を含む資源を保障することを明らかにしていた。しかしながら植民地化によって、海に隣接する土地が収奪されると同時に、組織的な漁業を支えた社会構造が弱体化したために、マオリの漁業は下火になっていった。その一方で、ヨーロッパ系住民が先導する漁業は、一九世紀末から二〇世紀にかけてゆっくりと発達していき、一九六〇年代から七〇年代にかけて急成長を遂げるに至った。その間、マオリの漁業に関する権利が積極的に確保されることはなかった。

一九八六年、ニュージーランドの漁業政策において大きな決断がなされた。水産資源をより厳格に管理することを目的に、商業的漁業に対する新たな資源管理法として「漁獲高割り当て管理システム（Quota Management System）」が導入されたのである。それまでの管理法は漁法や船舶数を制限することを基本方針としていた。しかし新管理システムでは発想を根本的に転換し、事前に漁獲可能な全体量を決定し、各事業者にはそこから割り出した一定の漁獲高の権利を割り当てることによって、資源の枯渇を防ぐことになったのである。

「漁獲高割り当て管理システム」において、マオリの海における先住権がまったく無視されたわけではなかったが、あくまでそれは極めて限定的な慣習的漁撈権と同一視されたうえで、新管理システムが適用されない特別な権利として位置づけられた。換言すれば、新管理システムの導入に伴い、商業的漁業権は先住権の一つとして想定されていないことが明らかになった。この背景には、マオリを「伝統」に閉じ込めようとする考え方があることは、いうまでもない。このためにマオリ社会から、新管理システム導入に対する反対の声が高まった。これを受けてワイタンギ審判所は、一九八六年から八七年にかけて三つの臨時勧告を提出し、ワイタンギ条約はマオリに商業的漁業権を含む漁業権を保障しているという解釈を示し、ゆえにこのシステムは条約に違反していると結論づけた。

さらに一九八七年には、全国的マオリ組織と南島を拠点とする有力イウィを原告とする二つの裁判が争われ、審判所と同様の結論にたどりつき、新管理システムの一部は実施が差し止められた。加えて一九八八年には、審判所が北島北部のイウィ連合による漁業に関する申し立てを受けて報告書を提出し、先行の臨時勧告や判決の結果を補強した。

このような経緯を経て、マオリ社会の代表団と政府の間で、マオリの商業的漁業と慣習的漁撈に対する権利の問題をまとめて解決するべく、和解交渉が開始した。以下、長きにわたって争点となったと同時に、和解後にはマオリ社会内でさらなるコンフリクトを誘引した、商業的漁業の問題に限って見ていきたい。[3]

マオリ代表団と政府の間では、「漁獲高割り当て管理システム」の実施を前提としたうえで、マオリの先住権としての商業的漁業権はどれだけの漁獲高の権利に相当するのかという問題に、交渉の的が絞られていった。代表団はワイタンギ条約を根拠に、本来ならば一〇〇%、最低でも五〇%の権利があると主張したが、政府はそれに同意しなかった。結果的に一九八九年マオリ漁業法（Maori Fisheries Act 1989）とそれを修正、補足する一九九二年ワイタンギ条約［漁業請求］解決法（Treaty of Waitangi［Fisheries Claims］Settlement Act 1992）の制定のもとで、政府からマオリ社会へ、商業的漁業権としていくつかのかたちをとった資産が委譲されることが決定した。

具体的に見ていくならば、まず一九八九年の立法の下では、政府から新たに設置するマオリ漁業委員会（Māori Fishery Commission）に対して暫定的に、新システムのもとにあるすべての種の一〇%の漁獲高権利と、マオリの水産会社を設立するための一千万ニュージーランド・ドルを委譲することが決まった。しかしながら政府の手元にはそれ以上マオリに委譲できる漁獲高権利はなかった。そこで、一九九二年の立法の下では、マオリ漁業委員会を拡張したワイタンギ条約漁業委員会（Treaty of Waitangi Fisheries Commission）に対して、漁獲高権利を二六%所有する大手水産会社、シーロード社（Sealord Products Limited）の株を半分購入するための資金一億五千万ニュージーランド・ドルと、今後新たに新システムに組み込まれる種の二〇%の漁獲高権利を、委譲することが決まった。こうして二回の立法を経て、マオリ社会と政府の双方は、マオリの商業的漁業権に関して全面的に和解するに至ったのである。

ところがその後、マオリ代表団であるワイタンギ条約漁業委員会が受け取った資産を、誰にどのように分配するのかという問題をめぐって、マオリ社会内で議論が沸騰した。まず、誰に分配するかという点について、ワイタンギ漁業委員会は当初から一貫して伝統的なイウィだとする方針を固持していた。このいわばイウィ中心主義的な傾向に抵抗して、複数のハプーはワイタンギ審判所で、他方、伝統的な部族集団とは異なり歴史の浅い二つの都市マオリ集団は裁判所で不服を申し立て、ともにイウィと同等の地位を主張した。しかし漁業委員会の基本的な方針は覆らなかった。

次に、どのように分配するか、という点について、主にイウィ領域の海岸線の長さに基づくことを主張する海岸線モデル派と、イウィの人口に基づくことを主張する人口モデル派との間で対立が深まった。二派間での交渉の末、海岸線モデルと人口モデルの折衷案が採用されることになった。そのうえで、各イウィには受益者として「委任イウィ組織（Mandated Iwi Organisations）」となるべく、漁業委員会が要請する組織的基準を満たすことが求められた。加えて分配量の基準となる人口と海岸線の距離という属性を数値化することもまた要求されたのだった。

こうして、二〇〇四年マオリ漁業法（Māori Fisheries Act 2004）の制定のもとで、具体的な分配方法が決定された。この時点でマオリ社会が商業的漁業権として獲得した総資産の価値は委譲時よりもはるかに増加し、七億五千万ニュージーランド・ドル——当時一ニュージーランド・ドルは約七〇円であった——と概算されたが、そのうち、漁獲高権利を主とする約半分は、すべてのイウィの間で分配されることになった。そして水産会社の株を主とする残りの半分は、ワイタンギ条約漁業委員会の後続として創設された、テ・オフ・カイ・モアナ（*Te Ohu Kai Moana*）が一括して所有することになった。また、委譲された現金の一部は、漁業活動に関する教育・調査を促進することを目的にした信託局の設立に費やされた。なお、テ・オフ・カイ・モアナのガバナンスのもとで、アオテアロア漁業社（Aotearoa Fisheries Limited）が創設され、その収益の八割はイウィにそれぞれの人口に応じて分配されることになった。

4　前浜および海底をめぐるコンフリクト

第三節で見てきたように、一九八〇年代半ば以降、先住権としての商業的漁業権をめぐるコンフリクトが浮上した。次に海の先住権をめぐる二番目のコンフリクト、すなわち前浜および海底に関するコンフリクトを見ていきたい

（Charters and Erueti 2007, 深山 二〇一二：一三五―一六九）。

一九九〇年代後半以降は新たに、養殖業の発展とそれに伴った養殖業管理制度の改革を背景に、マオリの間で商業的漁業権とは別に養殖業に対する権利を求める声が上がるようになった。特に南島北端部を拠点とするンガーティ・アパ（*Ngāti Apa*）をはじめとする八つのイウィは、沿海で急速に発展する養殖業において自分たちの権利が考慮されていないとし、地方自治体の政策に不満を募らせていた。そしてそれらのイウィは、地域の前浜および海底（foreshore and seabed）は、マオリが植民地化以前から固有の慣習のもとで所有し続け、その後の国家法において所有者等の確定がなされていないような「海の土地」、すなわちマオリ慣習地であると主張して訴訟を起こした。

一連の裁判を経て、二〇〇三年に控訴院のンガーティ・アパ裁判（*Ngāti Apa* v Attorney-General）で最終的な判決が下された。そこでは、マオリ土地裁判所（Māori Land Court）――マオリ慣習地をはじめとするマオリ地（Māori Land）に関する法的紛争を取り扱う特別な裁判所――の判断によっては、前浜および海底がマオリ慣習地である可能性がある、換言すれば前浜および海底における慣習的権利は撤廃されていないものとした。これを受けて、保守系の政治家やマス・メディアが、前浜および海底は国民による自由なアクセスが保障されない排他的なマオリ慣習地である、と決定したかのように偏って報道したこともあって、この判決はマオリ社会には好意的に受け止められたものの、主流社会には大きな衝撃を与えた。

これを受けて当時の労働党政府――ニュージーランドは中道左派の労働党と中道右派の国民党の二大政党制が定着している――は、「国王」が前浜および海底を所有することを確固としたうえで、マオリの限定的な慣習的権利とパブリック・アクセスの双方を保障することを明文化した法を制定しようと動き出した。ンガーティ・アパ判決を軽んじたこの見解に、マオリ社会は憤慨した。彼らの主張は、この問題のために結成された部族連合テ・オペ・マナ・ア・タイ（*Te Ope Mana a Tai*）が二〇〇三年七月に発表した「ハウラキ宣言（The Hauraki Declaration）」に端的に見て取れる。たとえばその第一条では「前浜および海底は絶対の主権のもとで、イウィ及びハプーに帰属する」、第二条で

写真 3-3　オークランドのマラエにおける政府とマオリの直接協議の様子（2003 年 9 月撮影）

は「首長の土地の一部である前浜および海底における、我々の祖先伝来の権利を、再度主張する」、第一一条では「現時点での『国王』の提案を、マオリの慣習的権利と権原の否定であり、ワイタンギ条約の明らかで甚だしい違反であるとして、完全に拒否する」と謳われた。

政府は年末までに早急に新法を制定する意向を明らかにし、二〇〇三年八月に方針の原則をまとめた政府提案を発表し、政府代表団がそれを携えてマオリとの直接協議のために全国各地にあるマラエ（*marae* 儀礼・集会場）を巡回した（写真3-3）。巡回した先々では、その地域のマオリが政府提案への反対姿勢を明らかにした。政府は二〇〇三年一二月に、より詳細な政策提案を発表した。政府提案から新たな政策提案へは、修正された部分があるものの、「国王」が前浜および海底を所有すること、全ニュージーランド人にそこへのアクセスが保障されること、そこでの慣習的権利は所有権に至らない限定的な権利であること、かつ裁判所の慣習的権利に関する司法権を縮減すること、という方針はほぼ変わらなかった。

二〇〇四年四月の「前浜および海底法草案（Foreshore and Seabed Bill）」の完成に際しては、一九七〇年代に起きた土地の奪還を訴える全国的デモ行進に重ねて、大規模なデモ行進が組織された。このように政府の発表とそれに対するマオリ社会の反発が繰り返される過程で、当初は法的、局所的だった問題が、政治的、全国的な問題へと拡張していき、さらには先住民マオリ対マジョリティたるヨーロッパ系住民という民族間対立の様相をも帯びていった。また、この問題に関して労働党の方針に従わず離党したマオリ議員を中心に、マオリ党（Māori Party）という政党の結成さえ起きた。しかしながら結果的にマオリ社会の反対は実を結ばず、二〇〇四年一一月に従来の政府提案を基本的に引き継いだ、二〇〇四年前浜および海底法（Foreshore and Seabed Act 2004）が制定された。

ところがその直後から、国連人権理事会やそれが任命した人権問題の専門家である国連特別報告者から、この法がマオリに対して差別的であるという批判が続いた。そして二〇〇八年に国民党が労働党に代わって政権の座に就くと、国民党の議席数が半数に至らなかったため、マオリ党をはじめとする複数の小政党との間に政党間協議を結び、それらに協力を仰ぐことになった。この際にマオリ党が提示した主要な条件こそは、二〇〇四年前浜および海底法の見直しだった。国民党政府は二〇〇九年に見直しを実施し、その結果、二〇〇四年前浜および海底法が撤廃され、代わりに二〇一一年海域および沿岸［タクタイ　モアナ］法（Marine and Coastal Area［Takutai Moana］Act 2011）が制定された。そこでは、公有となっている海域および沿岸域は、「国王」の所有から、誰も所有しないという位置づけに変わった。その一方でマオリには海域および沿岸域に対して、既存の権利あるいは使用を侵害しない範囲で、慣習的な権利と権原が認定されうるようになった。具体的には、公有の海域および沿岸域の特定箇所に対する被保護慣習的権利（protected customary right）と、慣習的海域権原（customary marine title）の二種類である。前者は慣習的な諸活動――漁撈については、すでに別の立法によってマオリと政府の間で和解済みのため、これには含まれない――を保障するいわゆる地役権であり、後者はより領域的な権原で、所有権に近いと捉えられよう。こうして、マオリのファーナウ、ハプー、イウィには、それらの権利あるいは権原を獲得するために、一般の裁判所の一つである高等法院に申請する、あるいは「国王」と直接交渉するという道が拓かれた。

5　海をめぐる二つのコンフリクトの対照性

ともに海をめぐる先住権の問題に起因したにもかかわらず、商業的漁業権と前浜および海底をめぐるコンフリクトは対照的である。

まず先住的な商業的漁業権は、政府による漁獲高割り当て権利管理システムの導入を前提としたことによって、基本的には漁獲高権利という地役権に置換されたと捉えられる。この権利は、特定の資源を特定の分量だけ獲るための権利なので、計測と分割が可能で、金銭的価値への置換も容易だ。このような性質から、マオリ社会と政府の間の交渉では、商業的漁業権はどのくらいの漁獲高権利に相当するのか、という権利の量の問題が最も重要になった。そして両者の和解は政府からマオリ社会への、漁獲高権利を中心とする資産の委譲によってこそ可能となった。ところがその資産は、対マオリ社会全体ということでまとめて設定されたために、和解後に今度はマオリ社会内でその分配方法をめぐるコンフリクトが浮上したのだった。その過程で、イウィと他集団、そしてイウィ間での競合が起こり、「再部族化」がさらに進展したことも注目に値する。

他方、前浜および海底は、そもそも国家の制度化が進んでいない法的に曖昧な「海の土地」であった。だからこそ、それに対する先住権は漠然としていて、既存の権利や金銭的価値への置換は困難であった。そのために、マオリ社会と政府の間では権利の質の問題が最大の争点になったと捉えられる。マオリ社会は一貫して前浜および海底はマオリ慣習地だとし、慣習的権利の名のもとにいわば所有権を主張したのに対して、政府はあくまでその空間は「国王」の所有のもとにあるとし、マオリの慣習的権利は所有権未満に留まると主張してきた。二〇〇四年の立法により、基本的には政府の主張が押し通されてこのコンフリクトは決着を見たかのように思われた。しかし数年後、一度制定された法が見直され、マオリには特定の海域および沿岸域に対して領域的な権利と権原を獲得する可能性が再びもたらされた。二〇一六年現在、それらを求める部族集団が二〇一七年の期限を前に名乗りを上げている段階で、まだいかなる権利あるいは権原も認定されてはいない。認定のあかつきに、部族集団がどのような政治的、経済的、そして文化的影響力を手にするかということについては、将来の評価が待たれる。

6　マオリの彫刻が意味するところ

第三節で言及した、マオリの水産会社であるアオテアロア漁業社は、現在ではその名をモアナ・ニュージーランド（Moana New Zealand）に変更している。ロブスター、アワビ、カキ、そして魚類を扱っており、合併事業を展開するなど他企業と積極的に業務提携を進めている。その最たる例として、国内最大の水産会社、シーロード・グループ社（Sealord Group Limited）への経営参加が挙げられよう。アオテアロア漁業社は創設時より、いわば先住権の一部として得たシーロード社――シーロード・グループ社の前身――の株の半分を保有してきた。残りの半分の株を取得した会社こそが、冒頭に触れた日本の水産会社ニッスイである。つまりマオリ随一の水産会社とニッスイは今や、グローバルな事業をともに展開するビジネスパートナーだ。本章冒頭に紹介した彫刻は、二〇一一年にニッスイが創業一〇〇周年を迎えたことを祝って、アオテアロア漁業社――現在のモアナ・ニュージーランド――から贈呈されたものなのである。

こうしてマオリは現在、ニュージーランドの水産業の主要な担い手になっており、土地に根を下ろし「伝統」的な生活を営んでいるという先住民のイメージを鮮やかに裏切ってみせる。視点によっては、先住権が漁獲高権利に置換されたことは、市場原理が拡張するグローバルな世界やニュージーランドという西洋近代型の「先進国」の仕組みに、先住民が抗うことなく取り込まれた結果だと捉えられるかもしれない。しかしながら、そのような見解は短絡的に過ぎることが、その後に続いた前浜および海底をめぐるコンフリクトを見ると分かるだろう。

すなわち、マオリが海という広大な空間もまた自らの領域だという認識から、前浜および海底に対する包括的な権利を主張することはすなわち、海は国家のもの、あるいはみんなのもの、という政府やヨーロッパ系住民を中心とする人々、ひいては西洋近代型の国家において共有されてきた暗黙の了解に対する、根本的な挑戦だったとも捉えられるからである。私たちには一見、荒唐無稽にも見える彼らの言い分とその論理こそは、私たちに「私たちからみる現代世界」の相対化を迫り、「先住民からみる現代世界」を突き付けるのだ。

先住民政策のうえでも「先進国」とされるニュージーランドにおいて、近年起きた海の先住権をめぐる二つのコンフリクトからは、国家において主流社会が構築した仕組みに則って、経済的リソースを獲得し現代的潮流に沿った発展を進めようとする先住民と、植民地化以前から堅持する自文化を根拠に、そのような仕組みの前提そのものに挑む先住民、双方の姿を持つマオリが見て取れた。

ところで本章は、前者と後者二つのマオリの姿は、異なる出来事においてばらばらに現れるかのような印象を与えてしまったかもしれない。しかしながら、現実にはそれらは交錯する。今一度、ニッスイに立つ彫刻のエピソードに立ち戻ろう。私は二〇一六年夏に、八王子市にあるニッスイの研究開発施設を訪ねた。社員の話やもらった資料によると、三点の彫刻は「タンガロアの家（*Te Whare o Tangaroa*）」という名で、二〇一一年に「ニッスイ」が創業一〇〇周年を迎えたことを祝ってアオテアロア漁業社から贈呈された。北島東部を拠点とするンガティ・カイポホ（*Ngati Kaiaho*）というハプーの技法に沿って、二人の彫刻家の手により一〇ヶ月をかけて完成されたものである。中央の柱状の彫刻のひと型こそは、海神タンガロアであり、彼は海の生物や全国のイウィの象徴が入った網を抱えていると説明されている。またその下部には、奇しくも共に二〇一一年に起きた、ニュージーランド・クライストチャーチ地震と東日本大震災の犠牲者への哀悼の意も刻まれているという。

これらの彫刻がニュージーランドから研究開発施設に届けられたのは二〇一二年の夏だった。日本における運搬や設置に関して、マオリ側からニッスイ側に、彫刻は神像であるから適切に取り扱うよう、細かな指示があったという。そして二〇一二年八月には、アオテアロア漁業社とニッスイの幹部をはじめとする社員らが参列するなか、マオリが取り仕切る儀礼が、彼らのしきたりに則り日の出時刻から厳かに行われた。一般的には彫刻の贈呈式あるいは除幕式に当たろうが、ニッスイの社員はそれを神像である「タンガロア様」に「魂を入れる」儀礼だったと私に説明した。

つまりマオリは固有の世界観や信仰を、彫刻という物質に表現したのみならず、彫刻すなわち神像との相対し方にも表現したのだと捉えられる。このことを考えると、アオテアロア漁業社によるニッスイへの「タンガロアの家」の贈与を、ビジネス・パートナーシップを強固にすることを目的とした芸術作品の移譲としてのみ解釈するには無理がある。すなわち、そこにはマオリ固有の文化を、世界観や信仰を含んだ包括的な性質そのままに、他文化社会ひいてはグローバル社会に展開しようとする姿があったと言っても、過言ではないのである。この意味で、八王子市の研究開発施設に立つ彫刻には、ビジネスを展開するマオリと、自文化を堅持するマオリ、二つの姿が交錯しているのだ。

謝辞

日本水産株式会社の東京イノベーションセンターでは、社員の皆様が懇切にご対応下さった。ここに記して厚く御礼を申し上げる。

注

1　東京イノベーションセンターおよびこれらの彫像は、一般公開していない。

2　一九八七年にマオリ語が英語と並ぶ公用語になって以降、国名はじめ公的な名称や文書における二言語表記、また公的な場での二言語使用が進んでいる。

3　マオリによる海域での慣習的漁撈、水産養殖、あるいは淡水域での商業的漁業と慣習的漁撈の問題については、別の機会に考えたい。

参考文献

青柳まちこ　一九九九「漁業補償と都市のマオリ——イウィをめぐる論争」青柳清孝・松山利夫編『先住民と都市』青木書店、五七—七七頁。

深山直子　二〇一二『現代マオリと「先住民の運動」——土地・海・都市そして環境』風響社。

Charters, C. and A. Erueti 2007. *Māori Property Rights and the Foreshore and Seabed: The Last Frontier*. Wellington: Victoria University Press.

Waitangi Tribunal 2016. *Te Manutukutuku* 69.

Webster, S. 2002. Māori Retribalization and Treaty Rights to the New Zealand Fisheries. *The Contemporary Pacific* 14 (2): 341-376.

ニュージーランド統計局ウェブサイト http://www.stats.govt.nz/census/2013-census.aspx（二〇一七年二月二八日閲覧）
ワイタンギ審判所ウェブサイト https://waitangitribunal.govt.nz/（二〇一七年二月二八日閲覧）

【コラム②】ナマコ狂想曲
タイ・アンダマン海域の遊動民モーケンの移動

鈴木佑記

ナマコを捕れて、夜光貝を捕れて、船を造ることができれば、一人前の男だ!

タイとミャンマー(ビルマ)のアンダマン海域に暮らす先住民モーケンの村落において、調査中に私がよく耳にした言葉である。モーケン社会において、ナマコを捕ることが男性の重要な仕事であることを示している。

ナマコとは、海に棲息する棘皮動物の一種である。世界で約一五〇〇種が確認されており、そのうち食用とされるのは三〇種以上である。食用とされるナマコの多くは、干しナマコに加工されたのち中国を主な最終目的地とするほか、世界中に散在する華人市場に向けて運ばれる。

モーケンは古くよりナマコを捕り、それを仲買人に渡すことで生活必需品や衣類を入手し、またあるときは現金を獲得してきた。海域に暮らすモーケンにとって、ナマコは最も身近な生物であるだけでなく、生きていくために欠かせない海産物の一つなのである。

ところが近年、ナマコを自由に捕ることが難しくなってきている。それは、近代国家が先住民モーケンに対し、さまざまな制約を課しているからである。しばしば「漂海民(sea gypsies)」や「海の遊動民(sea nomads)」と言及されてきたモーケンが、どのように海における移動のあり方を変化させてきたのか、ナマコに着目して明らかにしたい。

モーケンは長い間、船を住まいとして島嶼間を移動して生きてきた人々である。現存資料で確かめられる、モーケンに関する最も古い記録(一八二五年)には、モーケンが大量のナマコを採捕していたことが記されている。一九世紀から二〇世紀にかけて残された他の記録においても、モーケンの主な仕事はナマコを捕ることであり、ナマコが主要な収入源であったことや、北東モンスーン期に浅瀬でナマコ漁が行われるといったことが書かれている。文書のなかには、水深一～四メートル半の深さに棲息するナマコを捕ると詳細を記すものもある。すでにタイとビルマ(当時)との間に国境線が

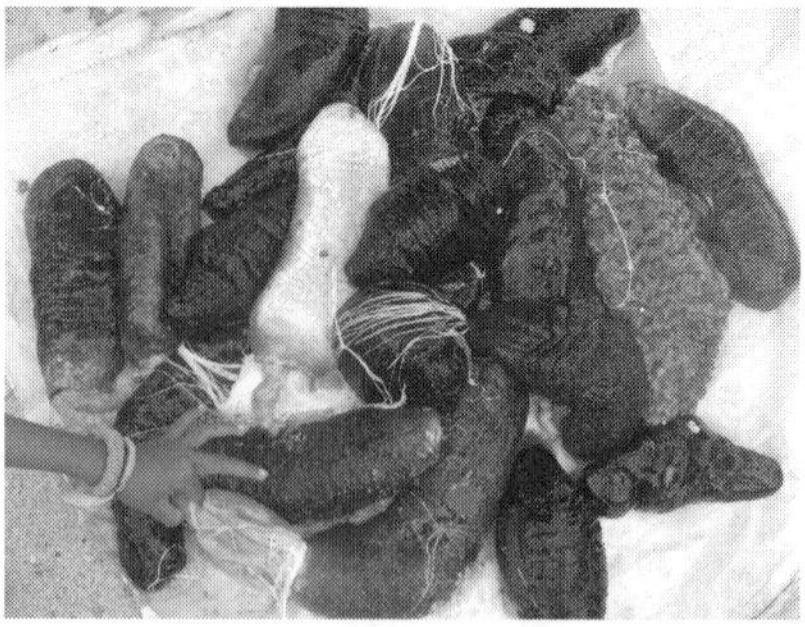

写真１　モーケンが採捕した多種多様なナマコ。干しナマコに加工される前の状態（2008 年 7 月、スリン諸島にて撮影）

引かれていたが、モーケンは国境を特段意識することなく、船に乗ってアンダマン海域に浮かぶ島々を移動し、各地の浅い海域においてナマコを採捕していたのである。

ところが、そうしたモーケンの生活形態に大きな変化をもたらすことになった出来事が一九八〇年代に進行する。それは、タイ政府が推進した、アンダマン海域の国立公園化であった。モーケンの生活圏が次々と国立公園として区切られるようになり、海域を思うままに移動できなくなった。またタイの国立公園法では、指定区域における樹木の伐採や狩猟採集は基本的に禁じられている。つまり、モーケンの住まいであり、移動の手段でもあった家船を、以前のように自由には造れなくなり、ナマコ漁にも制約が加えられるようになったのである。

こうして多くのモーケンは、沿岸部に家屋を構え、村落を形成するようになった。ただし政府は、モーケンが国立公園に指定される以前からアンダマン海域に暮らしてきた先住民であることを暗黙のうちに認めている。そのため、モーケンが生活を維持できるだけの、必要最低限の伐採——家屋建設や造船などを目的とする木材の切り出し——や狩猟採集は不文律のうえで許されているのが現状である。

なお、先住民はタイ語で *chao phuenmuang* や *chon phao phuenmuang* と表す。chao は「人々」や「民」、chon phao は「民族」、*phuenmuang* は「土地の」や「土着の」という意味になる。タイでは、近代以降国家に管理・統合されてきた少数民族に対して用いられる傾向にある。北部の山間部に暮らす少数民族の一部は、タイ系諸族より後になってからタイに流入した「後住民」であるが、先住民として扱われることが一般的である。国家による管理・統合対象になった時期を基準とするならば、モーケンは一九八〇年代より先住民として国家に見出されてきた人々だといえる。

こうしてモーケンは、特定の場所に居を構え、その近海へと船を繰り出してナマコ漁を実施するようになった。家船から家屋へと、つまり海から陸へと生活の拠点を移した後も、モーケンによるナマコ漁は続いたのである。

二〇〇四年一二月二六日、スマトラ沖を震源地とする大地震が発生し、それによって生じた莫大なエネルギーが津波となってインド洋沿岸諸国を襲った。この大災害によって、二二万人以上が犠牲となった。私が調査を続けている、ミャンマー国境近くに浮かぶタイのスリン諸島のモーケン村落にも、この津波は到達した。スリン諸島のモーケンは、津波の来襲前に海の異変を察知し、高台に上がったことで全員が助かった。しかし津波は、モーケンの所有するすべての船と家屋を破壊した。そのためモーケンは、ナマコ漁を行えない状態に陥った。

ところが、しばらくすると国内外から支援団体がスリン諸島を訪れ、次々とモーケンに船を寄贈していった。津波被災時に村落にあった一三隻の船はなくなったものの、この支援により、二〇〇七年には二七隻へと数を増やした。船の急増はモーケンの出漁機会を増加させ、短期間で浅瀬に棲息するナマコが枯渇していった。モーケン社会で漁獲競争が発生し、先述した一〜四メートル半の浅瀬だけでなく、一〇〜一五メートルの深さに棲息するナマコまでもが捕り尽くされるようになったのである。

そこで新たにモーケン社会に導入されたのが、ナマコ専用の銛（二〇〇八年導入）とコンプレッサー式の潜水用具（二〇一〇年導入）であった。ナマコ専用の銛は、細く長い竹の柄先に銛を取り付けたもので、七メートルほどの長さに達する。モーケンはこれを使用することで、素潜りでは届かない、より深い場所（水深二〇〜三〇メートル）に棲息するナマコを捕らえることが可能になった。さらには、コンプレッサー式の潜水用具を用いることで、太陽光の届かない海底（水深四〇メートルや五〇メートル）においてもナマコ漁を行うようになっている。

今から約二〇〇年前に残された記録や、モーケン社会における一人前の男性に関する言い回しからも分かる通り、ナマコは彼らにとって歴史性を帯びた、重要な意味を持つ海産物である。

ところが、この二〇〇年間を大まかに振り返ってみると、国立公園化と津波来襲という二つの「事件」によって、モーケンのナマコとの関係性、ひいては海とのつきあい方に変化が生じているのを確認できる。船が住まいだったころには、比較的自由に海上を広域移動して浅瀬に棲息するナマコを採捕していた。ところが、一九八〇年代にタイの領海においてアンダマン海の広範が国立公園に指定されてからは、特定の土地を拠点に暮らすようになり、地先の海にいるナマコを狭い範囲で捕るようになった。二〇〇四年インド洋津波後には、船が多く寄贈されたことによって漁獲競争が発生し、新しい道具を導入することで、より深い海に棲息するナマコを採捕するようになっている。

アンダマン海域の国立公園化に伴い、彼らは陸地に住むようになった。その点のみを焦点化すると、モーケンの生活の中心は海から離れ、陸に移っていったかのように見える。しかし、近年の彼らのナマコ漁の実態に目を向けると、そのように捉えることは必ずしも正しくないことが分かる。災害後の支援を契機に、より深い海に棲むナマコを捕るモーケンの行動がそのことを物語っていよう。つまり、二次元上の海の水平的移動は落ち着きを見せているものの、三次元上の海の垂直的移動は活発化しているのである。潜水域は狭くなったものの、潜水深度を伸ばすことで、モーケンは生存基盤を確保していると見ることができる。ナマコを通して見えてくるのは、海における移動の質を変容させながら、現代世界をたくましく生きるモーケンの姿である。

第4章　近代国家の成立と「先住民族」

台湾と沖縄の歴史と現状

石垣　直

1　「先住民族」という問題系

「先住民族」という言葉は、古くて新しい言葉である。一五世紀末、ヨーロッパ人はアメリカ大陸を「発見」し、先住者の住む土地を「新大陸」と名づけた。しかし、この出会いは、ヨーロッパ人による先住者の虐殺、諸王国の征服、疫病による先住者の大量死という悲劇をもたらした。一部の例外を除き、多くのヨーロッパ人にとってアメリカ大陸は、自らと同等の尊厳を持つ人間が住む土地ではなかった。彼らにとってこの大陸は、植民や鉱物資源の獲得が国王・教皇・神によって認められた「無主の地」であり、「フロンティア」であった。「新大陸」がヨーロッパにもたらした莫大な資源と資本は、一八世紀後半に始まる産業革命の原動力の一つにもなった。今や世界を覆いつくす近代やその母体となったキリスト教という「光」の陰には、「新世界」の先住者らが経験した悲劇が横たわっている。

世界史の激流のなか、先住者たちは植民者による暴力・搾取・疫病・統治政策の下で死滅するか、あるいは植民者側との混血・同化を通じ、歴史上から消え去ると考えられた。しかし、現実は予想されなかった状況に突入している。

すなわち、かつて植民者による統治に甘んじ、場合によっては主体的同化すら望んだ人々の一部が、とくに二〇世紀後半から、「先住民族」（e.g. indigenous peoples, first nation, etc.）として自己主張し、その土地に根差した住民としての「主権（sovereignty）」「自己決定権（rights of self-determination）」、その他の諸権利を要求し始めたのである（Clifford 2013）。

本章が扱うのは、アメリカ大陸から遠く離れた東アジアの台湾と沖縄である。その理由は第一に、私がこれまで社会人類学の視点から台湾の原住民族運動を研究してきたからである。第二に、沖縄を取り上げるのは、この島嶼に生まれた私が、沖縄で先住民族運動を展開する人々から、これまで多くのことを学ぶ機会を得たからである。第三に、台湾と沖縄で展開される先住民族運動を題材として、ヨーロッパ人による「新大陸発見」と「近代の世界的拡張」という歴史の影響を、さらには近代国家の成立と先住民族運動との関係を、世界史におけるもう一つの「辺境」である東アジアから再考してみたいからである。

本章の構成は以下のとおりである。次の第二節では、本書の序章その他と部分的に重複する箇所もあるだろうが、先住民族による権利回復運動の歴史・背景を整理し、私なりの認識を提示しておきたい。続く第三節では台湾の、そして第四節では沖縄における先住民族運動の歴史と現状について紹介する。第五節では、台湾と沖縄という東アジアにおける隣接地域の事例から、両地域における権利回復運動の状況、ならびに近代国家の成立と「先住民族（概念／運動）」との関係を考えてみたい。なお、本章では、この種の運動およびそれに関わる主体の総称として、日本語で普及している「先住民」／「先住民族運動」を用いる。ただし、台湾の事例に言及する場合には、現地の公称を尊重し「原住民」／「原住民族運動」を使用することにする。[1]

2 先住民族運動のグローバルな展開

かつて外来の植民者に支配・統治されていた人々が現在、「先住民族」として自集団の権利を主張するのには、次のような背景がある（cf. Anaya 2004, 上村 二〇〇四）。

第一は、第二次世界大戦後に発足した国際連合（ＵＮ）が進めた脱植民地化プロジェクトである。国連は発足当初から、国際連盟時代の「委任統治」政策を発展的に継承するべく「信託統治理事会」を設置した。さらに、一九六〇年には「植民地と人民に独立を付与する宣言」を採択し、翌六一年には「植民地独立付与宣言特別履行委員会」を発足させて、旧植民地住民の保護および自治・独立を促した。戦後のこうした潮流に合わせ、多くの植民地が独立を果たし、これらの新興国家は国連に一定の影響力を持つ勢力となっている。

第二は、同じく国連が展開した人権擁護のプロジェクトである。国連は二つの世界大戦での残虐行為への反省から、基本的人権の尊重を「国連憲章」（一九四五年）で強調した。一九四六年には経済社会理事会下に「人権委員会」が発足している。こうした国連の人権理念を成文化したのが「世界人権宣言」（一九四八年）であった。国連はさらに、「人種差別撤廃条約（ＩＣＥＲＤ）」（一九六五年）、そして「国際人権規約」（社会権規約＝Ａ規約、自由権規約＝Ｂ規約。一九六六年）を採択し、人権をめぐるより具体的な施策・監督システムの構築を進めた。とくに「国際人権規約」と総称されるＡ／Ｂ両規約は共通となる第一条で、「すべての人民（all peoples）は自己決定権を有する」と謳い、またＢ規約の第二七条には、民族・言語・宗教的マイノリティの個人／集団の諸権利の尊重が明記された。個人的人権から一歩進み、「集団」としての「人民（peoples）」の権利の尊重を謳った画期的な内容であった（上村 二〇〇四：二二）。

第三に、先住民族による権利主張のもう一つの後ろ盾になったのは、ヨーロッパ勢力がアメリカ大陸やオセアニアの先住者と結んだ諸条約の存在であった。たとえばスペインは、一六世紀初頭、植民地における「インディオ」の扱いを規定した「ブルゴス諸法」を公布した。またイギリスは、フレンチ・インディアン戦争後に「英王布告」（一七六三年）を発表し、民間人による無許可の入植や先住民からの土地購入を禁止し、先住民との土地交渉はイギリス国王の専権事項であり、法的措置によって失効させられない限り先住民の「権原（aboriginal title）」は存続すると宣言した（ス

チュアート 一九九八)。イギリスは同様に、ニュージーランドのマオリとも「ワイタンギ条約」(一八四〇年)を締結した。これらの条約が植民地統治下で必ずしも重視されたわけではなかったが、二〇世紀後半に先住民による権利回復運動が高揚すると、「植民国家が先住民に認めた権利」として言及・引用されることになった(Howard 2003, Anaya 2004)。

以上の三つのうち、とくに前二者の動きと連動し、国連およびその関連機関では、先住民労働者の権利を保護することを目的とした国際労働機関(ILO)の第一〇七号条約(一九五七年)や、同条約の改訂版としての第一六九号条約(一九八九年)が採択された。国連ではさらに、人権小委員会における「先住民作業部会(WGIP)」の設置(一九八二年)や権利宣言草案の起草作業が進められ、「世界の先住民の国際年」(一九九三年)および二度の「世界の先住民の国際一〇年」の設定、「先住民族問題に関する常設フォーラム(PFII)」の設置(二〇〇〇年〜)、「先住民族の権利に関する国連宣言」の採択(二〇〇七年)が行われた。また、新たに設けられた「人権理事会」のもとで「先住民族の権利に関する専門家機構(EMRIP)」の設置(二〇〇七年)などを進めてきた。こうした国連の諸制度および旧支配者・統治国を相手取った抗議・訴訟においては、各国の先住民団体だけでなく、諸先住民組織の連合体としての「世界先住民族会議(WCIP)」や、各国のNGO団体も重要な役割を果たしてきた(上村監修 二〇〇四:第二章、終章)。

こうした背景のもと、世界各地で展開されている先住民族運動は、単なる土着主義運動ではない。そこで展開されているのは、かつての支配者であったヨーロッパ諸国によって育まれてきた「人権」「主権」「自己決定権」といった諸(権利)概念やロジックを、かつての被支配者が戦略的に学んで権利主張するという、きわめて「反転的」あるいは「再帰的」な動きである。ここに「土着性・原住性(indigeneity/indigenism)」を強調しつつも、グローバルな潮流のなかで連帯し、支配者・統治者に抗しようとする先住民族運動の戦略とその近代性(modernity)を指摘することができる(Niezen 2003, 石垣 二〇一一)。

3　台湾における原住民族運動

台湾では、オーストロネシア語族系の先住者集団を指す公称として「原住民（族）」という言葉が、憲法追加修正条文・法律その他の行政文書においても用いられている。この節では原住民と関わる台湾の概要を整理したうえで、原住民族運動の歴史と現状を見ていくことにする。

(1)　台湾の歴史と原住民

台湾島および周辺離島の住民（総人口約二三〇〇万人）の大部分は、一七世紀に中国大陸東南部から移り住んだ漢族系住民（閩南系や客家系）の子孫である（「本省人」と総称）。このほか、第二次世界大戦後に、国共内戦に敗れた中国国民党（国民党）主体の中華民国政府とともに中国各地から台湾に渡った「外省人」、さらには総人口の二%程度（約五五万人）の「原住民」（オーストロネシア語族系の先住諸集団）が存在する。このように台湾はさまざまな時代に移住してきた住民によって構成されるが、この島の統治者は、こうした移住の波に応じて何度も交替してきた。

漢族が入植する以前から台湾に住んでいた現在のオーストロネシア語族系の諸集団、すなわち今日において「原住民（族）」と自称／公称される人々の台湾における居住の歴史は、紀元前の三〇〇〇～四〇〇〇年に遡るといわれる。彼らの多くは焼畑農耕や狩猟を生業としていたが、言語・文化・社会構造を異にする諸グループに分かれ、いずれも国家レベルの政治体を形成することはなかった。

一六世紀半ばにポルトガル人がこの島を「美麗島（Ilha Formosa）」と名づけ、一七世紀前半にオランダ勢力が澎湖諸島や台湾島西南部に進出すると、その歴史は急展開した。瓦解した明朝に代わった清朝に対抗すべく、遺臣として明朝復興を目指した鄭成功が、オランダ勢力を押し退けて台湾に進出した。鄭氏政権はその後二〇年ほど続いたが、最終的には清朝に倒された（一六八三年）。このようにして中国大陸の勢力による台湾西部平地支配が確立されたが、一八世紀の半ばを過ぎても中央山脈以東の大部分は、依然、原住民諸族の勢力下にあった。清朝は一九世紀後半に入ると、東アジアに進出するヨーロッパ勢力さらには富国強兵を進める日本に対抗し、山地にも道路建設を進め、当時「番族」と呼ばれた原住民の「教化」に着手したが、日清戦争（一八九四～九五年）での敗北により台湾を手放すことになった。海外植民地を手にした日本は、西部平地の漢族系住民はもとより、山地部や東海岸部に居住する原住民諸族を武力で屈服させ、同化・教化政策を推し進めた。五〇年間の統治を通じた就学・識字率の向上と太平洋戦争勃発後の原住民志願兵・義勇隊参加者の状況からは、日本による統治政策の影響力を窺い知ることができる。しかし、日本の敗戦後には、台湾を接収した中華民国による漢族化・国民化政策が進められ、現代につながる実質的な統治・地方自治が浸透していった。以上のように、過去四〇〇年にわたる原住民社会の歴史の特徴は、諸外来勢力による「植民地統治の重層性」にあるといえる（石垣 二〇一六）。

(2) 台湾における原住民族運動の歴史と現状

現代の原住民族運動に直接つながる動きは、一九八〇年代初頭に開始された。一九七一年に国連における中国代表権を失って脱退を余儀なくされた中華民国は、「反攻大陸」のスローガンを維持しつつも、「十大建設」と銘打ったインフラ整備・工業化政策と、台湾出身者の一部を政権内に取り込む「台湾重視」政策を採用した。政治や経済の分野で台湾出身者が活躍の幅を広げ、高等教育を受けた若者が増加するなかで高まったのが、「党外」（非国民党）勢力を中心とした民主化要求であった。オーストロネシア語族系の人々がその諸権利や自治を要求した原住民族運動は、こうした台湾における民主化の大きな躍動を追い風として展開された。

一九八四年四月、党外編集作家連誼会の下部組織として「少数民族委員会」が発足した。同委員会のメンバーらは、前年五月に創刊された雑誌『高山青』を編集・発行する台湾大学の原住民学生らと協力し、同年一二月には「台湾原住民権利促進会（原権会）」を誕生させた。原権会は、一九八七年には「台湾原住民族権利促進会」と改称し、「民族・集団としての権利」を強調した。翌八八年三月、原権会は、先住民族の権利回復を推進する国際団体である「世界先住民族会議（WCIP）」が作成した「先住権に関する原則宣言」（一九八四年）をふまえつつ、[2] 独自の「台湾原住民族権利宣言」を発表した。この宣言では、総体としての原住民諸族こそが「台湾島の（本来の）主人」であったこと、原住民族の人権、自決権（自己決定権）、自治権、土地権、資源権、独自の言語・文化の尊重が強調された。その内容は、後に国連で採択された「先住民族の権利に関する国連宣言」の内容にもつながる、きわめて先進的なものであった。

原権会はまた、戦後の布教活動を通じて原住民社会に根を下ろした台湾キリスト長老教会のネットワークを利用し、原住民族としての諸権利を求めたデモを実施した。原住民の人口は、当時も総人口の二％未満と少なかったが、李登輝総統（大統領）による「台湾重視」政策（国会改革、憲法改革など）が進展するなか、原住民側の主張・要求の一部も制度化・立法化されることになった。すなわち、憲法の追加修正条文に「原住民」の語が正式に記載され（一九九四年）、母語名での戸籍登録が可能となり（一九九五年）、行政院（内閣）に「原住民委員会（原民会）」が設置（一九九六年）された。さらに一九九七年の第四次憲法改正作業では、集団的な権利を強調した「原住民族」という語句や「民族の意思の尊重」という文言が憲法追加修正条文に明記されるに至った。

写真 4-1　台湾原住民の子どもたち（2003 年 9 月撮影）

民主化運動を通じてその勢力を拡大した民主進歩党（民進党）が二〇〇〇年に政権交代を実現して誕生した陳水扁政権（二〇〇〇〜八年）下では、原住民政策にさらなる進展が見られた。まずは、原住民族自治のための法案の検討が進められた。また、新たな原住民族諸集団の認定も行われた。続いて、一九九〇年代から各地で試験的に進められていた郷土語・母語教育も推進され、小学校・中学校

写真 4-2　総統府前での抗議デモ（2004 年 7 月撮影）

での郷土語教育、進学の際の優遇政策とも連動した母語能力認証テストも実施された。さらに、原住民の土地返還要求にも関わる「伝統領域調査」も推進された。また、二〇〇五年七月にはアジア初の先住民専門チャンネル「原住民族電視台」が開局している。同年一二月には原住民に関する諸法律の母法となる「原住民族基本法」が制定された。民進党はさらに、新憲法制定作業の一環として、「原住民族専章」の起草作業も進めた。

他方で、二〇〇八年に誕生した国民党の馬英九政権（二〇〇八〜一六年）の原住民政策は低調なものであった。国民党は、李登輝政権以前と同様に「弱者・保護対象者」としての原住民に対する福祉政策や文化イベントは実施したが、「自治」や「土地返還」など国家の既得権益に関わる部分での議論には積極的ではなかった。これとは対照的に、「中国への反発」と「台湾意識の尊重」という世論のなかで二〇一六年五月に誕生した民進党政権の蔡英文総統は、「原住民族日」に設定された同年八月一日、政府の代表として初めて原住民への公式謝罪を行った。「台湾重視」「原住民重視」のスローガンに止まらず、原住民族自治や土地返還にまで踏み込んだ政策を実現できるのか、今後、民進党政権の本気度が問われることになるだろう。

ところで、台湾ではなぜ、総人口の二％程度に過ぎない原住民の諸権利が活発に議論され、部分的ながらもその権利が承認されてきたのだろうか。先にも述べたように、その背景には中華民国自体が中国との統一独立をめぐって揺れてきた歴史がある。そもそも台湾では、数千年にわたるオーストロネシア語族系先住者の歴史があり、現在マジョリティである漢族系住民がこの島に移住するのは一七世紀以降のことだった。この意味で、現在台湾に存在する中華民国は、その構成のうえで典型的な「移民（植民）国家」になっている。こうした背景のもと、民進党のように、中国とは異なる別の国家あるいは共同体としての「台湾の独自性」を主張しようとするとき、非漢族であり、かつ台湾

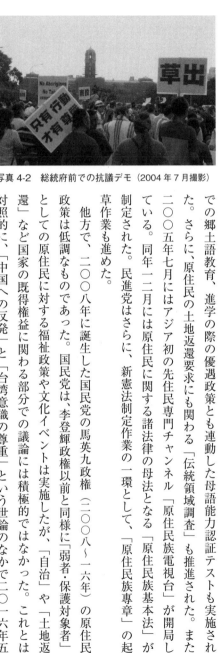

において数千年の歴史を歩んできた原住民の存在は、その人口比とは対照的に、象徴的な重要性をもってくる。加えて、中国共産党との国共内戦に敗れて台湾に逃れた中華民国政府の憲法自体が、少数民族や婦女団体などに対して国政における一定数の議席を保障していたことも、原住民族運動においては有利に働いた（石垣 二〇一一）。

本節の最後に、台湾に住むオーストロネシア語族系の人々自身が、「原住民（族）」という名称およびその権利をどのように考えているのかについても、紹介しておきたい。「原住民（族）」という名称は、「蕃人（蕃族）」「高山族」「山地同胞」といったかつての呼称に代わるものとして、教育・宗教エリートを主体とした権利回復運動を通じて獲得された名称であった。この名称は一九八〇年代後半から徐々に村落部にも浸透し、現在では多くの者が「我ら原住民」といった表現で、この名称を肯定的に用いている。ただし、「台湾島の（本来の）主人」あるいは「自己決定権／主権の主体としての民族」といった意味で、台湾におけるその存在の重要性を強く意識している者は、高等教育を受けた者や実際に権利回復運動や文化復興運動に携わる者に限られる。村落部の住民や都市部で周辺的位置にある人々のなかには、「原住民」という自称を、「弱者」「庇護されるべき者」と同等の意味で使用する者も少なくない（石垣 二〇一四）。

4　沖縄における先住民族運動

本節では、琉球弧の島々の歴史を整理し、次いでこの種の運動を展開する人々の歴史認識や要求そして諸活動、さらにはこうした動きに対する人々の反応を概観してみたい。

(1)　沖縄の歴史と概要

琉球弧の島々に人類が到達したのは三万年ほど前のことだと考えられる。当時の人骨が複数発見されているが、彼らが現在この島々に住む住民の直接の祖先かどうかは依然として不明である。現段階で確認できる範囲では、後に日本列島から南下した人々が、この島々の現在の主な住民の祖先になったと考えられている。ただし、沖縄島周辺までは縄文および弥生文化の影響を部分的に受けているものの、宮古諸島や八重山諸島では台湾やフィリピンに連なる南方系の遺物も多く発見されている（安里他 二〇一〇）。

この島々では先史時代に漁撈・採集を主たる生業とする貝塚文化が見られ、一一世紀以降には按司と呼ばれる豪族のリーダーを中心としたグスク時代に突入した。その後、島々の諸按司は、山北、中山、山南の三大勢力（三山）を形成し、中山王となった尚巴志によって一四二九年に三山が統一されて誕生したのが「琉球王国」であった。

ただし、この王国は、沖縄内部の政治力学や土着の文化要素のみに基づいて誕生・発展したわけではない。たとえば、グスク時代の基礎には、日本あるいは中国との交易を通じて伝来したと考えられる鉄器類の存在がある。また、一二世紀末に始まったとされる舜天王統のルーツを源氏にたどる説もある。さらに、三山統一を遡ること半世紀、一三七二年には建国直後の明から中山王の察度に使節が送られ、後に冊封／朝貢関係が結ばれた。その後、明・清との外交関係の主な担い手となった閩人（福建人）、そして進貢や貿易の必需品であった大型帆船および造船技術も、その初期に中国側からもたらされた。一六〇九年、琉球王国は薩摩・島津氏の侵攻を受け、徳川政権の幕藩体制に間接的に組み込まれ、中国および日本の政権に服属（二重朝貢）することになった。この大事件以降、琉球王国では、家譜編纂と士族制度の確立、儒教文化、祖先祭祀、葬墓制など、現代に伝わる「伝統文化」が王府の政策を強く反映しながら確立されていったが、ここにも大和および中国の諸制度・文化の影響を見てとることができる（田名 一九九二、安里他 二〇一〇）。

時代が下り一九世紀後半には、明治政府による「琉球処分」（一八七二〜七九年）が断行され、沖縄県が設置された。[3]当初は清朝を頼った救国運動も行われたが、日清戦争の後には「日本の一部としての沖縄県」という現実が既成事実となっていった。二〇世紀前半には差別的待遇を改善すべく近代沖縄の知識人らが「日琉同祖論」を掲げ、住民もまた日本国民としての意識を涵養した。その後、沖縄戦、そして米軍統治を経て「平和憲法下の日本」による統治が希求され、「祖国復帰」（一九七二年）が実現した。しかし、「復帰」後の沖縄ではインフラ整備や観光開発が行われたが、日本国土の〇・六％に過ぎない沖縄県に在日米軍専用施設の約七〇％が集中する状況、そして県外との／県内での格差が是正されない状況に対する不満は、依然として根強い。

(2) 沖縄における先住民族運動の歴史と現状

沖縄で「先住民」「先住民族運動」という言葉が取り上げられ実践が試みられるようになったのは、一九九〇年代半ばのことである。二〇世紀末、世界各地では先住民族運動が大きな盛り上がりを見せていた。他方で、沖縄県においては「祖国復帰」から二五年、世界的にも第二次世界大戦の終結から半世紀を迎える時期であり、「歴史の再検討」や「記憶の継承」が大きなテーマとなっていた。そんな矢先に起こったのが、一九九五年九月の米兵による少女暴行事件だった。沖縄社会が大きく揺れ動くなか、当時の大田昌秀沖縄県知事は、米軍用地の継続使用のための県知事による代理署名を拒否した。これに対して国は、沖縄県を訴え職務執行命令訴訟を起こした。翌一九九六年九月の県民投票では、米軍基地の整理・縮小と日米地位協定の見直しに投票者の九割が賛意を示したが（投票率五九・五％）、直前の八月末に同訴訟での県の敗訴は確定していた。

同じ年、国連で先住民の権利に関する議論を行う場である「先住民作業部会」に参加した沖縄出身者がいた。後に琉球独立論を展開することになる松島泰勝である。彼の先住民作業部会参加をサポートしたのが、先住民族やマイノリティの権利獲得・回復をサポートするNGO「市民外交センター」（代表：上村英明）だった。その後、市民外交センターの働きかけにより、東京および沖縄在住の人々の間で、国連における先住民族の権利擁護制度をふまえて沖縄の歴史と現状を再考する機運が高まり、一九九八年には「琉球弧の先住民族会（AIPR）」が結成された。同会のメンバーには、自営業者、研究者、政治家、学生などがいる。彼らは、さまざまな勉強会を通じ、米軍基地問題を中心とする現代の沖縄が抱える諸問題を、国際人権法の枠組みを活用してどう是正するかを考えてきた。

写真 4-3　沖縄でのアジア先住民族会合（2015 年 11 月撮影）

沖縄の歴史と現状に対する彼らの認識は、次のようなものである。一五世紀前半に成立した琉球王国は、一九世紀末、明治政府の「琉球処分」によって強制的に近代日本に組み込まれた。中国の歴代王朝と朝貢関係を持ち、アメリカ・フランス・オランダと独自に修好条約を結んだ琉球王国の「主権」を明治政府が剥奪したことは、国際法違反である。したがって、「琉球処分」が完了し「沖縄県」が設置された「一八七九年以前」から「琉球」に住んでいた人々の子孫は、国際人権法の枠組みを活用し、独自の「民族・人民（nation/people）」として、米軍基地の過剰負担といった差別的構造を是正し、琉球・沖縄の歴史や文化そして言語などを教育・継承していく権利を有している（琉球弧の先住民族会二〇〇四、知念・宮里二〇〇四、渡名喜二〇一二）。

ＡＩＰＲの活動は、大きく二つに分けられるだろう。第一は、国連や国際人権法関連の諸会議に出席し、沖縄の窮境を世界に訴えることである。ＡＩＰＲは、一九九九年の先住民作業部会への参加をはじめとし、「先住民族問題に関する常設フォーラム」や「先住民族の権利に関する専門家機構」そして「人種差別撤廃委員会」などにメンバーを派遣してきた。そこで彼らが訴えてきたのが、先住民族としての琉球・沖縄の歴史、言語・文化の消滅危機、米軍基地の過重負担および開発による環境破壊、女性の権利などであった（親川二〇一〇、当真二〇一一、上村他編二〇一三）。

第二は、個々の国際人権法が締約国で遵守されているかをチェックする条約監視システムの活用である。たとえばＡＩＰＲでは、市民外交センターの協力のもと、国際人権規約・Ｂ規約委員会や人種差別撤廃条約・人種差別撤廃委員会、そして国連人権委員会（後の人権理事会）の特別報告者らに対しても、沖縄における人権侵害を訴えてきた。その結果としてＡＩＰＲは、これらの国際機関や特別報告者から、「琉球・沖縄人が先住民族であること」「米軍基地の過剰集中に見られる差別的な政策の是正」「土地権の承認」「独自の歴史・文化・言語カリキュラム制定の必要性」といった文言・発言あるいは日本政府に対する勧告を引き出してきた（上村他編 二〇一三、石垣 二〇一三）。なお、ＡＩＰＲではこうした活動成果についての報告会を沖縄県内で実施するなどして、新たなメンバーのリクルートにも努めている。

ところで、ＡＩＰＲ以外にも、この島々の住民の「民族」としての諸権利を主張する団体がある。先述の松島泰勝が中心となって二〇一三年五月に発足した「琉球民族独立総合研究学会（ＡＣＳＩＬｓ）」（以下、独立学会）である。松島は、先述したように、沖縄出身者として初めて先住民作業部会に参加した人物である。ＡＩＰＲならびに松島が掲げる名称は「先住民族」／「琉球人（琉球民族）」とそれぞれ異なるが、両者はともに国際人権法の枠組みならびに「民族・人民」としての諸権利というロジックに依拠した主張を行っている（松島 二〇一二）。また、同学会のメンバーにはＡＩＰＲのメンバーとともに国連や国際人権法関連の諸会議に参加した者もいる。こうした流れの一環として、二〇一四年九月には、市民外交センターのサポートを受けたＡＩＰＲメンバーとともに沖縄県選出の糸数慶子参議院議員が「国連先住民族世界会議」に出席し、国連先住民族権利宣言を沖縄にも適用すべきだと訴えた。さらに二〇一五年九月には、翁長雄志沖縄県知事が市民外交センターの上村英明代表とともに「国連人権理事会」に出席し、普天間飛行場の県内移設問題に関連し、「沖縄の自己決定権がないがしろにされている」という趣旨の演説を行った。

近年の沖縄におけるこうした大きなうねりを受け、地元の新聞紙上では、（沖縄の）「主権」や「自己決定（権）」、さらには「（琉球）民族」「脱植民地化」「先住民族」といった言葉が、取り上げられるようになっている。それは多くの場合、米軍基地問題や「しまくとぅば」（琉球諸語）復興運動、さらには「琉球独立論」の文脈で取り上げられるものであり、ＡＩＰＲや独立学会の活動やメンバーたちの投稿もしばしば掲載されている。また、両団体のメンバーに加えて一般市民のなかにも、先住民族あるいは独立関連のシンポジウムに積極的に参加する者や、新聞紙上などに投稿を行う者もいる。[4]

写真 4-4　米軍属による女性殺害事件への抗議集会（2016年 6 月撮影）

市民の一部にもこうした主張が受け入れられつつある要因には、次のような、沖縄の歴史と現状を再考する機運の大きな盛り上がりがある。その背景・要因とは、たとえば、普天間基地移設問題の長期化や頻発する米軍関連の事件・事故、薩摩・島津氏の琉球侵攻五〇〇年をめぐるシンポジウムなどの開催、サンフランシスコ講和条約発効の日――同条約第三条によって戦後沖縄における米軍統治の継続が確定された――を「主権回復の日」として二〇一三年に祝賀した安倍政権への反発などである。さらには、「本土復帰」から四〇年、琉球王国が一九世紀半ばに米・仏・蘭と結んだ各修好条約原本の展示会開催、糸数議員および翁長知事の国連演説、新聞紙上での関連特集と成果の出版（たとえば、琉球新報社・新垣編 二〇一五）なども、人々が「主権」や「自己決定（権）」に注目する重要な契機となった。

ただし、（独自の）「民族・人民」あるいは「先住民族」としての「自己決定権」という主張に対しては、沖縄県内から反発の声も上がっている。たとえば、二〇一四年五月に『琉球新報』に掲載された市民の投稿は、前月に掲載された独立推進者からの投稿、すなわち「日本人」と「沖縄人」の差異を強調し「沖縄人が日本人に『同化』することはありえない」とする主張を、古代歌謡研究や民俗学研究さらには県民意識調査の結果を根拠として批判している[5]。同じく、二〇一五年末の『琉球新報』の「論壇」には、（翁長知事の国連演説ならびに県民を先住民族として捉える視点に対し）「自虐趣味もこれに極まれりで、不見識から県民を誤った方向に導くのはやめてほしい」という投稿が寄せられた[6]。その前年には、琉装して「国連先住民族世界会議」に参加した糸数参議院議員に対して「先住民はボロボロのようなイメージで顔も真っ黒」という趣旨の批判が自民党の県議会議員からなされている。さらに、ＡＩＰＲの代表が二〇一六年一月に『沖縄タイムス』紙上で行った先住民族の人権・自己決定権・土地権を強調した連載に対して、翌二月には別の市民が連載投稿を行い、遺伝学的な理由（Y染色体DNAやミトコンドリアDNAのハプロタイプなど）から反論を展開して、「ウチナーンチュは（中略）日本人の生物学的本流そのものなのである」と主張した。[7] また、新聞紙上でのこうした論争と前後し、二〇一五年一二月には、豊見城市議会が、沖縄県民を先住民族と規定した国連勧告の撤回を求める決議を行い、意見書をまとめた。その主張とは「私たち沖縄県民の殆どが自分自身が先住民族であるとの自己認識をもっておらず、県民の知らないところでこのような勧告が出されているのは甚だしく遺憾」であり、「沖縄戦」「米軍統治」を生き抜いて「祖国復帰」を果たした沖縄県民は「日本人であり、決して先住民族ではない」というものであった。[8]

以上のように、米軍基地問題や歴史的な不正義を背景とし、沖縄の現状に不満を持つ人々が独自の「民族・人民」としての権利を主張する一方で、「琉球処分」から約一四〇年、「本土復帰」から四〇年以上が経過した現在の沖縄では、「日本人」としての自己認識を否定されることに拒否感を抱く人々もいる。また、「琉球民族」「主権」「自己決定権」「先住民族（としての権利）」という主張がマスメディアにおいて取り上げられ、それに共感する人々が一部で出始めてはいるものの、その意図や意義が県民一般に十分に理解されるには至っておらず、一部で強い反発すら招いている。それが先住民族運動をめぐる沖縄の現状である。

5　台湾と沖縄における「先住民族」という概念／運動の歴史と特徴

私が本章の冒頭で提示した問いは、東アジアの隣接する地域の事例から、近代国家の成立と「先住民族（概念／運動）」との関係を考えることにあった。以下では、先住民族運動の成り立ちと展開、そして台湾／沖縄における「先住民族（概念／運動）」の歴史と特徴を検討してみたい。

第一に指摘したいのは、台湾および沖縄でも見られる、先住民族運動とグローバリズムとの関係である。第二節で整理したように、先住民族問題の背景には、ヨーロッパ人による「新大陸発見」および非ヨーロッパへのグローバルな展開と植民地支配という歴史があり、その延長線上で、先住者と後に入植した人々の間で政治・経済的な関係や交渉が展開されてきた。その結果として、二〇世紀後半に到来したのが、かつての被植民者が、植民者と入植時に結んだ条約あるいは国連主導の脱植民地化や国際人権法の枠組みを活用して、自集団の権利を主張するという状況であった。さらにいえば、台湾や沖縄の事例もそうであったように、この種の権利回復運動の展開においては、かつての被植民者自身の自覚もさることながら、グローバルに活動するNGOなども重要な役割を果たしてきた。先住民と国家との関係が個々の地域で個別に展開されている一方で、それを支える連帯はグローバルに展開している。先住民族問題が、ヨーロッパの世界進出とともに始まり、その解決策が近代ヨーロッパ的な諸（権利）概念やロジックを戦略的に活用するグローバルな連帯のなかで模索されていることは、先住民族運動の歴史と現在を考えるうえで、無視できない点である。

第二点として注目したいのは、台湾と沖縄においてこの種の運動が直面する状況の相違についてである。まず台湾の事例に見られる原住民族運動の急速な進展を指摘したい。第三節で紹介したように、台湾の原住民族運動は、一九八〇年代に台湾全土で民主化運動が勃興するなかで登場し、一九九〇年代の憲法改正作業や国会改革などの機運を利用して、権利主張の一部を実現してきた。こうした成果の背景には、中国との統一か中国からの独立かをめぐって台湾（中華民国）が揺れているがゆえに、民進党のような「台湾の独自性」を主張する勢力にとって、原住民の存在が象徴的な価値を持ったということがある。また、中華民国憲法自体が、少数民族にも国政における議席を認める、ある種の多元的性格を有していたことも忘れてはならない。

第三に指摘したいのは、現在の中華民国の「移民（植民）国家」としての構成である。台湾では、規模においてアメリカ大陸とは大きく異なるものの、「先住者／植民者（後住者）」という構図がオーストロネシア語族系先住者集団と中国大陸からの漢族系入植者との関係において成立していた。これは世界の先住民族運動における典型的な構図であった。すなわち、歴史・言語・文化の異なる人々（植民者）が他者（先住者）の土地に入植し、先住者を抑圧して国家を建設（あるいは当該地域を植民地化）する。これに抵抗して先住者が、土地との結びつきをもとに、自己・自集団の権利を要求する、という構図である。台湾の原住民族運動のリーダーたちは、アメリカ大陸などの先例が台湾の状況に合致することを理解したうえで、中華民国政府に対してその権利を効果的に主張することができたのである。

第四に、台湾とは対照的に、沖縄では依然として「独自の民族」あるいは「先住民族」としての自己認識が多くの人々に共有されるまでには至っていない。たしかに、ＡＩＰＲが組織された一九九〇年代末、そして二〇〇〇年代初頭に比べ、現在の沖縄県の新聞紙上では「先住民族」「自己決定（権）」「主権」「脱植民地化」といった言葉が登場するようになった。とくに「自己決定（権）」は、米軍基地問題や沖縄県の経済的自立さらには地方分権／道州制といったテーマとも関連し、「先住民族」概念とは直接関係のない文脈でも用いられている。しかし、沖縄の日常生活において「先住民族としての沖縄人（あるいは琉球人）」という話題が取り上げられることは、ほとんどない。さらにいえば、第四節の最後で紹介したように、ＡＩＰＲおよびそれに関連する団体や個人が沖縄の人々を「先住民族」と規定し権利を主張することに対しては、市民の一部から反発の声が上がっている。諸（権利）概念やロジックの理解度以前に、「先住民族」あるいは「（独自の）民族」という自己規定に対してすら疑念を持つ人々がいるという状況は、台湾における原住民族運動の状況とは大きく異なる点である。

第五に、自集団を「先住民族」と規定することに対する沖縄の人々の違和感は、台湾原住民の場合とは異なる、琉球弧の島々の歴史や近代国家の成立過程と深く関わっている。琉球弧の島々の住民は、独自の歴史過程を歩み数百年にわたって王国を維持した特殊性を有する。しかし、言語・文化的には九州以北の日本列島に生活する人々と共通する要素が少なくないことは、考古学、歴史学、言語学、民俗学、人類学などが明らかにしてきた事実である。この島々の住民はこうした背景のもと、一七世紀初頭の薩摩侵攻以来の（中国／日本への）「二重朝貢」体制下を生き、一九世紀後半の「琉球処分」とその後の近代化・国民化政策、沖縄戦、二七年間の米軍統治を経験してきた。米軍の圧政に対する反発は「祖国復帰」運動へとつながり、それが実現した後には米軍基地過重負担という問題を抱えつつも、「日本の一都道府県」という立場を生きてきた。たしかに、沖縄では、他の都道府県と比較しても、多くの人々が独自の歴史・文化を有する郷土に強い愛着を持っている。[9] 琉球王国の崩壊がまだ記憶に新しかった一九世紀末あるいは二〇世紀前半には、たしかに「琉球人」に対する区別／差別が明瞭に存在した。また現在でも、米軍基地の過剰負担に見られる「差別的構造」への不満は鬱積し、「自己決定権」の重要性はさかんに主張されている。しかし、「琉球処分」から約一四〇年、「本土復帰」から四〇数年をへた現在、沖縄の独自性を「民族的差異」として認識する人は少数であり、「先住民族」概念や独自の「民族」としての権利主張は、一般の人々には容易には理解しがたいものになっている。

他方で台湾では、入植者である漢族系住民と先住のオーストロネシア語族系住民との間には、国民統合や異民族間の通婚などによって薄まりつつあるとはいえ、歴史的にそして現在でも、言語・文化的な差異が存在する。「原住民(族)」という名称を用いるか否かにかかわらず、人々は日常的に「民族的差異」を意識して生活している。異なる歴史と政治体を持ちつつも、言語・文化に近接関係にある沖縄を取り込むかたちで行われた日本の近代国家形成。他方で、「先住者／植民者(後住者)」の明瞭な歴史・言語・文化的な差異を前提とした近代国家の形成と移転が行われた台湾。東アジアの隣接地域である沖縄と台湾の間に見られる「先住民族」概念や関連する諸(権利)概念の受容度合の差異を認識することは、先住民族運動の成立と世界的な広がりを考えるうえで、きわめて重要である。

6 「先住民族」という概念／運動を再考することの意義

本章では、先住民族運動のグローバルな展開に対する私の認識を提示したうえで、台湾および沖縄における原住民族／先住民族運動の歴史と現状を整理し、その特徴を検討してきた。第二節で整理したように、現代のグローバルな先住民族運動が用いる諸(権利)概念やロジックは、ヨーロッパが近世〜近代を通じて作り上げてきた「人権」「主権」「自己決定権」そして「民族・人民」といった考え方から派生してきたものである。「先住者・被支配者」側は、「後住者・支配者」側に抗するために、そうした諸(権利)概念やロジックを戦略的に用いてきた。ただし、本章で示したように、こうした試みが成功裡に進むか否かは、個々の地域が持つ歴史・言語・文化的な状況にも大きく依存する。

台湾と沖縄は東シナ海を形作る弧状諸島の一部をなす隣接地域であり、両者はそれぞれ中国文明と日本文明の「辺境」に位置する。「先住者／植民者（後住者）」の対比が自明である台湾では、「原住民（族）」という名称が山間部の集落にも浸透し、台湾／中国の統一vs独立という背景、さらには民主化の潮流に乗り、原住民族はいくつかの分野で権利獲得（回復）を実現してきた。もちろん、「民族」としての「主権」や「自己決定権」という概念やロジックが一般の原住民に十分に浸透しているわけではなく、庇護されるべき「弱者・少数者」としての自己規定に基づいた「原住民」意識を持つ者もいる。他方で沖縄では、米軍基地の過剰負担への反発や琉球王国の歴史と結びついた言語や文化への愛着から、「自己決定権」さらには「独立」に対する賛意が一部の人々から表明されてはいる。しかし、自らを「日本人」とは異なる（独自の）「民族」あるいは「先住民族」と規定した権利主張に対して違和感を持つ住民も、依然として多い。

台湾と沖縄という隣接地域における「先住民族」の名を掲げた権利要求をめぐる状況と成果の差異は、逆に、「先住民族」あるいは「民族・人民」の「主権」「自己決定権」といった諸（権利）概念やそれを支えるロジックが、特定の歴史的背景の下で登場したものであったことを照射する。第二節で見たように、「先住民族」概念は、ヨーロッパ勢力の世界的拡張という歴史を通じて形成されたものである。歴史・言語・文化的に峻別可能な「国民・民族・人民」が「自己決定権」を行使するというモデルもまた、ヨーロッパが近代へ突入していくなかで構築されてきたものである。もちろん、これらの諸（権利）概念やロジックが特定の歴史的文脈で生まれてきたとはいえ、それが現代において世界の人々が共有する近代の支配的な諸制度の基礎のうえに作られていることは間違いない。また、私が別のところで指摘したように、「先住民族」に関連する一連の諸（権利）概念やロジックが、たとえば沖縄に適合的か否かをその歴史や言語・文化の具体的状況に即して検討することは、人々がその歴史と現状を再考し未来を構想するうえで、問題発見的な意義を有していることも事実である[10]（石垣 二〇一三）。

こうした状況を前にして今後必要とされるのは、まず、先住民族運動のこれまでの成果を適切に評価し、関連する諸（権利）概念やロジックの歴史性と可能性、あるいは限界を認識することであろう。そのうえで、個別地域の歴史や言語・文化的な状況を考慮しながら、より多くの住民の参与・動員が可能な権利要求や問題解決のための方法を構想・実践することが必要だと、私は考える。本章自体が、そうした試みの一つとして理解されることを願ってやまない。

注

1 本章では、権利主体としての「民族・人民」（nation/people）という点が強調されている場合に、「先住民族」あるいは「原住民族」という表現を用いている。

2 台湾の原住民キリスト教関係者が、一九八六年にフィリピンを訪問した際に、現地の先住民族団体から資料提供を受けたといわれる（石垣 二〇一一）。

3 「日本人」論ならびにこの名称が指し示す範囲は、歴史のなかで揺れ動いてきた（小熊 一九九五、一九九八参照）。これと関連し、「琉球処分」を一九世紀末から二〇世紀初頭にかけての東アジア的な国際秩序の転換という文脈のなかに位置づけた議論として、與那覇潤の研究がある（與那覇 二〇〇九）。與那覇によれば、「琉球処分」当時の東アジア外交においては「ステート（state）」と「ネーション（nation）」が一致すべきだとする論理が定着しておらず、当時この問題は、日・清・琉間では「人種」「民族」問題として一義的には議論されなかったという。

4 近年の『琉球新報』紙上に限っただけでも、次のような投稿がある。「声：沖縄独立研究序説」（二〇一三年九月二三日）、「論壇：沖縄アイデンティティとは」（二〇一四年四月一八日）、「声：沖縄の自己決定権」（同年七月二〇日）、「声：琉米修好条約原本返還を」（同年八月一九日）、「論壇：沖縄の自己決定権」（同年八月二一日）、「論壇：カネで解決しない基地問題」（二〇一四年一二月八日）、「論壇：沖縄アイデンティティ」（同年一二月一八日）、「論壇：琉球民族の怒り」（二〇一五年五月八日）、「論壇：『祖国』を問う」（同年五月一五日）、「論壇：『琉球処分』か『琉球国併合』か」（同年六月八日）、「論壇：さまよえる琉球人」（同年六月一四日）、「声：自己決定権を取り戻そう」（同年七月三〇日）、「論壇：辺野古推進で法廷視野か」（同年八月五日）、「論壇：

翁長知事の国連人権理事会演説」（同年九月二一日）、「論壇：『魂の飢餓感』」（同年九月二七日）、「論壇：県民に『自己決定権』を」（同年一〇月一六日）、「論壇：歴史的な翁長氏の国連演説」（同年一〇月二二日）、「論壇：豊見城市議会意見書と独立学会の抗議」（二〇一六年四月二日）、「声：『琉球』独立の道を」（同年八月五日）、「論壇：高江でも沖縄独立の気運」（同年八月二三日）、「声：やっぱり私は琉球人」（同年一一月五日）など。なお、これらの内容の多くが一般市民からの投稿であることを考慮し、後の注7で出典を示した連載記事を除き、投稿者名は割愛した。

5 「論壇：青山克博氏への反論」『琉球新報』（二〇一四年五月二四日）。

6 「論壇：沖縄人は先住民か」『琉球新報』（二〇一五年一二月一五日）。

7 宮里護佐丸「先住民族とは――自己決定権と土地権　上・中・下」『沖縄タイムス』（二〇一六年一月一九～二一日）、西石垣見治「宮里護佐丸氏への疑問――沖縄人は先住民族か　上・中・下」『沖縄タイムス』（二〇一六年二月一〇～一二日）。なお、『沖縄タイムス』紙上では、これ以外にも、ＡＩＰＲや独立学会など「先住民族」あるいは「琉球民族」という主張に対し賛否両論の投稿がある。たとえば、「論壇：明治政府、先住民と認識」（二〇一五年四月二七日）、「論壇：沖縄　先住民族ではない」（同年一〇月四日）、「論壇：先住民族論批判に疑問」（同年一〇月二七日）、「論壇：琉球民族性　判断できず」（同年一〇月三一日）など。

8 豊見城市ホームページ（http://www.city.tomigusuku.okinawa.jp/ 二〇一六年六月二七日閲覧）。なお、同内容に対しては、独立学会側から、次のような抗議・反論が行われている。①国連勧告は琉球人の脱植民地化運動の成果、②米軍統治下でも独立や反復帰論の主張があった、③先住民族として国際法が認める集団的権利に基づいた主張を行うことで辺野古新基地建設を阻止できる、④沖縄戦の実情からいって「祖国日本・郷土沖縄を命がけで日本人として守り抜いた」とはいえない、⑥豊見城市の決議は「琉球人の思想・良心の自由」の侵害である、など。『琉球新報』（二〇一六年三月二一日）二五面参照。なお、二〇一六年六月には、石垣市議会でも一連の国連勧告に反対する意見書が採択されている。石垣市議会ホームページ（http://www.city.ishigaki.okinawa.jp/500000/500100/ 二〇一七年一月三一日閲覧）参照。

9 琉球新報社が五年に一度実施している最新のアンケート調査（二〇一六年一〇～一一月）によれば、「沖縄県民であることをとても誇りに思う」（五三・〇％）、あるいは「まあ誇りに思う」（三三・三％）と答えた人は計八六・三％（前回二〇一一年の八九・三％から三ポイント減）であった。また、「日本における沖縄の立場」に関する設問に対し、「現行通り」と回答したのは四六・一％（前回の調査では六一・八％）に留まった。他方で、「単独州・自治州・特別県制など」は一七・九％、新たに設けられた選択肢「連邦制」は一四・〇％に上った。ただし、「独立」を選択した割合は前回（四・七％）から減少し二・六％だった。同年に発生した米軍属による女性殺害事件、「第六回世界のウチナーンチュ大会」の開催、辺野古基地建設をめぐる国と翁長知事との訴訟、東村高江での米国へリパッド建設に反対する人々に対する「土人」発言、中国の海洋進出と尖閣問題など、さまざまな出来事の影響を反映した結果だといえるだろう（琉球新報社編　二〇一七）。

10

「先住民族」をめぐる一連の諸（権利）概念やロジックの適応可能性を具体的な史実・事実に基づいて考えることは、琉球王国の歴史と実情そして周辺諸国との関係、さらには「日本」と「琉球・沖縄」の言語・文化的な類似と差異に対する再考につながるだろう。同様の作業は、台湾の原住民たちが自らの歴史と現在を考える際にも重要であろう。個別地域の歴史と現状の再検討は、それぞれの地域の将来のあり方を構想するうえでも、必要不可欠な営為だと考える。

参考文献

安里進・田名真之・豊見山和行・真栄平房昭・西里喜行・高良倉吉　二〇一〇『沖縄県の歴史（第二版）』山川出版社。

石垣直　二〇一一『現代台湾を生きる原住民――ブヌンの土地と権利回復運動の人類学』風響社。

石垣直　二〇一三「先住民族運動と琉球・沖縄――歴史的経緯と様々な取り組み」沖縄国際大学公開講座委員会編『世変わりの後で復帰四〇年を考える』東洋企画、二七一―三〇九頁。

石垣直　二〇一四「現代台湾における原住民族運動――ナショナル／グローバルな潮流とローカル社会の現実」日本順益台湾原住民研究会編『台湾原住民研究の射程――接合される過去と現在』風響社、七七―一〇五頁。

石垣直　二〇一六「交錯する『植民地経験』――台湾原住民・ブヌンと『日本』との衝突・接触・邂逅」三尾裕子・遠藤央・植野弘子編『帝国日本の記憶――台湾・旧南洋群島における外来政権の重層化と脱植民地化』慶応義塾大学出版会、二三三―二六〇頁。

上村英明　二〇〇四「『植民地問題』解決のための国連の歴史的努力と『先住民族の国際一〇年』――人類学者のための民族集団に関する国際人権法入門」『文化人類学研究』五、一四―三〇頁。

上村英明監修、藤原恵美子・中野憲志編　二〇〇四『グローバル時代の先住民族――「先住民族の一〇年」とは何だったのか』法律文化社。
上村英明・木村真希子・塩原良和編　二〇一三『市民の外交――先住民族と歩んだ三〇年』法政大学出版局。
小熊英二　一九九五『単一民族神話の起源――〈日本人〉の自画像の系譜』新曜社。
小熊英二　一九九八『〈日本人〉の境界――沖縄・アイヌ・台湾・朝鮮　植民地支配から復帰運動まで』新曜社。
親川裕子　二〇一〇「国際人権法と琉球・沖縄――琉球・沖縄史、先住民族の権利に関する一考察」『平和文化研究』三〇・三一、一四一―一五四頁。
スチュアート　ヘンリ　一九九八「先住民族が成立する条件」清水昭俊編『周辺民族の現在』世界思想社、二三五―二六三頁。
田名真之　一九九二『沖縄近世史の諸相』ひるぎ社。
知念秀記・宮里護佐丸　二〇〇四「沖縄にとっての先住民族の一〇年」上村英明監修、藤原恵美子・中野憲志編『グローバル時代の先住民族――「先住民族の一〇年」とは何だったのか』法律文化社、五九―六七頁。
当真嗣清　二〇一一「『先住民族の権利に関する国連宣言』採択とウチナーンチュ――先住民族としての琉球・沖縄人」『うるまネシア』一二、六―一四頁。
渡名喜守太　二〇一二「琉球先住民族論」古川純編『「市民社会」と共生――東アジアに生きる』日本経済評論社、一〇一―一一九頁。
松島泰勝　二〇一二『琉球独立への道――植民地主義に抗う琉球ナショナリズム』法律文化社。
與那覇潤　二〇〇九『翻訳の政治学――近代東アジア世界の形成と日琉関係の変容』岩波書店。
琉球弧の先住民族会　二〇〇四『Q&A　国際人権法と琉球・沖縄』琉球弧の先住民族会。
琉球新報社編　二〇一七『二〇一六　沖縄県民意識調査報告書』琉球新報社。
琉球新報社・新垣毅編　二〇一五『沖縄の自己決定権――その歴史的根拠と近未来の展望』高文研。
Anaya, S. J. 2004 (1996). *Indigenous Peoples in International Law*, (Second Edition). New York/Oxford: Oxford University Press.
Clifford, J. 2013. *Returns: Becoming Indigenous in the Twenty-First Century*. Cambridge, MA/London: Harvard University Press.
Howard, B. 2003. *Indigenous Peoples and the State: The Struggle for Native Rights*. Dekalb: Northern Illinois University Press.
Niezen, R. 2003. *The Origins of Indigenism: Human Rights and the Politics of Identity*. Berkeley: University of California Press.

【コラム③】民族自治と完全独立、そしてその狭間

チベット難民の今

山本達也

チベット難民とは、一九五九年のダライ・ラマ一四世のインド亡命後、中華人民共和国の侵略によって先住の地チベットを追われ異国の地に暮らす人々である。二〇〇九年時点で一二万七九三五人のチベット難民が世界中に住んでいるが、その大部分がインド（九万四二〇三人）とネパール（一万三五一四人）に暮らしている。現在まで、中国の政治経済的状況と連動して数々のチベット人がインドやネパール、ブータン等の近隣諸国や欧米各国へ亡命している。ダライ・ラマが五九年に北インドのムスーリーに中央チベット政府（*dbus bod mi'i sgrig 'dzugs*：通称「チベット亡命政府」）を設立（翌年ダラムサラに移設）して以来、チベット亡命政府は、チベット仏教を軸としたチベット文化の保存と発展的継承を核に据えたプログラムを通して、人々の間にチベット人アイデンティティを再生産しようとしてきた。本コラムは、インドとネパール在住のチベット難民に焦点を当て、彼らの置かれた状況の一端を提示するものである。

「チベット難民（Tibetan refugees）」と呼ばれる彼らはチベット難民／チベット人ディアスポラ／亡命チベット人（*btsan byol bod mi* あるいは *bod pa*）を自称する。彼らの存在の根底には故郷チベットからの脱出、それに伴う家族や仲間との離別がある。中国がチベットに侵略し少数民族政策でチベット人を蔵族として位置づける過程で彼らの自由や権利は奪われていった。一縷の望みを持って人々が亡命するのは、そうした背景を持ってである。なお、本書との関連でいえば、チベット難民が自らの先住性を主張する際には「チベットの主はチベット人である（*bod kyi bdag po bod mi yin*）」とナショナリズムの側面から語る傾向にあるが、彼ら自身が自らの先住民性を声高に主張することは寡聞にして知らない。

一口にチベット難民といってもその来歴は多様である。大まかに分類すれば、一九五九年から六〇年代後期までの第一波、一九七九年の改革開放から九〇年代初頭までの第二波、一九九六年以降の第三波に人々の移動が位置づけられる。一九五九年から六〇年近くが経過している現在、第一波の亡命者のなかには子ども（難民二世）はもちろん、孫（難民三世）

や曾孫（難民四世）がいる人も珍しくない。そして、亡命先で生を受けた難民二世以降の人がいる一方で、チベット自治区や青海省、四川省などで生まれ育ちながらも亡命した人たちもいる。彼らの亡命の動機はダライ・ラマへの謁見や、チベット本土での政治的抑圧からの逃亡、教育の機会の獲得など多様であり、その力点も時期によって異なる。そして、インドやネパールへの亡命が彼らの旅の終着点ではない。欧米に再定住する道を選ぶ者もいれば、難民社会になじめず中国に戻る者もいる。

写真１　ダラムサラのメインストリート。さまざまな想いでチベット難民の人々が暮らしている（2012年５月撮影）

亡命政府を有する希有さもあり、チベット難民はときに「最も成功した難民」といわれる。確かに、チベット内外のチベット人を代表すると主張し、民主主義に基づく政治を追求するチベット亡命政府は、チベット難民に庇護（海外からの寄付金の分配、奨学生の認定など）を提供するなど難民社会の存続にとって重要な基盤である一方、その存在は国際的に承認されていない。結果、亡命政府の実態は「政府に似た何か」でしかなく、その権能はインドやネパールの法制度や行政システム、国際情勢の様態に大きく影響・制限され、難民たちの不安定な状況を解消するには至らない。

とはいえ、行政面の力が限られている一方で、「亡命政府を有する」という事実は、とくに公論形成や政治的意思決定の面でチベット難民にとって大きな象徴的意味を持っている。ダライ・ラマのストラスブール声明（一九八八年）以降、亡命政府は、チベットの完全独立ではなく中国支配下での高度な民族自治を要求し、この姿勢はチベット難民の多くに認められ、支持されてきた。同時に、人々はこうした政府の舵取りの是非をめぐって声を上げており、その点で亡命政府は難民たちの政治的議論のためのプラットフォームになっている。たとえば、二〇一〇年にダライ・ラマが政治から手を引いて六年が経とうとしているが、現首相ロブサン・センゲの再選がかかっていた二〇一六年三月の首相選でもチベット問題をめぐる政策が争点の一つとなっていた。結果的にはロブサン・センゲが再選されたことから、高度な自治追求の支持を民意は示したといえる。もちろん、すべてのチベット難民が「高度な自治の要求」に満足しているわけではない。たとえば、チベット難民社会最初のNGOであるチベット青年会議(Tibetan Youth Congress)は完全独立を主張しているし、首相選では決選投票にはたどり着けなかったものの、完全独立を旗印に立候補したルカル・ジャムに一定の支持が集まったことを見れば、完全独立を願う民意があるのは確かである。

こうした現状や情報は、亡命政府や各種チベット難民NGOを通じて支援者に向けて国際発信されている。支援者は、さまざまな見地からチベット問題やチベット難民社会で活動を展開している。彼らの支援がチベット問題の国際的な認知獲得にとってきわめて重要なものであるのはいうまでもない。だが、政治(=チベット問題)への情報の「傾斜配分」は、逆説的にチベット難民の姿を欠落させてしまうきらいがある。一部のNGOがチベット難民の現実に関する情報を発信している一方で、現状、海外の支援者が得る情報は、チベットでの抑圧や人権侵害に関する話題、その解決策としての「チベットにおける高度の自治の追求か、完全独立か」という話題に集中し、それが多くの支援者たちのチベットに関する知識を形作っているのは否めない。

だが、私の出会ってきた難民の多くは、政治に対して彼らなりの見解を持っているものの、「私たちは政治のなかでだけ生きているわけではない」と暗に、もしくははっきりと主張していた。実際、難民社会が成立して六〇年近くが経過し、政治を大なり小なり頭の片隅に起きながらも、多くの難民がホスト国のなかで生活している。そこには、政治をめぐる想いとともに、ささやかな幸せや希望もある。なかには、故郷とされるチベットに思いをはせつつも自らが生まれたインドやネパールに愛着を持ち、そこで暮らすことを幸せに思う人もいる。しかし、世に流通する政治的言説がこうした人々の諸相を捉えることはない。政治的な「上からの視点」は、難民が経験する苦難の告発や正義の追求において重要である。同時に、具体的な個人の視点に依拠した「下からの視点」もまた、難民社会の状況を理解して、彼らとの連帯を考え実践するには必要である。民族自治と完全独立という言葉の狭間で忘却されがちな多様な難民の姿を「下からの視点」で想像し知ることは、難民三世が中心的存在となるこれからのチベット難民社会において「先住の地」がいかなる意味を持っていくのか考えるうえで不可欠となるだろう。

第5章　先住民の歴史を裏づける資料とは
米国のパスクア・ヤキとテキサス・バンド

水谷裕佳

1　北米大陸に住むヤキの人々

本章では、米国南西部とメキシコ北西部に居住する先住民族ヤキを取り上げる。ユト・アステカ語族の言語を有する先住民族であるヤキは、太陽や鹿、花などを神聖視する自然信仰とヨーロッパから到来したキリスト教が融合した精神世界を重んじて暮らしてきた。本章で取り上げる米国側のヤキのなかには「パスクア・ヤキ・トライブ（以下パスクア・ヤキ）」と「テキサス・バンド・オブ・ヤキ・インディアンズ（以下テキサス・バンド）」という二つのトライブがある。地理的にいうと、パスクア・ヤキはアリゾナ州に、テキサス・バンドはテキサス州に位置している。

パスクア・ヤキは一九七八年に連邦政府から、テキサス・バンドは二〇一五年にテキサス州政府から、トライブ認定を受けた。連邦政府や州政府からトライブとして認定されるには、現在の米国領土内における先住民としての集団的な歴史を証明しなくてはならない。本章では、彼らの歴史を示すものとして連邦政府および州政府から参照された資料について解説し、米国において先住民族の法的、政治的な事項が論じられる場における歴史と当事者である先住民の視点の関わりについて論じる。

なお本章においては、集団について述べる際に先住民族、個人について述べる際に「先住民」という言葉を用いる。また本章執筆時は二〇一七年一月である。そして、本章に研究者として現れる者は、いずれもヤキではない人物である。

2　米国のトライブ制度

現代の米国において「トライブ」と「先住民族」は異なる意味を持つ。本節では現代米国におけるトライブ制度について簡略に説明する。

(1)　連邦認定トライブ

米国のトライブには「連邦認定トライブ」と「州認定トライブ」の二種類がある。連邦認定トライブは、連邦政府との間に政府対政府の関係性を持つ政治組織である（藤田 二〇一三）。トライブの基本的な形態は一九三四年のインディアン再組織法（ホイラー・ハワード法とも呼ばれる）によって定義され、その多くは保留地を有している。トライブ認定の方法は時代とともに変化してきたが、現在は米国内務省インディアン局が判断を下している。トライブ認定を申請する集団は、その集団が一九〇〇年以降、継続的に米国内に存在してきたことなどを示す文書を提出することが義務づけられている（Bureau of Indian Affairs 2015）。なお、後述するパスクア・ヤキの連邦認定の時点では、インディアン局ではなく連邦議会における審議と判断がなされていた。

本章執筆時において連邦認定トライブの数は五六七である。文化を共有する一つの先住民族が一トライブと見なされることもあるが、複数の先住民族が一つの認定トライブにまとめられたり、一つの先住民族が複数のトライブに分割されたりする場合もある。

(2) 州認定トライブ

次に州認定トライブについて解説する。米国のいくつかの州は連邦とは別に州としてトライブを認定している。州認定のトライブの法的地位や彼らに与えられる権利は各州政府によって定められており、州政府によっては保留地が設けられることもある。さらに、連邦政府による連邦認定トライブへの住宅補助、食糧支援、奨学金といった支援を定めた法律の一部では、州認定トライブも支援の対象とすることが規定されており、州認定トライブ政府や州認定トライブの構成員にも利益をもたらしている（藤田 二〇一三）。全米州議員協議会のウェブサイト[1]には、一一州の認定する計六〇の州認定トライブからなるリストが掲載されている。リストに含まれていない州認定トライブの数を含めると、実際にはさらに多くのトライブが州政府から認定を受けている。州認定を足がかりとして、連邦政府からの認定を目指すトライブも少なくないが、州政府からの認定は連邦認定トライブとなるための前提条件ではない（藤田 二〇一三）。なお、多くの集団が認定を求めているため、連邦および州認定トライブの数は毎年緩やかに増加している。

(3) 米国内のヤキ人口

連邦認定および州認定トライブは、トライブ構成員、すなわちトライブに所属する個人を認定する基準を設定し、審査を行う。多くのトライブは「血統の割合」を満たす者のみを構成員としている。「血統の割合」とは、ある時点でそのトライブに所属していた人々を「血統の割合一〇〇%」と見なした場合、その個人が何%の血統を受け継いでいるか算出したものである。本章執筆時において、パスクア・ヤキ政府は構成員に四分の一の血統の割合を構成員に求めているが、テキサス・バンド政府は一人でもヤキの人物（メキシコ側に居住しているヤキを含む）を祖先に持っていることを証明できれば所属を認めている。

パスクア・ヤキが運営するカジノのウェブサイトによると、現在同トライブの構成員はおよそ一万七千人である。[2]一方、テキサス・バンドには本章執筆時でおよそ九五〇人が属している（テキサス・バンド政府の代表者による）。両者を合わせると、現在米国内に居住するヤキはおよそ二万人であるが、「血統の割合」が規定を下回ったり、祖先がヤキであることを示す書類が入手できなかったりする人々が両トライブの構成員となれない点を考慮すると、実際のヤキ人口はさらに大きいと推測される。米国の国勢調査では「先住民の人々の数」として先住民族の一員だと自認する者の数を示しており、二〇一〇年の国勢調査では米国内の約三万三千人がヤキだと回答した。[3]なお、メキシコには米国のトライブのような政治的まとまりは存在しないが、ヤキは主に八つの集落に分かれて生活している。メキシコのヤキの居住地域であるソノラ州のウェブサイトによれば、二〇一四年における同州内のヤキ人口はおよそ約三万三千人であった。[4]

3　パスクア・ヤキの歴史を伝える資料

本節では、パスクア・ヤキが越境してから一九七八年に連邦政府によってトライブ認定を受けるまでの間、彼らの体験が誰によってどのように記されたか紹介するとともに、連邦政府によるトライブ認定ではどのような資料が参照されたか述べる。なお本文中では、連邦認定以前にアリゾナ州に住んでいたヤキを「アリゾナのヤキ」、認定後の集団を「パスクア・ヤキ」と記す。

(1)　二〇世紀初頭までのアリゾナのヤキの歴史に関する記録

一九五九年に発刊された『ヤキの神話と伝説』には、文化人類学者のルス・ワーナー・ギディングスが米国とメキシコのヤキ集落で収集した伝承が収められている。メキシコで生まれた後アリゾナに移住したヤキであるルーカス・

チャベスという人物から、ギディングスが聞き取ったヤキの創世神話によると、彼らの祖先はピマやパパゴといった他の先住民族の祖先でもあるスーレと呼ばれる人々であった（Giddings 1959）。ピマとパパゴはアキメル・オータム、トオノ・オータムとも呼ばれ、米国とメキシコの国境地域に現存する先住民族であり、いくつかのトライブに分かれて連邦政府からの認定を受けている。

ヤキがいつから現在の姿になったかを明確に論じることは難しいものの、ヨーロッパからの到来者が初めてヤキの人々と出会った一五三三年には彼らの言語や文化は確立していた。一七世紀にヤキ集落を訪れたキリスト教宣教師もヤキの文化や社会についての記録を残している。現在の米国領内のヤキに関する最も古い文書は、現在の米国・メキシコ国境からわずか三五キロの距離にあるトゥマカコリ宣教村の記録である。記録によると、一八世紀末にわずかな数ではあるが同宣教村にヤキの人々が暮らしていた。連邦政府が現在の米国・メキシコ国境地帯の実態調査に乗り出した一八六一年までには宣教村は廃墟となっており、同宣教村を離れたヤキの人々がどこに移動し、どのように生活したかは明らかでない。なお、米国・メキシコ国境の位置が確定し、現在のパスクア・ヤキ保留地が位置するアリゾナ州南部が米国領となったのは一八五三年であるため、ヤキが宣教村に住んでいたころの同地域はメキシコ領内にあったといえる（水谷 二〇一二）。

ディアス独裁政権下のメキシコでは、政府がヤキの伝統的な居住地域の土地収用を試み、ヤキの人々を奴隷に近い労働力として利用しようとしたため、多くのヤキが米国へ越境した（水谷 二〇一二）。結果として、一九四七年までには約二三〇〇が国境に接するアリゾナ州で暮らすようになった（Spicer 1980）。いったん途切れたヤキに関する記録の数は、この時期に劇的に増加し

写真 5-1　パスクア・ヤキ政府前に掲げられたヤキの旗と米国の旗（米国アリゾナ州トゥーソン市で 2010 年 9 月撮影。パスクア・ヤキ政府の許可を得たうえで掲載）

た。一九世紀から二〇世紀の記事がデータベース化されている米国内の主要な新聞六紙の報道を見ると、ヤキに関する報道はディアス政権下で彼らが迫害された一八九九年から一九一五年までに集中しているのである。しかし報道された内容は、メキシコ国内でのメキシコ政府とヤキの武力衝突に関するものが多数であり、それによって米国に逃れたヤキの生活を報じた記事は少なかった（水谷 二〇一二）。

(2) 二〇世紀のアリゾナのヤキの体験に関する記録

一九一五年以降、新聞報道をはじめとしてアリゾナのヤキに関して他者が記した資料の数は再び減少する。彼らの集団的な体験について他者からの記録が再度見られるようになるのは、連邦トライブ認定に向けた活動が徐々に高まりを見せる一九五〇年代である（水谷 二〇一二）。

書籍として出版された二人のヤキ男性の自伝は、集団的な歴史が書き残されていない時期のアリゾナのヤキの生活や体験を推測するための大きな手がかりとなっている。一八九六年生まれのロサリオ・モイセスと一九〇四年生まれのレフヒオ・サバラは、メキシコで生まれた後に迫害を理由として米国のアリゾナ州に移住した。米国内で難民化したまま生活していた二〇世紀前半のアリゾナのヤキが教育を受ける機会は限られていたものの（水谷 二〇一二）、モイセスとサバラは米国で研究者の助けを得ながら自らの人生と彼らを取り巻いたヤキの人々の暮らしについて書き残した。

モイセスの自伝である『あるヤキの人生――一人のヤキ・インディアンの個人史』（以下『あるヤキの人生』）によると、彼は一九〇六年に一〇歳で越境した。彼は、家族が米国の入国審査官に質問されて困っていると、通りがかったメキシコ人運転手が口裏を合わせて入国を手助けしてくれた、というエピソードを紹介している（Moisés et al. 1971）。モイセスは、アリゾナ州で育った後、各地で配管工や大工など多様な賃金労働に携わったが、一九三二年にメキシコのヤキ集落に戻って農林業に従事した。一九五〇年に彼は再び米国に渡ってテキサス州に自宅を構え、親族と交流したりヤキの儀礼に参加したりするためにメキシコとアリゾナのヤキ集落を訪問しながら生活した（Moisés et al. 1971）。一方、サバラの自伝である『ヤキ詩人の自伝』によると、彼は一歳だった一九〇五年に、荷を積んだ祖父の所有するロバとともに両親に抱かれてアリゾナに渡った（Savala 1980）。サバラは、長年にわたって米国内のさまざまな鉄道建設現場を転々としながら暮らした後、一九四四年ごろにアリゾナに戻った（Savala 1980）。彼らの体験から推測すると、二〇世紀前半のアリゾナのヤキの男性の多くは、米国内で働く場を求めて移動しながら生活していたことが分かる。さらに、米国とメキシコの集落の間をヤキの人々がひんぱんに往来していたことが推測できる。

それでは同時期にアリゾナのヤキ女性はどのような生活を送っていたのだろうか。研究者のジェーン・ホルデン・ケリーがまとめた『ヤキ女性——現代のライフヒストリー』（以下『ヤキ女性』）には、当時の様子が示されている。ケリーはヤキでないものの、モイセスの自伝執筆を助けた研究者の娘として生まれたことから、生涯にわたってヤキの人々と交流を続けた人物である。ケリーが直接聞き取った四人のヤキ女性の体験からは、ヤキ男性が仕事を求めて集落を離れている間、女性は家を守る一方で、洗濯の代行や屋台での食品販売、ホテルのメイド、病院の受付係といった仕事に就いて、現金収入を得ていたことが分かる。さらにこの本では、アルコール依存症や麻薬乱用、貧困など、当時のアリゾナのヤキ集落が抱えていた問題の解決に取り組んでいたヤキ女性もいたことが指摘されている。また、サバラやモイセスと同様に、米国とメキシコのヤキ集落を往来していた女性もいることから、ヤキの国境を越えた集落間の交流は、男女を問わずさかんであったことが分かる（Kelley 1978）。

(3) 研究者の記したアリゾナのヤキの諸相

一九三〇年代半ばから四〇年にわたって米国とメキシコのヤキに関する調査を行った文化人類学者のエドワード・ホランド・スパイサーの著作には、ヤキの集団的な歴史に関する多くの情報が含まれている。彼の多くの著作のうち、一九四〇年出版の初の著書である『パスクア——アリゾナのヤキの村』（以下『パスクア』）には、アリゾナに複数あるヤキ集落のうち一つに焦点が絞られ、メキシコからの移住から間もない時期のアリゾナのヤキ集落における親族関係、経済状態、宗教的儀礼といった基本的な情報がまとめられている。また、メキシコに住む人々を含めたヤキ全体の歴史の概略も記されている(Spicer 1940)。

一九八〇年出版の『ヤキ――ある文化史』には、現在の米国とメキシコに広がる居住地域におけるヤキの一七世紀以降の体験が年代順に記されるとともに、「(苦難に)耐える民族」としてのヤキの集団的体験や民族的アイデンティティが、米国内の他の先住民族や、バスクやウェールズといった他国の少数民族と比較された(Spicer 1980)。現在では、本書はヤキの歴史を学ぶための資料として、ヤキ自身も含む多くの人々に利用されている。

そしてスパイサーの遺稿を二人の文化人類学者が編集した一九八八年出版の『パスクアの人々』では、スパイサーが一九三六年から五年間にわたってアリゾナのヤキ集落で行った複数のインタビューをもとに、ヤキがアリゾナで文化を再興させた過程や、他のエスニック集団との接触が彼らの社会にもたらした変化が描かれた(Spicer 1988)。

(4) 連邦政府のトライブ認定と研究者の記した資料

二〇一五年六月に内務省インディアン局によって制度が改定されるまで、連邦政府によるトライブ認定の際に参照された資料や議論の内容の大部分は公開されず、認定に至る過程は不透明であった(Bureau of Indian Affairs 2015)。パスクア・ヤキ・トライブの連邦認定については、彼らをトライブと定めた連邦制定法が施行される前年の一九七七年に開かれた議会での公聴会の資料が、議論の一端を垣間見ることのできる数少ない資料である。

資料によれば、上院インディアン問題特別委員会の委員長であったジェームス・アビュレスクの公聴会冒頭の挨拶や、アリゾナ州の上院議員であったデニス・デ・コンシーニの意見書において、ヤキは現在の米国南西部とメキシコ北西部に当たる地域に太古の昔から居住してきたと説明された。そしてアリゾナのヤキの代表者であったアンセルモ・バレンシアが、ヤキは現在の米国・メキシコ国境が引かれる前から先住民族として長く独自の言語と文化を守り、現在はアリゾナ州内に土地を得て生活していることを話した（U. S. Senate 1977）。

公聴会ではスパイサーが送った意見書も読み上げられた。スパイサーは意見書のなかで、トゥマカコリ宣教村にヤキが居住していた歴史や、アリゾナのヤキ集落が自治組織によって管理されている事実、そして集落ではヤキ文化が保たれてきたことを根拠として、パスクア・ヤキのトライブとしての認定は妥当だと主張した。また、アリゾナのヤキの集落の歴史や文化についての詳細は『パスクア』を参照するよう求めた（U. S. Senate 1977）。公聴会で述べられた意見や提出された書類をもとに、連邦政府はアリゾナのヤキを連邦政府認定のパスクア・ヤキ・トライブとする判断を下した。

公聴会の開かれた一九七七年においては、スパイサーの『パスクア』だけでなく、モイセスの『あるヤキの人生』もすでに発刊されていた。しかし、認定の行方に大きく影響する公聴会の場で『あるヤキの人生』がまったく取り上げられなかった事実からは、当事者であるヤキの視点から捉えられたアリゾナでの生活に関する資料は連邦政府には重要視されなかったことが推測できる。米国内のトライブ認定の比較研究を行っている歴史学者のマーク・エドウィン・ミラーも、当初パスクア・ヤキのトライブ認定に難色を示していた連邦政府が結果的に認定を下したのは、アリゾナのヤキの歴史や文化を記したのが米国南西部の先住民族に関する研究の権威とされていたスパイサーであったためだと分析している（Miller 2004）。なお、トゥマカコリにおけるヤキの居住の歴史に関する情報は、すでに出版されていた『パスクア』ではなく、公聴会の三年後にあたる一九八〇年に出版された『ヤキ――ある文化史』に記載されており、公聴会の時点では意見書で触れられていたのみであった。この点からは、連邦政府は研究者の記した意見書を出版物と同様に重要な資料だと考えたことが分かる。

ヤキの連邦政府による認定において、重要な意味を持ったと考えられている出版物がもう一つある。それは、一九六八年に第一作が発売され、世界的な大ヒット作となったカルロス・カスタネダによる著作である。ドン・ファンというヤキの人物を主人公としたカスタネダのフィクション小説は、当初は学術書として販売され、カスタネダ自の一九七七年に発売されたシリーズ第五作では、メキシコで栄えたトルテカ文明とヤキ文化のつながりが示唆された身も文化人類学者と称していた（水谷 二〇一二）。なお、パスクア・ヤキが連邦政府からトライブ認定を受ける前年（Castile 2002）。

連邦政府のインディアン政策全般に対して文化人類学的な見地から論じた研究者のジョージ・ピエール・キャスタイルは、パスクア・ヤキの認定プロセスについても複数の出版物で論じている。キャスタイルの指摘によると、上院インディアン問題特別委員会委員長のアビュレスクが、パスクア・ヤキの認定に関連する書類にヤキがトルテカ文明を支えた民族の末裔だと記している。また、パスクア・ヤキの認定に携わった上院議院のデ・コンシーニは、ヤキの祖先が建てた遺跡が米国南西部に見られると書いている。それらの意見は、米国内の先住民族とヤキのつながりを示すものとして、パスクア・ヤキの認定の追い風となったものの、学術的に裏づけられてはいない。キャスタイルの論では、両者が上記のような記述を残したのは、カスタネダのフィクション小説を学術書だと信じて参照したためであった（Castile 2002）。同書の内容の信憑性が十分に検討されなかった点からも、連邦政府が資料の内容そのものよりも、著者が研究者であるか否かを重要視していた状況が分かる。

(5) 連邦政府で参照された資料、されなかった資料

上記のように、連邦政府によるパスクア・ヤキのトライブ認定においては、研究者の記述が彼らの集団的な歴史を示す資料として優先的に使われた。研究者、そしてそのなかでもスパイサーでなくては提示できなかった事項が多いことは確かであろう。公聴会で示されたトゥマカコリ宣教村にヤキが居住していた歴史は、トゥマカコリ宣教村に住んでいたヤキがパスクア・ヤキの直接的な祖先でないことを考慮すると、スパイサーが資料館で古い文書を探し出したうえで示す以外に方法がなかったと考えられる。加えて、アリゾナのヤキ集落が自治組織によって管理されている点についても、アリゾナのヤキが集団的な土地獲得運動を起こした時期にスパイサーはアリゾナのヤキ集落近くに住

んでおり、その活動をつぶさに見ていたことから、詳しい記述を残すことができた。

一方で、ヤキが文化や社会を存続してきた点や、彼らの文化が米国内の他の先住民族の文化とつながりを持っていた点は、アリゾナのヤキの半生を記した本をもって裏づけることも可能であったように思われる。アリゾナの集落でヤキ文化が保たれてきた点は、スパイサーの『パスクア』にも記されているものの、モイセスによる『あるヤキの人生』にさらに詳しく記述されている。ヤキの創生神話も、彼らがアキメル・オータムやトオノ・オータムと祖先を共有する民族だと考えていることを示している。さらに、ヤキとこれら二つの民族の持つ言語は同じユト・アステカ語族に属し、これらの民族間のつながりを示している。そして『ヤキの神話と伝説』には、メキシコ側の集落の一つであるココリに住むアンブロシオ・カストロの語った「ヤキとピマの戦争」という伝承も収められており、その内容はヤキとアキメル・オータムの間に交流があったことを示している（Giddings 1959）。ヤキが歴史的に長く存続してきた点や、彼らと米国の南西部における他の先住民族のつながりは、トルテカ文明よりもアキメル・オータムやトオノ・オータムを引き合いに出した方が、むしろうまく説明できたのではなかろうか。

写真 5-2　パスクア・ヤキ政府の運営する図書館兼資料館（米国アリゾナ州トゥーソン市、2014 年 3 月撮影。パスクア・ヤキ政府の許可を得たうえで掲載）

(6)　パスクア・ヤキの歴史に関する資料の保存と継承

ここまで、パスクア・ヤキの歴史に関する資料のうち、出版物としてまとめられたものを中心に述べてきた。しかし、出版物以外の形でもパスクア・ヤキの歴史は継承されている。各家庭や集落内においては口頭で、個人および集団レベルでの過去の体験が語り継がれ、彼らの歴史に関連する資料が保管されてきた。そしてパスクア・ヤキ政府には、ヤキ固有の言語や文化の保護にあたる部門や、彼らに関する出版物や重要な文書の保管を担当する部門が設置されているうえ、パスクア・ヤキの人々が運営する非営利団体の所有する博物館も工芸品の保存や展示活動を行っている。これらの機関は、集落内の個人宅で保管されてきた写真や文書の保管にも取り組んでいる。パスクア・ヤキが文化や社会を存続させ、トライブとしての集団的な歴史を次世代に伝えていくためには、これらの資料の保存やトライブ内での共有はきわめて重要だと考えられる。また、連邦政府によるパスクア・ヤキのトライブ認定が下された一九七八年以降に発刊されたアリゾナにおけるヤキの半生やライフヒストリーを収めた書籍の数々も、パスクア・ヤキの存続に役立てられてゆくことであろう。

4 テキサス・バンドの歴史を伝える資料

パスクア・ヤキとして連邦政府からトライブ認定を受けた際、トライブ構成員となることを許可されたのは、アリゾナ州内に居住するヤキであった。実際にはアリゾナ以外の州にもヤキの人々は多く生活していたものの、彼らの存在は長い間知られてこなかった（水谷 二〇一二）。そのようなヤキの一部であるテキサス・バンドの場合、テキサス州政府によるトライブ認定においては、どのような歴史に関する資料が参照されたであろうか。私は二〇〇九年以降、テキサス・バンドの人々が自らの歴史に関する資料を収集し、州政府からトライブとして認定されるまでの様子を見てきた。本節ではその様子を紹介する。なお、パスクア・ヤキに関する記述と同様に、本節は州政府からのトライブ認定を受けるまでにテキサスに居住していたヤキの集団を「テキサスのヤキ」、認定以降の集団を「テキサス・バンド」と呼ぶ。

(1) 祖先に関する資料の収集

テキサスのヤキの人々は、アリゾナのヤキと同様に、ディアス政権下のメキシコで起こった迫害から米国に逃れた。本章執筆時にテキサス・バンドの代表を務めるイズ・ラミレスの家族に語り継がれてきた情報によると、現在のメキシコ北部に居住していた彼の祖先を含むヤキの集団は、メキシコ軍からの迫害を避けるために一八四〇年代に移動を始め、一八六七年までに国境を越えてテキサス州に辿り着いた。当時のアメリカ・メキシコ国境を越えた往来は現在よりも格段に容易であったため、メキシコ兵が米国まで追ってくることを恐れて、彼らは米国内でヤキであることを隠して生活した（水谷 二〇一二）。

ラミレスは、自らの家族に関する記録を収集する過程で、同じように「自らの祖先もヤキであったと聞いている」と話す人々と知り合うようになり、州の認定を求める活動を開始した。私はテキサスのヤキと交流のあったパスクア・ヤキの人物を通じて彼らと知り合い、彼らの祖先に関する記録探しに同行することになった。

写真 5-3　フォート・デービスの博物館における展示（米国テキサス州フォート・デービス市、2011年２月撮影）

二〇一一年、祖先に関する資料収集のために、ラミレス一家の祖先が住んでいたとされる、テキサス州南西部に位置するフォート・デービスという小さな町を訪れた。町内の中央には、一九世紀に使われていた砦が国立史跡として保存されている。史跡の事務所には、砦で働いていた民間人の給与を記した帳簿や、砦の売店の会計簿が残されていたが、それらのなかにラミレスの祖先に関するものは見られなかった。史跡職員から、砦の敷地内に住んでいた者は一部で、民間人は砦の外の集落で暮らしていたと聞き、私たちは砦の外でラミレス家に伝わる情報と一致する場所や物が存在するか調べることにした。この町には代々牧畜業を営んでいる家族が多く、彼らは町の歴史にも詳しかった。ラミレスの祖先がダンスホールを経営していたと住民の一人に話したところ、昔ダンスホールがあったとされる場所を教えてくれた。ただし、そこには日干煉瓦の建物の土台しか残っておらず、ダンスホール跡であることを確実に示す資料を見つけることはできなかった。

フォート・デービスには、歴史協会が運営する博物館がある。もとは郵便局だという小さな一軒家には、開拓時代に使われた家具や古い写真が展示されている。テキサスのヤキが寄贈した、彼らの祖先がテキサス州内で生活していたことを示す文書の複製や、ヤキ文化の踊りに用いる仮面も、この町の歴史を示す資料として展示されていた。ラミレスはその博物館で、自身の家族を含むテキサスのヤキに関する講演を行った。講演を聞きに集った二〇人ほどの住民たちは、各家族に伝わる話のなかでヤキに関連しそうなものを口々に話し始めた。しかし、州政府の認定に利用できるような具体性を備えた情報は得られなかった。

(2) テキサス・ヤキの認定と個人の歴史に関する資料

フォート・デービスへの訪問の後、私は付近の大学の資料館を訪ねて古い文書を調査することにした。保管されていた資料のなかに地域の教会の記録があった。住民の誕生、洗礼、結婚といった情報が記されたページをめくっていくと、一八八一年四月の記録のなかに、フォート・デービスの住民の代父（キリスト教における疑似的な親族関係）として、ラミレスの祖先の名前が記されていた。この文書は、ラミレスの祖先がこの町に実在した人物であることを示す書類として、テキサス・バンドが州認定を求めた際の提出資料の一つとなった。連邦政府による認定の場合、認定の経緯や議論は非公開であっても、公聴会の記録をはじめとして、その内容を推測することのできる資料が存在する。しかしテキサス州政府によるトライブ認定については、その経緯や議論は非公開であるうえ、その内容を窺い知ることのできる手がかりがほとんどない。ただし、パスクア・ヤキのケースとは違って、テキサス・バンドが研究者によって集団的な歴史がまったく書かれていない状況で州政府によるトライブ認定に挑んだことを考えると、上に示したラミレスの祖先の記録をはじめとして、彼らの直接的な祖先にあたる個人の歴史を示す書類が主要な参考資料となったのであろう。

テキサス・バンドの人々は、州政府によるトライブ認定後も、それぞれの家族に伝わる過去の体験を裏づける資料を結びつけて、集団としての歴史を再構築しようとしている。集団としての歴史はインターネット上で公開され、随時更新されている。しかしインターネット上には、他者によって集団としての歴史が記されてこなかったテキサス・バンドがヤキの集団であることを疑う書き込みも見られ、彼らが集団的な歴史を対外的に提示することが時に難しい実状を示している。

テキサス州政府からの認定を受けた後、テキサス・バンドは、連邦政府からのトライブ認定を受けるための申請を行った。その際に添付された資料のなかには、テキサス州からトライブ認定を受けた五ヶ月後にあたる二〇一五年一〇月にメキシコの八つのヤキ集落をとりまとめるビカム集落の代表者からテキサス・バンドに届いた手紙が含まれていた。この手紙のなかで、ビカムの代表者は、テキサス・バンドを地理的に遠い場所に住みながらも同じ民族に属する集団であると述べている。この手紙は、他のヤキの集団がテキサス・バンドをヤキであると認めている事実を示したが、その内容には他の資料や研究者による調査の裏づけがない。この手紙がテキサス・バンドの歴史を証明する資料だと連邦政府から認められるのかどうかは、今後、連邦政府によるトライブ認定の過程を示す文書が公開されてゆけば明らかになると考えられる。

5　歴史の提示と解釈

本章で取り上げた二つのトライブの認定の過程を比較すると、パスクア・ヤキの連邦政府の認定においては、研究者によって記された集団的な歴史に関する文献が重要視されたが、テキサス・バンドの州政府による認定においては、個人の歴史に関する記録と、そのような記録を積み上げて彼ら自身がまとめた集団としての歴史が参照されたことが分かる。この違いは、パスクア・ヤキが連邦政府、テキサス・バンドが州政府によって認定されたために生じた可能性もある。

一方で、パスクア・ヤキが連邦政府から認定を受けた年から、テキサス・バンドが州政府から認定を受けるまでの三七年の間に、先住民族の法的、政治的事項を議論する場において、先住民が歴史を論じる重要性に対する理解が進んだことも理由として挙げられる。米国では近年、当事者として歴史を論じることのできる先住民の研究者が増加しているが、歴史を裏づける資料の多様性を指摘した彼らの研究は、上記のような理解の深まりに寄与しているのだ。もちろん、テキサス・バンドの部分で述べた通り、先住民以外の人物によって歴史が検証されているかどうかを気にかける人々が多いことも事実である。しかし、当事者である先住民の人々がつむぐ歴史を反映した資料は、今後も法的、政治的事項を論じる場において重要性を増していくと予想される。[5]

注

1 National Conference of State Legislatures. "Federal and State Recognized Tribes" http://www.ncsl.org/research/state-tribal-institute/list-of-federal-and-state-recognized-tribes.aspx#State（二〇一七年一月二三日閲覧）

2 Casino del Sol Resort. "About Us" http://casinodelsol.com/about-us（二〇一七年一月二三日閲覧）

3 Norris, T., P. L. Vines and E. M. Hoeffel 2012. "The American Indian and Alaska Native Population 2010" Washington D.C.: U.S. Department of Commerce, Economics and Statistics Administration. https://www.census.gov/prod/cen2010/briefs/c2010br-10.pdf（二〇一七年一月二三日閲覧）

4 Gobierno del Estado de Sonora. "Yaquis." http://www.sonora.gob.mx/conoce-sonora/cultura-sonorense/etnias-en-sonora/yaquis/103-conoce-sonora/etnias.html（二〇一七年一月二三日閲覧）

5 本章に関わる調査は平成二三年度財団法人高梨学術奨励基金の助成を受けて実施された。また、内容の一部は"Being recognized as indigenous people in the contemporary U.S.: Analysis of the Texas Yaquis' petition for state recognition in 2013"としてInternational Union of Anthropological and Ethnological Sciences Conferenceで口頭発表された。

参考文献

藤田尚則　二〇一三『アメリカ・インディアン法研究二　国内の従属国』北樹出版。

水谷裕佳　二〇一二『先住民パスクア・ヤキの米国編入――越境と認定』北海道大学出版会。

Bureau of Indian Affairs 2015. 25 CFR Part 83. Federal Acknowledgement of American Indian Tribes.

Castile, G. P. 2002. Yaquis, Edward H. Spicer, and Federal Indian Policy: From Immigrants to Native Americans. *Journal of the Southwest* 44 (4): 383-435.

Giddings, R. W.（edited by H. Behn）1959. *Yaqui Myths and Legends*. Tucson: University of Arizona Press.

Kelley, J. H. 1978. *Yaqui Woman: Contemporary Life Histories*. Lincoln: University of Nebraska Press.

Miller, M. E. 2004. *Forgotten Tribes: Unrecognized Indians and the Federal Acknowledgment Process*. Lincoln: University of Nebraska Press.

Moisés, R., J. H. Kelley and W. C. Holden 1971. *A Yaqui Life: The Personal Chronicle of a Yaqui Indian*. Lincoln: University of Nebraska Press.（初版は *The Tall Candle: The Personal Chronicle of a Yaqui Indian* として発刊）

Savala, R.（edited by K. M. Sands）1980. *Autobiography of a Yaqui Poet*. Tucson: University of Arizona Press.

Spicer, E. H. 1940. *Pascua: A Yaqui Village in Arizona*. Tucson: University of Arizona Press.

Spicer, E. H.（edited by Kathleen M. Sands and R. B. Spicer）1980. *The Yaquis: A Cultural History*. Tucson: The University of Arizona Press.

Spicer, E. H. 1988. *People of Pascua*. Tucson: The University of Arizona Press.

U. S. Senate. Trust Status for the Pascua Yaqui Indians of Arizona: Hearing Before the United States Senate, Select Committee on Indians Affairs, Ninety-fifth Congress, First Session, on S. 1633. September 27, 1977.

【コラム④】学問の負の遺産
アイヌ民族の遺骨返還をめぐって

アンエリス・ルアレン
（中村歩訳）

我々の宗教とは、祖先の伝統そのものだ
（チーフ・シアトル）

先住民族の祖先の亡骸を学問がどう扱うかは、厳しく倫理感が問われるテーマの一つだ。

二〇一六年、日本の新聞紙上は、アイヌ民族の遺骨返還をめぐる事態が急展開しつつあることを報じた。アイヌ民族子弟五名（原告）と北海道大学（被告）の間で争われた『遺骨返還等請求訴訟』は同年三月、札幌地裁において両者の和解が成立した。同年七月には実際に北大からアイヌ民族の祖先の遺骨と副葬品が返還され、故郷浦河町杵臼にてその魂を送る儀式が執り行われた。発掘調査という名目で、道内各地において何の相談も報告もなく祖先の墓を掘り起こし、学問の名のもとに研究材料として祖先の尊厳を蹂躙・剥奪し、倉庫の棚に放置してきた研究機関と研究者の責任を裁判は認め、大学に対し、一二体を故郷へ返還し、詳細情報を開示させることで和解した。今まで不当に扱われてきた先住民族の歴史を鑑みると、先住民族の人権は学問の自由と価値にまさる、という当たり前のことが認められた、この和解の持つ意味は大きい。

また、今回の遺骨返還訴訟で見逃してならない点は、この和解が及ぶ範囲は、持ち去られた遺骨全体のほんの一部でしかないということだ。重要な点は、今回対象となる遺骨一二体の背後に、その他北大内に保管されている一千体以上のアイヌ祖先の遺骨が存在し、その他の旧帝国大学などが所持する約六〇〇体、それ以外の研究機関や博物館収集によって持ち去られた膨大な数の遺骨があるという事実である。それらは弔いの予定や行き場もないまま各地に無造作に存在し、詳細情報すらアイヌ側に伝えられていない。それら残りの祖先を取り戻すためには、個別の交渉や訴訟を気の遠くなるほどの時間と手間をかけて進めるしかない。現状はアイヌ側にとってあまりにも厳しい、といえよう。

このような日本の国内状況と比較し、今後の可能性を示唆するうえで、私が暮らす南カリフォルニアの地元先住民族の遺骨返還事情について具体的な事例を紹介してみよう。フレディ・ロメロ氏（サンタ・イネズ・チュマッシュ・トライブ政府長老会議直属文化資源コーディネーター）と、ウェンディー・ティーター博士（カリフォルニア大学ロサンゼルス校UCLAファウラー文化歴史博物館考古学学芸員、アメリカ先住民族学部教授）という、先住民族側と大学側双方へのインタビューをもとに、一九九〇年に制定されたアメリカ先住民族遺骨返還に特化した法律とあわせて、彼らの見解を以下に要約したい。

通称NAGPRA（Native American Graves Protection and Repatriation Act：アメリカ先住民族墓地保護と返還に関する法律）と呼ばれるこの法律は、連邦政府から資金を得ている機関や博物館に対し、収蔵するアメリカ先住民族の埋葬品や遺骨を直系の遺族や関係する先住民族に返還する義務を課した法律である。長老ロメロ氏はまさにトライブ側の窓口としてNAGPRAに関わる政府機関や研究者との交渉を担当する遺骨返還のスペシャリストであり、ティーター教授は、大学内のNAGPRA委員会代表を一九九七年より務め、UCLAに収蔵されている先住民族の遺骨返還に関する提案、受付、交渉、返還を受け持つ専門家だ。

NAGPRAがもたらした利点についてロメロ氏の指摘した点は、祖先についての詳細情報の把握権と、その取扱いについての自己決定権の行使である。発掘研究にまつわる暗い噂として聞かされてきた、そしてどんな状態にあるのかすら隠蔽されてきた祖先の実態を把握し、自分たちの都合やしきたりに従い方針を決め、弔うことができる、という権利状況こそが、返還交渉の原動力となる。たとえすべての祖先を一度に返還できないとしても、人類学・医学・DNA研究などによって祖先の遺体を削り、切り刻むような行為を、小規模にしたり遅延させることができる点も大きい。最新の研究計画は、ロメロ氏らの先住民族側のコンサルタントと同意を前提とすることが必要とされ、大学側と先住民族側の相互の連携や相互理解交流が不可欠となっている点も付け加えておきたい。個別の研究計画について同意ができないときに、法律を根拠としてトライブの意思と希望が主張でき、保証される。

一方、ティーター教授によって指摘された大学側の変化とは、UCLAのNAGPRA委員会の構成員と彼らの意識の変化である。以前の委員は、過去に発掘された遺骨や副葬品だけを研究し、現在生存している遺族や当該先住民族コミュニティと接することのない考古学者や人類学者、医療解剖学関係者に限られる傾向があった。一方現在の委員は、アメリカ先住民族学部や文化人類学部の研究者、さらにアメリカインディアンの弁護士や研究者で構成され、遺族や当該先住民族の意向を運営に反映していくことに力を注いでいる。つまり、アメリカ合衆国という、もともとインディアンの大地に成立した国で、委員会の一つの決定が、どれだけ現在の当該先住民族に影響を及ぼすかに自覚的であるかが求められている。さらに、彼らのような研究者たちは現状として、多大な研究費や研究機会をUCLAにもたらしており、対して旧態の考古学は、地元の先住民族を尊重しない研究や反感を生む研究を押し進めることによって、大学自体に大きな財政的政治的損失を与えている。

ティーター教授によれば、現在のNAGPRAの関係者の研究倫理は、新たな枠組みを定着させた。つまり、以前研究者は、祖先の遺体や遺骨に触れることができるという特権について「研究（者）の自由と権利」と考えてきたが、先住民族自身にとって、祖先の遺体に触れ、その管轄権や管理権を主張・要求していくことはむしろ、欠くことのできない「権利」である、と。ゆえに彼女はよりストレートに先住民族に対して「あなたの祖先がどこへ行き、どのように扱われてしかるべきなのかは、あなたたちが決めることだ」と強調している、という。この視点は当該先住民族と共同でNAGPRAを運用していくに当たってきわめて重要な点だ。

ロメロ氏は、UCLAとの間で進行中の遺骨返還交渉の具体的事例を以下のように紹介した。チュマッシュ祖先の遺骨だけで一千体以上になるその返還プロジェクトは交渉が始まってから二年半が経過し、連邦政府非認定のチュマッシュ・グループやタタヴィアン、トングヴァなども参加する非常に大きなものとなった。本来NAGPRAの規定によれば、法律の対象となるのは連邦政府認定トライブ（一般的に居留区地を持つ）だけであるが、今回のそれは政府から認知されていない非認定トライブも含めたプロジェクトである。概してトライブ側の最終的なゴールは遺骨を取り戻し、伝統に即した再埋葬をもって先祖の魂を弔うことであるが、この点についてもUCLAは、通常再埋葬地や居留地を持たない非認定トライブが納得できるような解決策、つまり、大学側が再埋葬にふさわしい土地をサンタ・モニカ・マウンテンに用意購入し、トライブ側に寄付する、というアイディアを実行した。ロメロ氏が繰り返し強調した点は、このような大規模の遺骨返還交渉を認定・非認定トライブが一堂に会し、推進するためには、大学側にウェンディ・ティーター博士のような先住民族に対して真摯な精神と誠実で尊敬の念を持った研究者の存在が、非常に大きな役割を果たしている、ということだ。

最後になるが、この短いコラムの意義を察したティーター博士は日本の読者、とくにアイヌ民族に対し、次の事実と提案を投げかけた。

「二〇世紀にジョセフ・バードゼル氏が北海道から収集した一体のアイヌ男性（推定三五～五〇歳）の祖先の遺体が、UCLAファウラー博物館に所蔵されている。北海道胆振地方虻田郡振内にて、オタニベ氏によって一九〇九年五月に収集されたという記録がある。NAGPRAは国外の先住民族を対象としていないが、ファウラー博物館はアイヌ祖先の遺骨返還に対して門戸を開いている。それがNAGPRAに依拠した現在のアメリカ博物館研究一般の基本的な姿勢であり、大学や博物館の倉庫の棚に保管されているよりも、それを必要とし、重要だと考えている当該先住民族のコミュニティへ返還していく方が意義があると、博物館自体が考えるようになったからだ。」

海外からの遺骨返還への関心が集まるなか、返還交渉が加速されることを期待したい。その際には、グローバルな先住民族研究倫理の深化に国内の政治や行政および研究機関が真摯に学び歩調を合わせることが重要である。また、先住民族の権利実現、そして謝罪や和解のプロセスが、先住民族側への事前の充分な情報開示と合意（free, prior and informed consent）を前提として進んでいくことを願っている。

参考文献

小川隆吉、瀧澤正構成　二〇一五『おれのウチャシクマ（昔語り）——あるアイヌの戦後史』寿郎社。
ルアレン、A‐E　二〇一三「遺骨は語る——アイヌ民族と人類学倫理の考察」中村歩訳、川西英通・浪川健治編『グローバル化の中の日本史像』岩田書院、二八九—三一四頁。
Lewallen, A-E. 2007. Bones of Contention: Negotiating Anthropological Ethics within Fields of Ainu Refusal. *Critical Asian Studies* 39 (4): 509-540.

第6章　先住民化の隘路
モロッコのアマズィグ人に見る植民地遺産の継承と新たな民族観の創出

齋藤　剛

1　モロッコにおける先住民運動とアラブ、イスラーム

先住民運動は、先住民と自己規定する人々が、植民地支配や国民国家によって簒奪された諸権利の回復を求める運動であるだけでなく、国家が描き出す歴史に抗して自ら歴史を描きなおす試みでもある。だが、支配体制に抗すべく展開している運動や、そこで構想された歴史の影響は、歴史認識の「修正」に留まるものではない。それは、当事者たる民族内にもさまざまな反響を生み出すからである。本章では、アマズィグ運動という名で知られるモロッコにおける先住民運動を例として、新たな歴史観を創り出すことに関わる困難と問題点を明らかにしたい。

アマズィグ運動は、ベルベル人という名で知られてきた民族のなかから生まれてきた運動である。ベルベル人が関わる運動であるのにもかかわらずアマズィグという呼称が用いられるのは、ベルベルという呼称は、「野蛮人」を意味する古代ギリシャ・ローマ時代の「バルバロス」「バルバロイ」に由来する蔑称であると、運動主導者が見なすからである。そこで、ベルベルに代えてアマズィグ語で「高貴な人」「自由な人」という含意のある「アマズィグ」を

自称として選択するのである。ただし、この運動は一部のエリートを中心として展開してきたものであり、運動に直接関わらないベルベル人も多数存在する。そこで本章では、運動に関わる人々についてはアマズィグ人という表記を用い、必ずしも運動には関わらない一般の人々に言及する際にはベルベル人という呼称を用いる。

さて、ベルベル人は、七世紀にイスラームとアラブ人が到来する以前から北アフリカ一帯に広がって暮らしていた人々である。この点をふまえてアマズィグ人は、後着者たるアラブ人との対比において自分たちこそが北アフリカの先住民であると自認する。そして、二〇世紀中葉に独立した北アフリカ諸国がアラブ人を中心とした支配体制によって牛耳られ、アマズィグ人の言語権や教育権などが蹂躙されていると見なし、国家に異議申し立てをするのである。また、イスラームはアラブ人がアマズィグ人に強制的に押し付けた宗教と見なし、これに代えてイスラーム到来以前の多神教的宗教状況を理想と捉え、信教の自由を希求することも特徴の一つとなっている。

このようなアラブ人との差異を強調する民族観の形成は、北アフリカを植民地支配下に置いたフランスの学術・研究や民族政策に由来する。たとえば、植民地支配期のフランス人行政官はアラブ人とイスラームを強固に結びつける一方で、ベルベル人は、宗教により寛容であるという民族観を有していた。モロッコにおける運動主導者は、フランス人が培ったこのような民族観を内面化させることとなった。

今日の我々の一般的な理解からするならば、アラブとベルベルを異なる民族と捉えるのは、自明のことであると思えるかもしれない。だが古来より人々が離合集散を繰り返してきた中東における民族を定義するのは、決して簡単なことではない。たとえば、北アフリカでは七世紀にイスラームを奉じたアラブ人が到来して以降、ベルベル人とアラブ人の通婚の漸進的な進展、生活言語としてのアラビア語の浸透などの影響もあって、ベルベル人とアラブ人の混交が進んできた。またイスラーム普及後の中東においては、言語の差異を指標とした民族認識よりも、宗教的差異を基盤とした自己認識が重要であった。それゆえ、アラブ人と、アラビア語をもともと話さないベルベル人との差異は認められつつも、同じムスリム（イスラーム教徒）としての自己認識が優先されてきた。そのため、一般のベルベル人は、必ずしも運動主導者のようにイスラームを批判的に見ているわけではない。いいかえるならば、イスラームに批判的な運動展開は、運動を下支えすることが期待される一般のベルベル人たちの生活感覚や自己認識と乖離したものとなる危険性を秘めている。

アラブそしてイスラームとの対峙は、一般住民との乖離とあわせて、アマズィグ人の歴史観にも問題をもたらしている。『歴史叙述』を著した中世の著名なベルベル系の歴史家イブン・ハルドゥーンのように、イスラーム化以降のベルベル人の歴史は、ムスリムの視点から、アラビア語を用いて描かれてきた。それゆえ、アラブ人とイスラームを仮想敵としてアマズィグ人という民族を立ち上げることは、民族観のみならず、ベルベル人が継承してきた歴史観の組み替えを運動の担い手に強いる。こうしたこともあり、運動においては、ヘロドトス、プリニウスなど古代ギリシャ・ローマ時代の歴史家の叙述に依拠してイスラーム化以前のベルベル人の歴史を描くことに大きな関心が寄せられてきた（Ghambou 2010）。他方で、イスラーム化以降についてはイスラームの影響から完全に脱した歴史を描くことは困難である。そのため、可能な限りイスラームから距離をとりつつも、ムスリムとしての自負心を持つ一般住民を取り込める余地を残した歴史観の形成が求められる。これが運動の担い手が直面した困難である。

本章では、北アフリカ、西アフリカ、そしてフランスなどにおけるアマズィグ運動のなかでも、モロッコにおける運動を主たる対象とする。アルジェリアやチュニジアをはじめとする他国におけるアマズィグ運動の展開については、それぞれの国家固有の歴史や社会・政治状況をふまえた議論が別途必要となる。

以下、第二節では、ベルベル／アマズィグ人一般についての概略とアマズィグ運動の展開を素描し、第三節では、モロッコにおけるアマズィグ運動の展開と、一般住民との重なりとズレの様相を明らかにしてゆく。第四節では、植民地支配期にアルジェリアで形成されたベルベル観の特質を明らかにしたうえで、フランスによる植民地支配下で醸成された民族観がいかにしてアマズィグ運動の担い手に継承され、新たな歴史観が創り出されているのか、その問題点はどのようなものかを明らかにしてゆく。

2　ベルベル人の概要とアマズィグ運動の展開

本章では、ベルベル人一般についての概要を記す。ベルベル人は、エジプトの西部国境近くにあるスィーワ・オアシスを東端とし、リビア、チュニジア、アルジェリア、モロッコに及ぶ北アフリカ一帯と、スペイン領のカナリア諸島、さらにニジェール北部、マリ、ブルキナファソ、モーリタニアなど西アフリカにまたがって暮らしている。人口は、マグリブ諸国の場合、アルジェリアの人口の二〇%、モロッコの人口のうちの四〇~六〇%、チュニジアの人口のうちの一%を占めると考えられる。また北アフリカ、西アフリカを含めた全体で千数百万人の人口を擁すると考えられている。

ベルベル人の祖先は、少なくとも紀元前七〇〇〇年ごろにチュニジアで栄えたカプサ文化にまで遡ることができ、東地中海、ヨーロッパ、さらにサハラ方面からの人々の移動と混交のなかで今日のベルベル人へとつながる人々が形成されたと考えられる（Ilahian 2006: xxxi）。ベルベル諸語はその歴史を通じて、もっぱら話し言葉として受け継がれてきた。そのため、地域ごとに独自のベルベル系諸言語集団が形成されることとなった。その代表的なものは、トゥアレグ（マリ）、カビール（アルジェリア）、ムザブ（アルジェリア）、シャーウィア（アルジェリア）、そして、本章が対象としているモロッコ北部リーフ山地を故郷とし、タリフィートを母語とするリヤーファ、モロッコ中部山岳地帯を故郷とし、タマズィグトを母語とするアマズィグ、モロッコ南西部を故郷とするシュルーフなどである。これらの言語集団のなかでもアマズィグ運動を主体的に牽引してきたのが、アルジェリア、モロッコのベルベル／アマズィグ人である。

歴史的には、ベルベル系諸言語集団は各地で独自の歴史や慣習を育んできた一方で、遠隔地の言語集団との関係は没交渉的であったこともあり、一つの統一的な民族としての意識を有してこなかったと考えられる。そのような状況

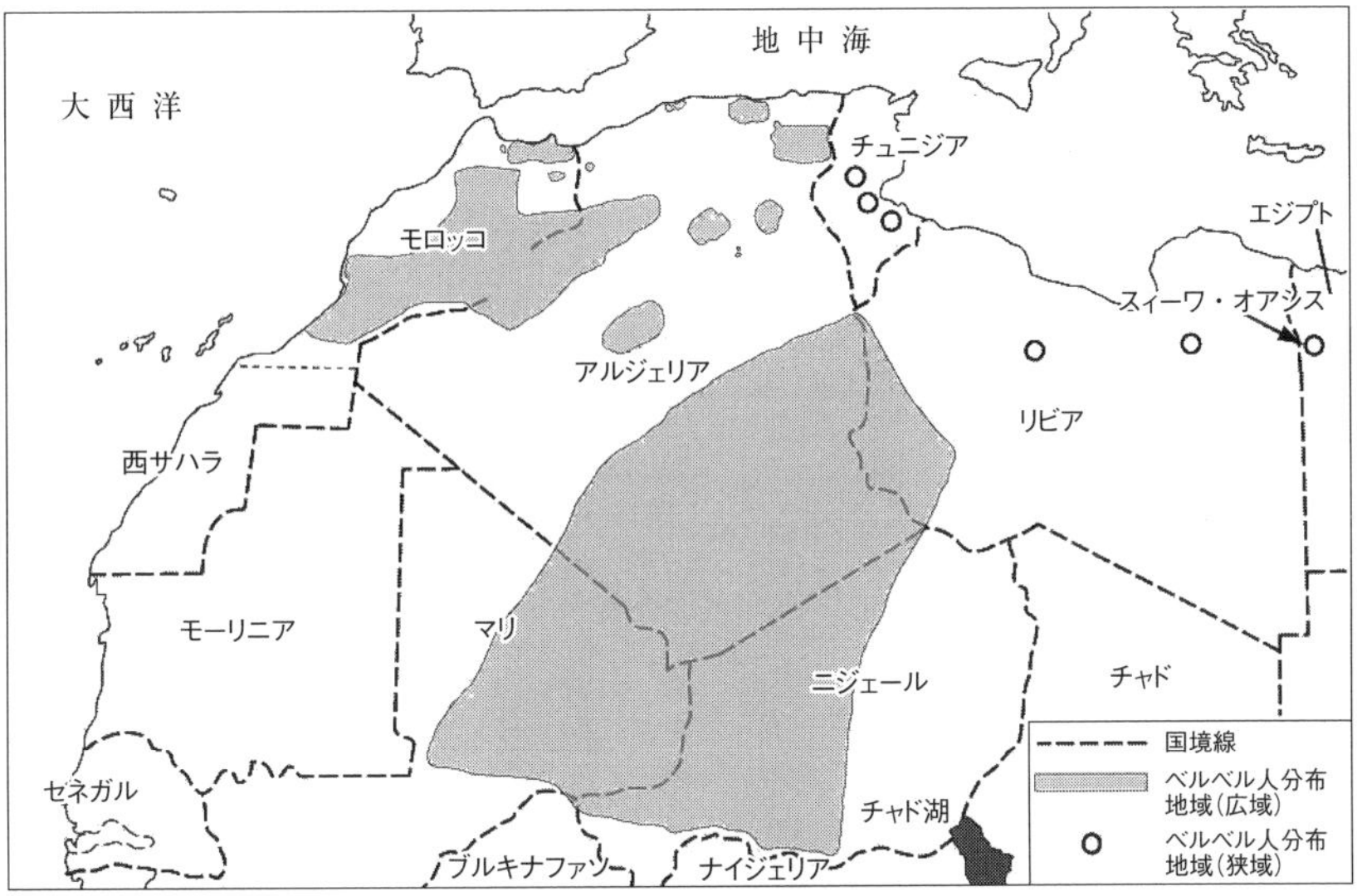

図 6-1　ベルベル人の分布図（Brett and Fentress（1996）をもとに筆者作成）

に変化をもたらしたのが、欧米でのマグリブ出身者による移民社会の形成である。ベルベル人が故郷とする北アフリカや西アフリカ諸国の大半はフランスによって植民地支配下に置かれた。それらのなかでも最も早く、一八三〇年に植民地化されたアルジェリアからフランスに移民として渡ったベルベル系のカビール人が、アルジェリア独立期にあたる一九六〇年代にベルベル文化運動を開始した。さらに一九九〇年代に入ると、欧米に移住したアルジェリア系とモロッコ系のベルベル人が主体となって、世界アマズィグ会議が組織され、国家を越えてアマズィグ人の連帯を図る動きが具体化するに至ったのである。

一九九〇年代は、「世界の先住民の国際一〇年」が設定されて、世界的に先住民に対する関心が高まった時期であるが、国連の先住民作業部会にはモロッコのアマズィグ団体からもオブザーバーとしての参加者が出ている。彼らは、今日ではアマズィグ人の間の連帯を模索するだけでなく、南アフリカのサン、カナダのイヌイット、北欧のサーミなど、世界の先住民と連携しつつ、自らの運動を展開しており、より高次の、「先住民」という新たな「共同体」の形成にも参画している。このような流れを受けて、二〇〇〇年代以降になって、アマズィグという呼称が、北アフリカ・西アフリカ諸国に分布するベルベル人の活動家の間で一般的に流通するようになった（Ait Mous 2006: 135）。

それ以前の段階では、たとえば、一九六〇年代のカビール系の運動家たちが、自分たちの活動を「ベルベル文化運動」と呼んでいた。それだけでなく、モロッコでも、運動の主導者たるシャフィーク氏が起草し、二二九人からなる運動関係者が署名して二〇〇〇年に発表された「ベルベル宣言（le manifeste berbère）」のフランス語版においても、ベルベル性（Berberité）とアマズィグ性（Amazighité）という表現が併用されている（Rachik 2006: 52）。

以上のようにアマズィグ人の先住民運動は、とくに一九九〇年代に入ってから国際的に展開するに至っている。その一方で、それぞれの活動家たちの出身国および居住国の政治状況や政策、歴史に強く規定されている。そこで次節では、モロッコにおけるアマズィグ運動に対象を絞って運動の特色を明らかにしたうえで、運動の担い手と住民の乖離という問題点について検討する。

3　モロッコにおけるアマズィグ運動

(1)　運動の成立と展開

フランスに中部を、スペインに北部と南部を植民地化されたモロッコは、一九五六年に立憲君主制をとる王国として独立を果たした。その政治課題は、スペインとフランスにより分断されていた国土の統一、植民地支配期の民族政策の影響などを廃した国家統合の達成にあった。このため、与党の独立党主導のもと、「アラビア語化[1]（*arabization* [fr.]／*ta'arib* [ar.]）」、「モロッコ化（*marocanization* [fr.]）」を掲げた政策が展開された。前者は民族的差異を解消して標準語を共有する国民を創出することを目指したものであり、後者は地域的な分断を解消した国家統合を目指したものである。ベルベル系諸言語は、当時、アラビア語という「言語（*lugha* [ar.]）」よりも下位の「方言（*lahjia* [ar.]）」

として位置づけられていたうえに、一九九〇年代半ばまで教育、行政、メディアをはじめとする公的領域における使用を厳しく禁じられていた。また独立初期に一世を風靡した汎アラブ主義によるベルベル文化批判もあり、ベルベル人は政治・文化面において周辺化された。

他方で、独立後まもない一九五〇年代後半から一九六〇年代前半には、独立以前に王権の力が直接及ばなかったモロッコの北部や東部などの地方社会で反乱が相次いだ。ベルベル人が故郷とするこれらの地域で起きた反乱に対して、国家側は軍隊を投入して厳しい弾圧を行った。さらに、独立後の地方から都市への著しい人口移動の波にのって新たに都市へやってきたベルベル人は、都市における生活習慣やコミュニケーションの取り方などに馴染んでいなかったり、都市の人々よりも故郷の人々との紐帯を重んじていたこともあり、在来の都市在住者の軽侮や差別の対象となったという。他方で、ベルベル人の都市流入と一九六三年に始まる初等義務教育の普及の結果、都市で生まれ育った人々の間では故郷の慣習や言語の忘却という問題が生じることにもなった。

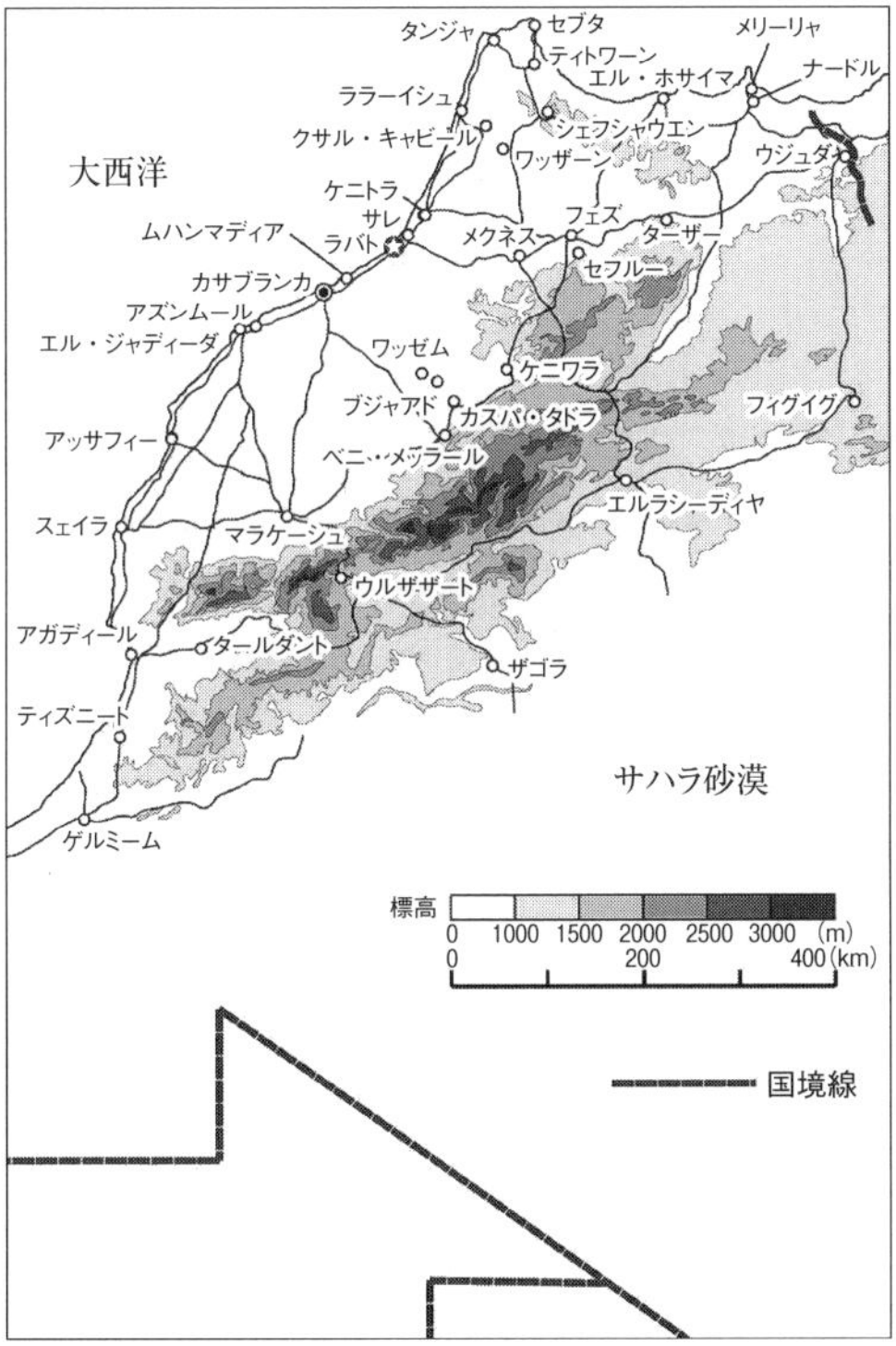

図 6-2　モロッコ主要部（Carte générale du Maroc をもとに筆者作成）

以上のような独立以降の社会的・政治的状況を憂慮したベルベル人の大学教員や高校教員、医師、国家技師、大学生などのエリートが中心となって、一九六七年に「モロッコ文化交流協会（L'Association

Marocaine de la Recherche et l'Échange Culturelle: AMREC)」が創設された。この協会設立に中心的に関わっていたのは、パリに留学し、アルジェリア系カビールのベルベル文化運動に触発された者である。つまり、モロッコにおけるアマズィグ運動の先駆的動きは、独立以降のモロッコに固有の政治的・社会的状況と、アルジェリアとフランスにつながるグローバルな運動展開に呼応して生まれてきたのである。

運動第一世代の最重要課題は、独立党や汎アラブ主義に抗しつつ、ベルベル語を方言と見なしアラビア語の下位に位置づける一般的認識に異議を唱え、言語としてモロッコ国内のベルベル系諸語の社会的承認を獲得することにあった。しかしながら、国家統合政策を進展させようとする国家側の思惑に抵触するベルベル人の文化運動は、厳しい監視下に置かれ続け、その活動は限定的なものとならざるをえなかった。こうした状況に目立った変化が生じ始めたのは一九九〇年代以降である。

その嚆矢となったのは、一九九一年八月に、ラバト市やカサブランカ市、アガディール市などに拠点を置く六つの組織がモロッコ南部にあるアガディール市で開催した連合大会である。この大会において、運動主導者による初の公式的な共同声明と見なされている「アガディール憲章」が発表され、モロッコのアイデンティティの一柱としてのアマズィグ文化とアマズィグ語の存在が明確に謳われたのである（AMREC 2002: 39-44）。

他方で、こうした運動者の動きとは別に、一九九四年には国王ハサン二世（在位一九六一～九九年）が、短時間ではあるもののベルベル語諸方言によるニュース番組の放映を承認し、ベルベル語への規制を部分的に緩和している。これを契機として、アソシエーション数が増え始めたほか（Ait Mous 2006: 133）、「統一アマズィグ語（*al-lugha al-amāzīghīya al-muwaḥḥada* [ar.]）」およびティフィナグ文字の公教育への導入（AMREC 2006: 43-44, 44-46）をはじめとした言語権、教育権の承認が求められるようになった。

さらに現国王ムハンマド六世（在位一九九九年～）は、即位後、前国王の統治との差異を強調する政策を次々に打ち出したが、そのうちの一つが、アマズィグ運動の活動の容認と国家主導でのその拡大であった。二〇〇一年にベルベル人が故郷とするモロッコ北部から中部の山岳地帯を巡行した後に、ムハンマド六世は、アマズィグ文化をモロッコ文化の一柱として公認したほか、王立アマズィグ学院（Institut Royal de la Culture Amazigh: IRCAM）設立とアマズィグ語教育実施を記した勅令を発布している。このような国家側からの積極的な容認の動きを画期として、運動はさらに多様な展開を呈するに至り、モロッコ固有のアイデンティティとしてのアマズィグ性の承認を含めた憲法改正（AMREC 2002: 16-17）や、信教の自由を求める動きが生まれてきた。

アマズィグ運動にとってのさらなる画期は、いわゆる「アラブの春」によってもたらされた。二〇一〇年一二月にチュニジアで「アラブの春」へと結実する市民のデモンストレーションが生まれると、早くも二〇一一年二月一一日には、モロッコでもフェイスブックなどを通じて呼びかけられたデモが実現した。汚職の追放、失業者のための雇用創出、政治犯の釈放、国王の権限の制限、憲法改正などの多数の目標とあわせて、アマズィグ語の公用語化を掲げたこの運動が全国的に広がりを見せ始めると、国王側は、憲法改正に向けた国民投票の実施をはじめとした対応策を迅速に打ち出し事態の収束を図った。国民投票の結果実現した憲法改正によりアマズィグ語は、アラビア語と並ぶ公用語として新憲法において位置づけられることとなった。運動にとっては計り知れないこの大きな成果を受けて、現在では公用語としてのアマズィグ語の実質的な運用が求められるに至っている。

以上のような運動展開をふまえて留意しておきたいのは、モロッコにおけるアマズィグ運動が、アルジェリアの場合とは異なり、必ずしも一般のベルベル人を広範に巻き込んだボトムアップの運動ではなく、一部のエリートと国家の主導によって活発化してきた側面である。政府が一九九〇年代以降になって規制を緩和するに至った背景には、対外的には、隣国アルジェリアでの政府によるアマズィグ運動弾圧に起因する運動の激化がモロッコに飛び火するのを懸念したこと、欧米社会が要求する少数民族や女性の権利保護への要求に応えることで欧米社会との連携を強化すること、世界的な先住民運動の広まりのなかで、率先してアマズィグ人の権利容認の姿勢を打ち出すことが得策であることなどの利点があった。翻って対内的には、イスラーム主義勢力の力が伸長してくるなかで、それに対するカウンターバランスとして世俗主義的傾向を有するアマズィグ運動への梃入れがなされたと考えられる。

(2) 運動の担い手と一般住民の経験の共有と自己認識のズレ

一般のベルベル人は、以上のような展開を示す運動を必ずしも積極的に支援してはこなかった。しかし、彼らもまたアラブ人とベルベル人を差異化させるステレオタイプなイメージを歴史的に形成してきている。一九三〇年代生まれのベルベル系の出稼ぎ者たちなど、独立前後に都市に流入したベルベル人は、都市に在住するアラブ人からの差別を経験していた。故郷を離れて都市に暮らすベルベル人の多くは、故郷との緊密な紐帯を維持して、家族、親族、同郷者の間の相互扶助をもとにしながら社会生活を営んできた。しかし、アラブ人からするならば、ベルベル人の姿は、言葉もしきたりも社会関係も都市生活にあわせることができない地方出身者と映じたのである。これに対してベルベル人は家族・親族関係を大切にしつつ出稼ぎに精を出す自分たちの姿を肯定的に捉えて、「勤勉である」「約束を守る」「信頼に足る」「嘘をつかない」「穏やかである」「礼拝を遵守する」「酒を飲まない」「家族を大切にする」などいったイメージを自らに付与し、アラブ人にはこれらとは裏返しのイメージを付与するようになった。すなわち、アラブ人との対比を基礎として、自らを「よりよきムスリム」と捉える自画像が生み出されたのである。[2]

つまり、アマズィグ運動の担い手と一般のベルベル人は、都市への定着に伴う差別や社会的・政治的周辺化の経験と、ベルベル人とアラブ人の差異を強調する言説を共有していたのである。しかし、運動主導者と一般住民の間にこのような共通性が認められはするものの、一般住民はアマズィグ運動に積極的に向かうことはなかった。アラブとの差異化に際して一般の住民は、ムスリムであることを自己認識の重要な契機としていたからである。同時に、その自負心は、家族、親族、同郷者の相互支援とも密接に関わっており、彼らの生活経験に根ざしている。これに対して、運動における民族観は、彼らの都市経験に由来するものではあるが、アラブ人とベルベル/アマズィグ人の差異化にあたっては植民地支配期の民族政策に由来する民族観を援用していることを特徴としている。そこで、次章では、こたい。

の植民地支配期の民族観の特徴を明らかにしたうえで、それを継承した運動の歴史観が抱える問題点を検討してゆきたい。

4　植民地支配期の民族観の継承とアマズィグ運動における歴史観

(1)　植民地政策における民族観の形成

フランスは、一八三〇年にアルジェリアを併合し、一九一二年にモロッコを保護領下に置いた。モロッコよりも八〇年以上早く植民地支配が開始されたアルジェリアでは、アラブ人とベルベル人についてステレオタイプな民族観が形成された。その民族観は、後にモロッコにおける両民族を分断する政策にも援用された。

フランス植民地政府は、抗植民地運動を展開したアラブ系の宗教リーダー、アブドゥルカーデルの勢力と一線を画する現地人としてベルベル系カビールを発見した。その後、行政官、研究者、カトリック系ミッションの人々によって、生粋のムスリムと見なされたアラブ人との差異を強調したステレオタイプなベルベル人イメージが創り出されていった (Lorcin 1995: 20)。

たとえば、ベルベル人が後世になって改宗したという点をふまえて、ベルベル人は表面的にイスラーム化されているのに過ぎないという言説が生み出された。ベルベル人がもともと多神教徒であったり、キリスト教徒であったりしたことなどが強調され、ベルベル人は、宗教に寛容な民族であると捉えられた。そしてアラブ人よりもフランス人に近い存在と見なされたのである。しかしながら、ベルベル人の多くがムスリムであることも事実である。それゆえ、イスラームとの関連では、彼らは表面的にイスラーム化されているのに過ぎないと捉えられ、ベルベル人が奉じるイスラームは土着の多神教的な教えと融合した「異端的」なものであると見なされたのである (Lafuente 1999: 85)。

アラブ人とベルベル人の差異は宗教的側面に留まらず、生業や政治体制、ジェンダー関係にも見出されると考えられ、アラブ人には遊牧民、専制君主制、家父長制などの特性が結びつけられた。他方でベルベル人は定着農耕民、部族制、長老たちの合議に基づく平等主義的社会、女性に寛容な民族として描かれた。そして、一九一二年に保護領化されたモロッコではアルジェリアで培われたカビール＝ベルベル観が流用されて、アラブ人とベルベル人を分断する民族政策が遂行された。

(2) 民族観の継承

それでは、このような民族観は、いったい、どのようにして運動を主導する一部のベルベル人に継承されることになったのだろうか。その理由の一端は、中心的な担い手が、宗教よりも世俗的な価値観に重きを置くフランスをはじめとした欧米社会の影響を強く受けていることにある。

第一に、植民地支配期の軍事・教育政策の影響を挙げることができる。フランス軍は植民地支配を遂行するうえで、現地住民を下士官として採用する必要があったが、先に記したような民族観のゆえに、フランス人と同根であり、キリスト教徒でもあると彼らが見なしたベルベル人を、アラブ人以上に信頼に足る民族と捉えた。そして、ベルベル人のための士官学校を古都フェズの南方に広がるモワイヤン・アトラス山脈に建設した。そのなかでもとくに著名なのがアズルーに建設されたコレージュ・ダズルー（Collège d'Azrou）である。同校では、教育はもっぱらフランス語で行われ、アラビア語の使用は禁止されていたほか、イスラームについての授業はなく、その代わりに世俗的な事項に関する教育が行われていた（Waterbury 1970）。卒業生は、独立後のモロッコにおいてもエリート層を形成した。たとえば現国王が王立アマズィグ学院を建設したときに同学院の初代代表になったシャフィークは、この学校の卒業生である。

第二に、一九六〇年代から一九七〇年代に受容された社会主義思想、労働運動、学生運動の影響を挙げることができる。国王と与党イスティクラール党をも脅かす力を有した労働運動や学生運動は、シャフィークに続く第二世代の活動家たちにも影響を及ぼしており、彼らが世俗的な思想を吸収してゆく基盤を形成したのである。そのなかには、現在、各アソシエーションの代表者、王立アマズィグ学院の成員として運動を牽引している者も含まれている。[3]

第三に、一九九〇年代前後に生まれ育った青・壮年層の影響が挙げられる。彼らが生まれ育ち一〇代後半を迎えた一九九〇年代末期は、前国王から現国王への統治移行期にあたる。この移行が一般市民の日常生活にもたらしたインパクトの一つは、国家（マフゼン）による強権的・強圧的な市民の管理や監視が軽減され、より自由な政治的発言が許容される雰囲気が生み出されたことである。私が懇意にしている一九七〇年代後半にラバトで生まれ育ったベルベル人の男性は、「アラブの春」におけるデモンストレーションについて、自分たちと二〇代前後の青年の違いの一つは、マフゼンによる厳しい取り締まりの経験の有無であると述べてくれたことがある。生活実感として感じられるこのような規制緩和は、新聞における政党批判、汚職の追求、国王の家族についての写真や記事の掲載、政治犯の釈放、ハサン二世期の政治犯の不当な逮捕、勾留を過ちとして認める公的発言などに表れている。

各世代を取り巻く社会的、政治的環境は以上のように異なる。しかし、宗教から距離をとろうとするフランス型の世俗主義が世代を超えて受容される素地はできあがっていたのであり、植民地支配期の遺産を核として、国家に抗するための新たな民族観が彼らのもとで形成されたといえる。このような新たな民族観が必要とされたのは、北アフリカにおけるイスラームの受容の歴史は長く、ベルベル人は長年にわたってムスリムとしての自己認識を有し、アラビア語を用いて自らの歴史を記してきたのだが、その伝統に準拠している限りでは、彼らはアラビア語化やイスラームを柱とする国家統合政策の流れに対峙する立場を鮮明に打ち出すことはできなかったからである。

ただし、彼らの民族観は、植民地支配期のそれを継承しつつも、独自の形で新たに規定されている。植民地行政官は、支配者として、統治のために被支配者たる民族の境界を切り分けて理解することに終始していた。これに対して運動の担い手は、当事者として、モロッコの政治状況や社会状況のなかに巻き込まれており、外部の視点に立つことに安住はできない。たとえば、彼らはアラブ、イスラームを批判の対象とするが、イスラームを批判の対象とすることは、ムスリムとしての自己認識を有するベルベル人が運動を忌避、批判すること、すなわち運動が支援基盤を自ら掘り崩すことにつながりかねない。他方で、アラブ人が政治権力の中枢を掌握していると見なし、これを批判することは、国家体制の中枢にある王制批判につながる危険性もある。というのも、国王は預言者ムハンマドの末裔であり、生粋のアラブ人であるともいえるからである。これらの問題を回避する意図も盛り込まれて、新たな故郷観や歴史観が形成されてゆく。

(3) 新たな故郷概念タマザガ

グローバルに展開するアマズィグ運動では、超国家的な一つの民族として、アマズィグ系言語集団間の地域を越えた連帯が模索されている。この流れを受けて、一九九〇年代に、まったく新しい「タマザガ（*tamazagha*［az.］）」という故郷概念が創り出された。

従来の故郷概念としては、たとえばモロッコ南西部ではタマズィルトというものが知られていた。これは、家族、親族、同郷者などとの具体的な人間関係を通じて想起される故郷である。そして故郷として想起される範囲は、出身村落から、出身部族、さらには出身地域一帯を含むなど、特定の地理的範囲に固定されることのない伸縮自在な概念であった（中野 一九八〇）。

これに対してタマザガは、匿名的、抽象的で、境界の明確な故郷概念であることを特徴とする。運動主導者は、タマザガはベルベル人の分布域すべてを包含するものであり、イスラーム到来以前から今に至るまで一貫してアマズィグ文化が継承され、独自のイスラーム文化が形成されてきたと見なす（Maddy-Weitzman 2007: 53）。それは、アラブとベルベルという民族の差異を地理的空間に投影し、民族と領域を可能な限り一致させようとしたものである。

アマズィグ人固有のイスラームが展開した場としてタマザガを捉える歴史観や故郷観は、ムスリムとしての自負心を抱くことが多い一般のベルベル人の宗教感情を刺激することなく、イスラームやアラブ性と距離をとることも可能にする。というのも、タマザガではベルベル人が主体的に活躍をしていたおかげで、アラビア半島におけるような非寛容なイスラームが普及することなく、寛容なイスラームが展開したと捉えることが可能になると運動主導者は見なすからである。このような見方は、ベルベル人は表層的にイスラーム化しただけであり、彼らのイスラームはアラビア半島のイスラームなどとは異なって土着の宗教と融合した「異端的なイスラーム」であると見なした植民地主義的イスラーム観を流用して創り出されたものである。タマザガという場で展開した固有のイスラームを提示するうえでも、運動主導者は、植民地支配期の民族・宗教観を継承し、再生産しているのである。

以上のように、タマザガという新たな故郷概念の創出は、アマズィグ人固有のイスラーム形成に関わる歴史観を形作るうえでの受け皿となるものであり、一般住民との乖離を生み出さないようにするための試みでもあった。だが、運動が直面していたもう一つの問題、すなわち王制批判はいかにして回避されたのであろうか。

モロッコにおけるアマズィグ運動は、汎アラブ主義やイスラーム主義、アラビア語化政策を批判対象としてきたが、その一方で預言者ムハンマドの末裔にあたる国王に対して批判の矛先を向けることは忌避されてきた。

そのための格好の題材とされたのが「部族会議（*jmaʻa* [ta./dr.]）」である。フランス植民地人類学などでは、ベルベル社会には、平等主義的な政治決定機関として部族会議が存在すると夙に指摘されてきた。この点をふまえつつ、二〇〇〇年に運動代表者二二九人の署名を伴って発表された「ベルベル宣言」は、初期イスラーム時代のカリフ制を理想的共同体として称揚している。しかし、部族会議とカリフ制は、どのような論理に基づいて結びつくのだろうか。

まず、モロッコの国王は、預言者の末裔であるだけでなく、自らをイスラーム共同体の長、すなわちカリフであるとも見なし、毎年、契約更新の儀礼（バイア）を実践している。カリフとは、預言者没後、イスラーム共同体を導いた預言者の「代理人」のことを意味し、合議によって選出をされることとなっている。他方で、部族社会は長老たちの合議によって成立した社会と捉えられてきた。すなわち、カリフ制と部族制は、いずれも合議という「民主的」なプロセスを経て意思決定がなされていると運動主導者は見るのである。このように部族社会と王権の成り立ちの類似点を強調することで、アマズィグ社会の平等性、民主性と王権のそれが重ね合わされているのである（Maddy-Weitzman 2007: 53-54）。

もっとも、民主主義という、今日世界的に流布したグローバル・スタンダードな概念に依拠して王権とアマズィグ文化を結びつけることに成功したとしても、このことは、「生粋のアラブ」たる国王と、アマズィグ運動が批判対象とする汎アラブ主義やイスラーム主義との間の差異を論理的に説明づけることの成功を意味するものではない。そのため、さらなる説明のために着目されたのが王権を中心とした「伝統的」政治制度自体をさすマフゼン（*makhzen* [dr.]）という概念である。運動主導者は、マフゼンは一五世紀末にカトリック勢力によってイベリア半島を追われてモロッコに到来したアラブ人官僚などにより「非民主的」な形で支配され、モロッコの正当な文化継承者たるアマズィグ人は周辺化されたと見なす（Maddy-Weitzman 2007: 53-54, Bensadoun 2007: 27）。つまり、王権がアマズィグ文化を抑圧したのではなく、タマザガの外部から到来し、王権を取り巻くようになったアラブ廷臣が権力を濫用してアマズィグ人を弾圧したと見なすのである。そして、このような見方をとることによって、アマズィグ人の故郷は、王権を例外としつつ、しかしその他の外来のアラブ人――イスラーム改革思想やイスラーム主義運動、独立党、汎アラブ主義など――によって脅威にさらされていると捉えるのである。

5　アマズィグ運動が不可視にするもの

モロッコにおけるアマズィグ運動は、当初、ベルベル／アマズィグ人の伝統や慣習、文化、言語を保存することから開始され、さらに言語権や教育権をはじめとした諸権利の公的な承認を希求するようになった。そのような運動の展開は、北アフリカや西アフリカのベルベル／アマズィグ人との連帯や、世界的な先住民運動の後押しのみならず、一九九〇年代末以降には国家の主導も加わって拡大してきた。

先住民運動は、国家体制への異議申し立てを核とするがゆえに、国家との関わりとのなかで展開する政治的な運動とならざるをえない。国民国家は、理念的には、境界によって囲まれ、内的な均質性を志向する。モロッコの場合、独立後の政治状況においては、国内の地域的、民族的、宗教的多様性は認識されつつも、そうした内的差異を捨象したモロッコ化という政策が推し進められた。このような志向性を有する国家に抗するためにアマズィグ運動が選択したのは、境界を固定する発想を吸収し、アラブ人とベルベル人を二つの本質的に異なる民族と捉え、その差異を固定することであった。

しかしながら、ベルベル／アマズィグ人をアラブ人とは本質的に異なる民族と捉え、その差異を固定化することは、生活の場におけるベルベル人の実態から乖離したものとなる可能性がある。というのも、人々が離合集散を繰り返してきた中東世界における民族関係においては、個人が特定の民族に排他的に帰属意識を有するとは限らず、自分が関係する複数の民族への帰属意識を有することもありうるからである。そもそも民族意識は、対峙する他者との関係のなかで規定されるものである。たとえばベルベル人は、都市在住のアラブ人との関係において自らをベルベル人と自己規定していた。だが、そのように自己規定するベルベル人が、ヨーロッパ人や日本人との関係において、自らをアラブ人と規定するような事態が日常生活レベルでは生じうる。さらに、ムスリムとしての自負心を有するベルベル人にとって、コーランが記されたアラビア語は尊敬の対象になりこそすれ、批判対象となるものではない。都市化と学校教育が進むなかで、今日ではアラビア語やアラビア語モロッコ方言を解し、生活言語としてアラビア語を駆使するベルベル人は増加している。このような二重の帰属意識は、多様な民族、宗教・宗派の人々が離合集散を繰り返しつつ生活を送る場での共存や調整にも一役買ってきたと考えられる。今日の運動展開は、独立後の国家体制を批判するうえで、アラブ人とベルベル人の差異を固定化するという道を選択したことによって、批判対象を鮮明にする一方で、今しがた記したような生活の次元における自己認識の柔軟性を捨象してしまったといえる。

このような一般の住民との乖離を回避することにも配慮しつつ構想されたのが、本章で明らかにしてきた、新たな故郷概念タマザガとタマザガにおけるアマズィグ人の歴史である。特徴的なのは、運動主導者が、植民地支配期の民族観を継承しながら、独自にそれを組み替えて、故郷、歴史、民族を再定義している点である。たとえば、フランス人達の民族観では、ベルベル人は表層的にイスラーム化された存在であった。この発想を継承しながらも、アマズィグ運動においては、この「表層的」という側面を、多様な宗教に寛容な態度と読み替えて、厳格で狭量と彼らが捉えたアラブ人との差異化を図った。ここには、運動が宗教から距離をとる世俗化の思潮や、今日の欧米社会で流通している思想傾向に沿う形で自らを捉え直そうとする姿勢を見て取ることができる。だが、一般の住民の間では、都市化の過程で都市在住アラブ人からの差別の経験を運動主導者と共有しつつも、「より良きムスリム」として自己規定する方向性もとられていた。そこに見出されるのは、より宗教性を重んじる傾向である。かりに、アマズィグ運動が世俗的な思想と連動して展開する一方で、一般の住民の間では宗教的規範を重視しつつ社会関係を構築する状況が広がっているのだとするならば、アマズィグ運動における歴史観や新たな故郷概念がイスラームを含み込む形で練り上げられたとしても、運動の志向性自体が一般の住民の参加を遠ざける結果となる可能性が出てくる。

先住民運動に注目する視点からするならば、ベルベル人のなかから生まれてきたアマズィグ運動こそがベルベル人を代表する運動であるということになる。そして、アラブ人を支配者として批判する運動主導者の主張に寄り添って、ベルベル人の置かれた状況を理解していくことになるだろう。だが、運動の主体を無批判に肯定することは、宗教規範の遵守なども関連した一般住民の動向を二次的な動きに過ぎないと見なしたり、アマズィグ人の運動展開を阻害する動向と捉えたりすることにもつながりうる。そして、そのような見方は、住民の間から自生的に発生しているアマズィグ運動とは異なる草の根の動向を等閑に付すことにもなりうる。本章では、先住民としての権利を主張する運動が当該民族に広く受け入れられるうえでの困難を、植民地遺産を継承しつつ、それに今日的な装いを与えようとする故郷観や歴史観の創出という事例から明らかにしてきたが、今後問われるべきなのは、等閑に付されがちな、政治的次元と乖離したところで進むベルベル人の動向である。

付記

本章は、平成二八年度・文部科学省科学研究費補助金・基盤研究（B）の研究成果の一部をなす。

注

1　原語を示す際に、各言語について以下の略号を用いる。アマズィグ語［az.］、フランス語［fr.］、正則アラビア語［ar.］。

2　一九六〇年代にカサブランカで調査を実施したA・アダムも、同様のイメージを記述しており、少なくとも独立前後には広まっていたと推察される（Adam 1972: 339）。

3　たとえば、アムレクに次ぐ代表的アソシエーション「タマイヌート」の代表（二〇〇七年時）は、大学在学時に労働組合運動への参加をアマズィグ運動への傾斜の基点としている（二〇〇七年九月一三日、ラバト市）。またタマイヌートから分離・結成されたアズッタ・アマズィーグ代表は共産主義的思想の影響下に運動を展開している（二〇〇七年九月六日、ラバト市）。

参考文献

斎藤剛　二〇〇六「〈先住民〉としてのベルベル人?」堀内正樹・松井健編『講座世界の先住民族四　中東』明石書店、五九―九七頁。

中野暁雄　一九八〇「アンティ・アトラス山村における集団の機能と構造」『アジア・アフリカ言語文化研究』一九、一―一四頁。

Adam, A. 1973. Berber Migrants in Casablanca. In E. Gellner and C. Micaud（eds.）, *Arabs and Berbers*. London: Duckworth, pp. 325-343.

Ait Mous, F. 2006. Le reseau associatif amazigh: emergence et diffusion. In H. Rachik（ed.）, *Usage de l'identite Amazighe au Maroc*. Casablanca: Imprimerie Najah el-Jadida, pp. 129-161.

AMREC 2002. *Min Ajli al-Iatiraf al-Dusturi bil-Amazighiya*. Manshurat al-Jamaiya al-Maghribiya lil-Bahth wal-tabadul al-Thaqafi.

AMREC 2006. *40 sana minal-Nizal al-Amazighi*. al-Ribat: Manshurat al-Jamaiya al-Maghribiya lil-Bahth wal-Tabadul al-Thaqafi.

Ben-Layashi, S. 2007. Secularism in the Moroccan Amazigh Discourse. *The Journal of North African Studies* 12（2）: 153-171.

Bensadoun, M. 2007. The（Re）Fashioning of Moroccan National Identity. In B. Maddy-Weitzman and D. Zisenwine（eds.）, *The*

Maghrib in the New Century. Miami: University Press of Florida, pp. 13-35.

Brett, M. and E. Fentress 1996. *The Berbers*. Oxford: Blackwell.

Ghambou, M. 2010. The "Numidian" Origins of North Africa. In K. E. Hoffman and S. G. Miller (eds.) , *Berbers and Others*. Indianapolis: Indiana University Press, pp. 153-170.

Ilahian Hsain 2006. *Historical Dictionary of the Berbers* (*Imazighen*). Oxford: The Scarecrow Press.

Lafuente, G. 1999. *La politique berbère de la France et le nationalisme marocaine*. Paris: L'Harmattan.

Lorcin, P. M. E. 1995. *Imperial Identities*. London and New York: I. B. Tauris.

Maddy-Weitzman, B. 2007. Berber/Amazigh "Memory Work". In B. Maddy-Weitzman, and D. Zisenwine (eds.), *The Maghrib in the New Century*. Miami: University Press of Florida, pp. 50-71.

Maddy-Weitzman, B. 2011. *The Berber Identity Movement and the Challenge to North African States*. Austin: University of Texas Press.

Rachik, H. 2006. Construction de l'identité amazighe. In H. Rachik (ed.), *Usage de l'identité Amazighe au Maroc*. Casablanca: Imprimerie Najah el-Jadida, pp. 13-66.

Waterbury, J. 1970. *The Commander of the Faithful*. London: Weidenfeld and Nicolson.

【コラム⑤】伝統芸能を支える文脈

アメリカのアラスカ先住民チュピック

久保田亮

ここでは、私がエスキモー・ダンスと出会った時の「驚き」を枕に、その伝統芸能が実践される文脈を提示することで、チュピックの先住民性を考えてみたい。

私がエスキモー・ダンスに出会ったのは、二〇〇一年三月三日のことだ。その瞬間は、アラスカ州フェアバンクスで開催された先住民芸術祭が終わる、その間際に訪れた。

二〇〇一年のトリを飾るグループがステージに姿を見せたときパフォーマーと観客が三日間にわたり生み出し続けた熱気は、すでに失われてしまったように思えた。会場には空席が目立ち、ステージを見つめる人影もまばらだった。

ステージに現れたのは、アラスカ州南西部の先住民村落チバックからやってきた、わずか四人のパフォーマーだった。

彼らが踊り始めてしばらくすると、おかしなことが起きた。客席にいた青年がステージにむかって走り出し、ひょいとステージにあがると、壇上のパフォーマーとともに一糸乱れぬパフォーマンスを始めたのだ。そして、壇上のパフォーマーたちも、まるで何ごともなかったかのように踊り続けたのだ。

どうして青年はあのダンスを知っていたのだろう？　なぜ彼の突然の「飛び入り」に驚きもせず、演技が続けられたのだろう？　こんな素朴な疑問から、私は彼らの村でエスキモー・ダンスがいかに実践されているのかを知りたいと考えるようになった。

アラスカ先住民（Alaska Natives）とは、ロシア人、アメリカ人入植者の到来以前から現在のアラスカ州一帯で暮らしてきた人々を先祖とする人々の総称だ。今日、州総人口の一六％にあたる、およそ一〇万人がアラスカ州内で暮らしている（Roderick 2010: 3）。アラスカ先住民には、別個の文化伝統、アイデンティティを表現する複数のエスニック・グループが含まれる。アラスカ先住民言語が、四つの異なる系統に類別される二〇種の言語からなる点は、彼らの文化的多様性を明示する具体例だ（Holton 2016）。

またアラスカ先住民は、アメリカ社会の政治経済システムのなかで特異な位置を占める人々でもある。一九三六年のインディアン再組織化法の修正以降、村落を単位とした組織化

写真1　幼稚園でのダンス出前授業の様子（2011年3月撮影）

が進み、二〇一六年現在、二三一の「連邦承認部族」が州内に存在する（Case and Voluck 2002: 381-382）。これは、彼らが「部族」レベルにおいて一定の自治権を有していること、そして連邦政府がアメリカ本土四八州の先住民に対して提供する資金やサービスにアクセス可能なことを示している。さらにアラスカ先住民は、アラスカ先住民請求処理法（一九七一）により創設された、一三の地域先住民会社と、二〇〇を超える村先住民会社を介して、同法が先住民に所有権を認めた土地と、それ以外の土地の先住権原消滅に対する賠償金を管理・運営する主体でもある。

　件のパフォーマーたちの故郷であるチバックは、アラスカ第一の都市アンカレジの西北西、約八五〇キロの地点にある。村落住民の九割がアラスカ先住民だ。近隣村落に暮らす先住民がユピックを自称とする一方、チバック出身者はチュピックを自称とする。民族誌学的にいえば、チュピックは今日「イヌイット」と包括的に呼ばれる人々のうちの、アラスカ州南西部のデルタ地帯およびベーリング海沿岸部を生活領域としてきた「ユピック」の一グループと捉えることができる。

　チバックにおける伝統ダンスの状況を捉えるためには、公立学校における伝統文化教育課程に言及する必要がある。チバックの学校では、一九七七年以来「文化遺産プログラム」が実施されており、現在六年生から一二年生を対象に、チュピックの歴史、言語、生業、そして伝統ダンスについての授業が開講されている。また全校生徒が次々に伝統ダンスを披露する学校行事が年に二回開催されている。

　学校教育のなかで伝統文化教育を実施する現体制が確立した背景には、チュピックの先住民としての位置づけが深く関わっている。先住民に政治と教育への参加を認める法律制定に伴い、チュピックが連邦政府機関から学校運営権を獲得したこと、さらにその後の改革において、単独の学校区創設を決断したことが、今日の教育体制の基礎を提供したからである。そしてその決断の背景には、急速な社会経済変化を一因とする社会的病理の蔓延を危惧した当時のチュピック古老たちの思いがあった。変化に翻弄され、何を学ぶべきか見定めることができなくなった若者たちにチュピック文化伝統の価値を再確認させ、村の秩序を回復する必要がある、と彼らは考えたのだという。

伝統ダンスの指導は、チバック出身の高校教師P氏と男性古老D氏が担当する。どの演目を練習するかはあらかじめ決まっていない。二人のうちのいずれかが団扇太鼓をバチで叩きながら歌い始めると、それを合図に生徒たちは踊り始める。生徒たちがこの授業を通して学ぶ演目の総数はさだかではないものの、二〇〇四年に私が参与観察した一四授業で、彼らが練習した演目数は、四三にも及んだ。

受講生にとって馴染みのない演目だったり、新しく創作された演目だったりする場合、まずP氏が歌いながら踊って見せる。すると受講生は、彼の歌を聴き、踊りを見ることで、瞬く間にその振り付けを覚えてしまう。エスキモー・ダンスは、比較的単純な動作の組み合わせからなるものの、そのシークエンスを間違えることなく踊ることは、それほど簡単なことではない。しかし生徒たちはそれを難なくこなす。

「我々は母親のお腹のなかにいるときから、太鼓の音を聞いている」とのP氏の言葉は、馴染みある伝統として息づくエスキモー・ダンスの現状を言い表しているかのようだ。

このようにチュピックの伝統芸能は、国内先住民政策の展開と、伝統の活性化を通して社会の安定化を図ろうとするチュピックの営為が交錯したことで、彼らの日常のなかに今も息づいている。一五年前の「飛び入り」の真相は今となっては定かではない。しかしあの青年がステージに向かって走り出せたのは、彼が太鼓の音が聞こえる風景のなかで暮らしてきたことと、無関係ではないはずだ。

参考文献

Case, R. and D. A. Voluck 2002. *Alaska Natives and American Law*. Fairbank: University of Alaska Press.

Holton, G. 2016. Alaska Native Language Relationships and Family Tree. Alaska Native Language Center. https://www.uaf.edu/anlc/groups/(二〇一六年六月三〇日閲覧)

Roderick, L. ed. 2010. *Alaska Native Cultures and Issues-Responses to Frequently Asked Questions*. Fairbanks: University of Alaska Press.

第Ⅲ部　先住民という選択の可能性

第7章　国家を超えた先住民族ネットワーク

インド／ミャンマーのナガ民族とアジア先住民族連合

木村真希子

1　国家とは異なるナガ・アイデンティティ

「私の息子はデリー（インドの首都）の観光地に行ったとき身分証を持っていなかったので外国人料金を払えって言われたの。身分証明書を見せた私の息子だって言っているのに。おかしいでしょ？」

友人のアティナは、半分おかしそうに、半分腹立たしそうに言った。

「こんな話はたくさんあるのよ。私たちはインド人だと思われていないの。」

確かに、インド北東部の先住民族であるナガ出身の彼／彼女らの外見は、いわゆる「インド人」というよりも中国人や日本人、タイ人など、東アジア系か東南アジア系に見える。デリーにはナガ民族のような北東部の山岳民族出身で、南アジア大陸中心部出身者とは外見が異なる人々がたくさん住んでいるが、そうした人たちの間で「ネパール人と言われた」「韓国人／日本人に間違われた」という話は枚挙に暇がない。

もっとも、ナガの人たち自身も「自らをインド人と思っていない」と言う。上記のやりとりを横で聞いていたアティ

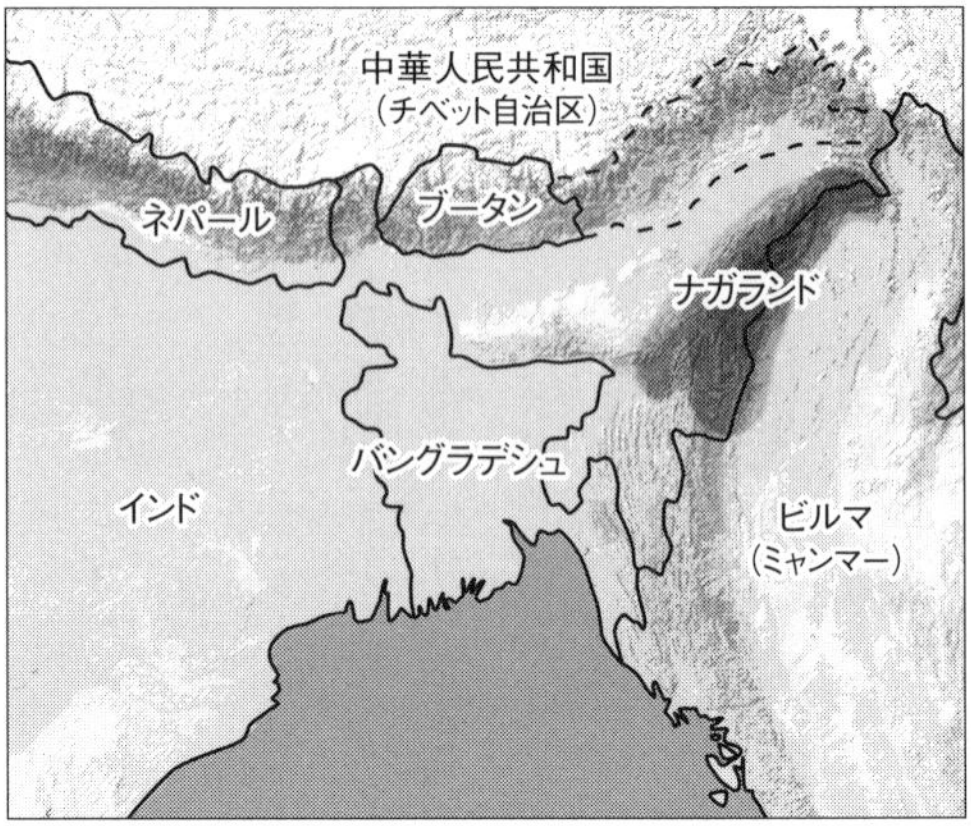

図7-1　インド・ミャンマー国境をまたぐナガ居住地（南風島渉作成）

ナの娘は、「自分はいろんなところで（インドの公用語の）ヒンディー語の発音をからかわれた。『今なんて言ったの、もう一回言ってみて』みたいな。でも、別にヒンディー語がうまくなりたいとは思わないの。自分をインド人とは思っていないし」と冷静に語った。

ナガの人々は、インドとミャンマーの国境にまたがるナガ丘陵という山岳地帯の先住民族である（図7・1参照）。人口は四〇〇万人ほどで、インドが独立する一九四七年にナガ民族組織が独立宣言をした後、武装闘争を含む独立運動を展開してきた。とくにインド連邦政府との武力紛争で多くの死傷者を出し、政治的・軍事的な弾圧を経験した。上記のように、ナガの人々が「我々はインド人ではない」と言うときには、インドという国家に所属していないということを意味すると同時に、言語や宗教などの文化、外見がインドの他地域の人々とは異なり、そのため異なるアイデンティティを持つという意味合いも含まれている。

実態を見れば、ナガの人々の居住地域はインドとミャンマーに分断され、それぞれの国家の統治下に置かれている。インド側のナガの人々はインド連邦政府の統治下にあり、教育や雇用、インフラ整備、地方自治などの点でインドという国家と無縁に生きていくことはできない。しかし、人口の約七〇%が生活する農村部では慣習法に基づく自治がインド憲法により認められ、他のインドの地域とは異なる文化と社会体制が維持されていることも事実である。

一九四七年の独立宣言以降、複数のナガの民族組織が独立運動を継続してきた。現在でも、「今すぐの独立は難しいかもしれないが、いつかインドとは別の国家体制を」と望む人は少なくない。ナガランド発行の新聞では、自決権の行使や主権に関して活発な議論が繰り広げられている。二〇一五年八月初頭に、インド政府とナガ民族最大の武装組織であるナガランド社会主義民族評議会のイサク・ムイバ派（ＮＳＣＮ（Ｉ／Ｍ））の間で「枠組み協定」が締結された。その際、インドとナガは「新たな関係」を築くということが、インド首相とナガ民族組織のリーダーによって宣言され、「主権を分かち合う」という表現が用いられた。また、その後の協定の細部を決定する交渉では、ナガランド州が独自の旗を持ち、ナガ市民がナガランド政府発行のパスポートを持てるようナガ側から申し入れられた、といったニュースが報道されている。こうした要請には、ナガの人々がインドとは異なるアイデンティティを保持していることが表れている。

こうした独立を求めるナガの民族組織は、一九八〇年代末から、デタントと冷戦の終結に伴う民族要求の再活性化という国際情勢の変化や、交通・通信手段の発達というグローバル化の影響もあり、国連人権機関の活用をはじめ、国際的に発信する場を得た。ほぼ同時に、一九八〇年代に結成されたナガの人権団体は、民族独立運動に共感を示しながら、インド連邦政府、とくに軍や治安維持部隊による人権侵害を国際社会に訴えるなかで、国際的な先住民族の権利回復運動と出会い、参加していった。ナガの人権団体はアジアの他地域の先住民族と協力し、先住民族団体間の国境を越えたネットワークを築き、アジアの先住民族運動のなかで重要な役割を果たしてきた。

本章では、先住民族の人々がどのように国家に対する異議申し立てを行い、それに連動して国境を越えた国際的な活動を可能にするため、アジアの他地域の先住民族と協力していくのかについて、ナガの人々を事例に挙げながら考察する。具体的には、ナガの人権団体が他のアジアの先住民族と協力して、アジア先住民族連合（Asia Indigenous Peoples'Pact）という先住民族団体間の国境を越えたネットワークを築き、自らの声を発する基盤を形成してきた過程を明らかにする。そして、こうした国家を越えるネットワークが、どのようにナガの人々の生き方やアイデンティティに影響を与えてきたのかについて、ナガの人権活動家へのインタビューを通じて分析する。

私は社会学者として北東部の民族紛争や運動について研究すると同時に、日本で先住民族の権利を支援するＮＧＯ

市民外交センターの一員として国連の先住民族関連の会議やアジアの先住民族ネットワークが主催する会議に参加し、参与観察を行ってきた。本章では、一〇年以上にわたる参与観察と、支援活動のなかで出会ったナガの活動家やNGOスタッフとの交友関係を生かしたインタビューをもとに議論を展開している。

2 ナガ独立運動の歴史とナガ人のアイデンティティ

(1) イギリスによる植民地化とナガ独立運動の歴史

インドとミャンマーの国境地帯にまたがるナガ丘陵では、標高一千～二千メートルの山間部に村や町が点在する。ナガの人々は伝統的に山頂に村を形成し、移動耕作（焼き畑）や狩猟を生業としてきた。山頂部に村を作ったのは、ナガの人々の間には首狩りの習慣があり、敵から身を守るためであったという説が有力である。もともとは独自の精霊信仰があったが、英領植民地時代の宣教師の布教により、今ではほとんどがキリスト教に改宗している。

ナガの人々の居住地はインドとミャンマーという国家に分断され、さらにインド側はナガランド州、マニプル州、アッサム州、アルナーチャル・プラデシュ州と、異なる地方行政体の統治下に置かれている。そもそもナガの人々は三〇～四〇のトライブ[1]に分かれており、トライブや地域が異なると通じないほどの言語的多様性を有している。「ナガ」という名称も隣接する平野部のアホム王国の人々が山岳部の人々を指す言葉からきており、それがイギリス植民地統治下で制度化され、民族名となったものである。ナガの人々の間では、一九世紀になるまで「ナガ」という一つのまとまりが意識されることはなかった（木村 一九九九：一二）。独立運動開始期には、NNCの指導者ピゾが村々を回り、「ナガ」としての連帯と闘争の必要性を訴えた。そののち六〇年以上に及ぶ独立運動のなかで、ナガというまとまりの意識が明確化されるようになった。

イギリスは平野部のアッサムと比べて経済的な見返りが低いこの地に直接統治を及ぼさず、一八七四年の指定地域法によって通常の法行政体系から切り離した。課税を免除するかわり、社会・経済的な分野に関しては植民地行政が介入しない間接統治を行ったのである。これは独立後も形を変えて引き継がれ、現在はインド憲法の三七一条A項で、「宗教・社会的な実践」および「慣習法」「土地の譲渡」などに関する法律上の規定はナガランド州に適用されないと定められている。実際、農村部では今でも社会、経済、文化面で村落自治が保たれている。

ナガの人々が国家として独立する意思を表明したのは一九四七年、インドがイギリスから独立する直前であった。しかし、そもそもイギリス統治時代もナガ居住地域は一部しか植民地統治下に置かれておらず、英領と宣言された部分でさえも間接統治下に置かれていた。当時のナガの人々の間でインドの一部という意識はほとんどなかった。インドの独立を視野に入れた法改正のためにイギリス政府が任命した視察団が一九二九年にインドを訪問するが、教育を受けた一部のナガの人々は以下のような覚書を提出した。

「我々の言語は平地のものとは著しく異なり、また我々はヒンドゥーやムスリムといかなる親近性ももたない」。そして、イギリスが去ったあとは自己決定を望む、と主張している（木村 一九九九：一一、木村 二〇一一a：三一四）。

第二次世界大戦後、インド独立が現実のものとなるなかで、ナガの人々はインドのなかでの自治か独立かという選択を迫られる。一九四六年、戦後復興のために結成された「ナガ丘陵県部族評議会（Naga Hills District Tribal Council）」は、アンガミ・ピゾの強力な指導により「ナガ民族組織（Naga National Council：以下ＮＮＣ）」と改名し、独立路線に移行した。一九四七年八月一四日、インドが独立する一日前にＮＮＣは「ナガランド」の独立を宣言したが、宗主国であったイギリスやインド、国連が正式に認めることはなかった（木村 二〇一一a：三一五）。

ＮＮＣはインド独立後も住民投票や選挙ボイコットといった形で独立の意思を示し続けた。一九五〇年代半ばからインド連邦政府の弾圧が激しくなり、ＮＮＣの活動家は地下にもぐって武装活動路線に転じた。インド連邦政府はこれに対して軍と治安維持部隊を派遣し、指導者の逮捕や拷問・虐殺、そして広範囲な村の焼き打ちを行った。現在のナガランド州に編成されている地域には当時約八六〇の村が存在していたが、そのうち六四五の村が穀物倉まで含めて焼き尽くされるなど、ナガの一般市民の被害は甚大であった（木村 二〇一一a：三一八）。ナガの人々の「我々はインド人ではない」という強固なアイデンティティは、こうした迫害の記憶によるものも大きいだろう。

軍事的な紛争を終わらせるため、政治的な取引の試みもいくつかなされてきた。一九六三年には、ナガの穏健派とインド連邦政府が一六ヶ条協定を結び、ナガの居住地域の一部をナガランド州とし、自治を認めるという形で政治的な解決を目指した。しかし、独立運動を展開してきたＮＮＣはこれを認めず、連邦政府との合意に応じたグループを「裏切り者」と呼び、武装活動を継続した。一九六四年からは、インド政府とＮＮＣの間で停戦協定が結ばれ、幾度か和平会談が行われたが、政治的な合意には結びつかなかった（木村 二〇一一a：三二〇―三二二）。

その後、一九七〇年代に入ると、インド連邦政府は武装勢力を厳しく弾圧し、多くの指導者が殺害されてＮＮＣは追い込まれた。その結果、一九七五年にＮＮＣの指導者の一部とインド連邦政府の間で、インド憲法の枠組み内で解決を図ることに合意するシロン協定が結ばれた。しかし、一九八〇年にはビルマ側に逃れていたＮＮＣのメンバーの一部がナガランド民族社会主義評議会（ＮＳＣＮ）という別組織を結成し、武力活動を継続した。

一九九七年、ナガの最大の武装組織であるナガランド民族社会主義評議会のイサク・ムイバ派（ＮＳＣＮ（Ｉ／Ｍ））とインド連邦政府は停戦協定に合意し、政治的解決に向けた話し合いが始まった。一八年間に及ぶ和平会談の間に幾度か政権交替もあり、停滞した時期も存在した。最終的に二〇一五年、一九九七年にＮＳＣＮ（Ｉ／Ｍ）と停戦合意を結んだインド人民党（ＢＪＰ）が政権に復帰したことで、枠組み協定が締結された（Baruah 2015）。しかし、大まかな枠組みに合意したということが報道されたのみで、二〇一六年七月現在に至るまで細部についてはＮＳＣＮ（Ｉ／Ｍ）とインド連邦政府の担当者の間で協議中としか分かっていない。

(2) インドという国家とナガ人としてのアイデンティティ

ナガの人々にとって、ナガランドという独立国家を要求しつつも、インドという国家に併合され、統治下に置かれるという状態が七〇年以上継続している。こうした状況で、ナガの人々はインドの他地域出身者との間に差異を感じたり、差別されたりすることを通じて、インドという国家に所属していることに違和感を感じている。さらに、半世紀以上にわたる軍事化によってインドという国家に反感を覚える人々も多い。

ナガの人々の半数以上が住むナガランド州では、北東部州[2]以外のインド本土からやってきた住民が多数おり、言語や宗教等の文化や見た目が異なるこれらの人々は「よそもの」と見なされる傾向がある。とくに商店主や建設業の労働者は、ほとんどがこうした「よそもの」である。ナガランド州で唯一平野部にあり、鉄道駅が存在するディマプルでは、「よそもの」の住民の方が多数派となって久しい。ナガランド州都コヒマでも、商店主の多くはベンガル系ムスリムなど、インドの他地域から来た人々である。また、近年ではインド本土からの移住者が農業労働者や家事手伝いとして見られるようになった。こうした「よそもの」への反感が暴力的な事件に発展することも珍しくない。

インドの他地域出身者に対する反感が存在する一方、インド軍や治安維持部隊が「紛争対策」という名目で数多く駐留し、インド兵からナガの人々への人権侵害が日常的に起こっていることが、インドという国家への反感を高める要因の一つとなっている。ナガランド州やマニプル州の主要道路では日常的に検問を行うが、インド兵による横暴な態度がナガの人々との間に摩擦を数多く引き起こしている。インド兵はヒンディー語での受け答えを要求し、ヒンディー語がうまく話せない人々には疑いのまなざしを向け、横柄な態度をとっている。こうした状況を指し、冒頭で紹介したアティナの長女は「私たちにとって、ヒンディー語は軍と密接に結びついた言葉なの。軍事化の問題もあって、正直ヒンディー語を話したいとは思わない」と率直に語った。

その一方で近年では、教育や雇用のためにデリーやムンバイ、コルカタ、バンガロールなどインド大都市に移住する若者も増えてきた。グローバル化のなかでより条件の良い中間層の職業についたり、さらに欧米への留学や就職を志したりする人々にとって、デリーやその他の都市で高等教育を受けることは最初の大きなステップである。政府が国民の国内移動に関して正式な統計を出していないため、移住者の数を正確に把握することは難しいが、ＮＧＯによる二〇一一年の調査ではナガランドを含む北東部州から首都デリーへの移民の数を二〇万人と見積もっている（McDuie-Ra 2012: 42）。デリーでは北東部出身者、とくにナガのような山岳地域の先住民族は、見た目や文化の違いから偏見や差別の対象となり、さらには露骨な暴力に巻き込まれることも多く、社会問題となっている。二〇〇九年には一〇代のナガランド州出身の少女が隣人によって扼殺されたあと、遺体を焼かれるという事件が起きた。また、二〇一二年にはマニプル州出身の一九歳の少年が大学で執拗ないじめと暴力にあい、寮の部屋で亡くなっているのが発見された。両者とも、他者による殺害の疑惑が強かったが、当初は警察も大学当局も殺人と認めず、隠ぺいを試みたという点で共通している。大学生の事件では、北東部出身者によるデモや抗議が起こり、ようやく警察が取り調べを始め、同じ大学に在籍する学生二人による暴力が死因だと明らかになった。

こうした事件の背景には、ナガの人々を含む北東部出身者が日常的に差別にさらされているということがある。中国人に似ているということで「チンキー（chinky）」[3]という蔑称で呼ばれたり、外国人と間違われてパスポートの提示を求められたりすることは日常茶飯事である。また、食文化や生活習慣の違いから貸室の入居を拒まれたり、大家から過干渉を受けるたりすることも珍しくない。さらに、女性は性的に「だらしな」く、男性は酒飲みであるという偏見にさらされ、とくに女性に対する性的いやがらせが後を絶たない（McDuie-Ra 2012: 47-50, Kikon 2009: 92-93）。

教育や雇用のためにデリーや他のインドの主要都市に移住する人々は、一見、インドという国家に包摂されていることを受け入れ、そのなかでより良い人生を送るための機会を捜し求めているように見える。しかし、インドの主要都市への移住と、「自分たちもインド人である」という自覚が結びつくかどうかは別問題で、個人によって千差万別である。ナガランド州やマニプル州など、インド軍や治安維持部隊が大量に駐留し、いやがらせや人権侵害が激しかった州の出身者は、都市に移住した若い世代でもインドという国家に対する反感を保ち続ける傾向があると指摘されている（McDuie-Ra 2012: 45）。そして、むしろ厳しい差別や違和感により、「我々はインド人ではない」という思いが強化されることもある。

3　ナガ人権団体の結成とアジアの先住民族運動とのつながり

第二節で述べたように、一九七〇年代、八〇年代に至っても、ナガの民族組織は武力活動を継続していた。しかし、一九七五年のシロン協定締結後、インド連邦政府は「ナガ問題は政治的に解決した。残って武装闘争を継続しているのは一部の不満分子であり、治安問題である」という姿勢をとり、政治的な交渉に応じてこなかった。また、中国やパキスタンからの武力援助も困難となり、武力闘争では行き詰まりを覚えるようになる。そのため、一九八〇年代後半以降、国際的な場で自身の主張を訴え、国際社会の支持を得る試みが目立つようになる。

当時、最大の武装組織であったNSCN（I／M）は、タイのバンコクに支部を置き、ウェブサイトを開設してナガの主権や独立について国際的に発信を始めた。また、欧米のNGOの支援を得て、国連の人権委員会の下部機関において人権侵害を告発し、自決権行使の主張を展開した。この背景には、序章で提示されたように、当時国連で先住民族の権利に関する制度が整備され、先住民作業部会など先住民族の人々が直接参加し、自らの状況をアピールする場が確保されたことがある。NSCN（I／M）は一九九三年、九四年、九五年に先住民作業部会に参加し、また一九九五年と九七年には先住民作業部会の上部機関である人権小委員会においても発言の機会を得ている。しかし、NSCN（I／M）は一九九七年のインド政府との停戦合意と和平交渉の開始以降、徐々に活動拠点をインド国内に移動し、国際的な活動からは退いている。

一方、こうした先住民族の権利回復運動のなかでアジアの先住民族と緊密なネットワークを築いてきたのが、ナガの人権団体である「人権のためのナガ民族運動（Naga People's Movement for Human Rights：以下NPMHR）」である。NPMHRは、民族の代表として独立や自決権を主張するNNCやNSCNのような民族組織の基本姿勢や自決権という主張を支持しつつも、民族組織とは異なる市民社会組織として、ナガ居住地域で起きている人権問題を国内外で訴えるという活動を展開した。さらに一九九〇年代からはアジアにおける他国の先住民族団体とのネットワークを強め、ネットワーク組織である「アジア先住民族連合（Asia Indigenous Peoples' Pact: 以下ＡＩＰＰ）」を結成し、アジアの先住民族運動において中心的な組織となっていく。以下、ＮＰＭＨＲ創設者であり、同時にＡＩＰＰの創設に関わって初代事務局長を八年間務めたルインガム・ルイトゥイへのインタビューをもとに、ＮＰＭＨＲ設立の経緯と国際的な活動の概要を述べたい（ルインガム・ルイトゥイとのインタビューは、二〇一二年九月一二日、タイ国チェンマイのＡＩＰＰ総会会場にて実施した）。

ルインガム・ルイトゥイはナガランド州に隣接するマニプル州出身であり、タンクル・ナガというグループに属する。デリーの名門大学であるジャワーハルラール・ネルー大学で勉強した後、一九七八年にＮＰＭＨＲを結成した。ＮＰＭＨＲ結成の動機について、ルイトゥイは以下のように語っている。

そのころ（一九七〇年代前半）、ナガ軍の将校たちがあいついでインド軍に捕まった。彼らとは会ったことがなかったが、尊敬していた。それで、自分も軍隊に入ろうと思った。インド軍に入って、ノウハウを覚えてから、ナガ軍（ＮＮＣの軍事部門）を強化しようと思った。まず士官学校の試験を仲間と受けたが、自分だけ受かってしまった。自分は体が強くないので、正直、自信がなかった。父親にも止められた。そこで、故郷に帰って過ごしていた。故郷でいろいろと見聞きして、自分たちの問題を解決するためには法律をやるのがいいと思った。

デリーのジャワーハルラール・ネルー大学に進学したルイトゥイは、そこでインドの他地域出身の学生運動家たちと交流を深めたと語る。ネルー大学はインド有数の高等教育機関であり、公務員試験を目指す学生たちが集まってくる官僚輩出校であると同時に、学生運動がさかんな大学でもある。共産党（マルクス主義）（Communist Party of India. Marxist）系の学生活動家と仲良くなり、警察や大学当局に追われた彼らを寮の自分の部屋に匿ったりしたこともあったという。

一九七五年、シロン協定が結ばれた。このころ、我々の（民族組織の）指導者たちは何もしていなかった。しかし、一般の人々は拷問されたり、逮捕されたり苦しんでいた。自分たちは何かしなければと思った。一九七四年に準備を始めて、一九七八年にＮＰＭＨＲの組織化を始めた。ナガランド州のコヒマやモコクチュンの人々も、サポートしてくれた。自分はインディアン・エクスプレス紙の記者としてナガ居住地域を回り、みんなのニーズを聞いて回った。どこでも、我々の（人権活動という）アイディアに賛成だった。コヒマには長老が集まって、「この若者たちはよく分かっている。任せようじゃないか」と言ってくれた。

一九七五年にシロン協定が締結されるとインド軍や治安維持部隊による大規模な軍事作戦は停止するが、その後も多数の治安維持部部隊や軍の駐留と人権侵害は継続していた。とくに、一九八〇年にＮＮＣから分裂してビルマ側で武装活動を継続していたＮＳＣＮのリーダーであるムイバがマニプル州に居住するタンクル・ナガの出身であったこともあり、ルイトゥイの故郷ではしばしば逮捕や拷問、女性への性暴力が起きていた。なかでも、ＮＳＣＮが一九八七年にマニプル州ウクルル県北部のオイナム村でアッサム・ライフルズ（インドの治安維持部隊）の駐屯地を襲撃し、兵士を殺傷して武器・弾薬を奪った事件のあと、広範な人権侵害が起きた。アッサム・ライフルズは武器と弾薬の奪還のため、「ブルーバード作戦」と呼ばれる大規模な捜索と尋問を展開した。この作戦で、近隣の三〇ほどのナガの村で令状なしの捜索、逮捕・拘禁、拷問、レイプ、性的いやがらせが発生する。ＮＰＭＨＲはこのオイナム事件の三ヶ月後、被害者への賠償を求め、軍特別権限法を憲法違反とする訴えを起こした。

ナガ丘陵におけるこうした大規模な人権侵害が裁判で問われるのは初めてであり、訴えを起こしたＮＰＭＨＲの活動家たちはさまざまな困難に遭ったという。こうした状況のなか、一方でルイトゥイはアジアの先住民族とのネットワーク形成にも取り組み始めた。

一九八八年、キリスト教系の団体が開催する会議に出席するため、バンコクに来る機会があった。自分は国家の枠組みに縛られない何かをやりたいと思っていたので、(先住民族の)ネットワーク化の準備を始めた。そのころはまだ一九八七年のオイナム事件をやっていたので、大変だった。本当に身の危険を感じる時期だった。自分たちは命を落としていてもおかしくなかったと思う。一九九二年、AIPPの第一回総会があり、そこで、自分が事務局長を引き受けることになった。

一九九二年、アジアの一五の先住民族の団体がタイのバンコクに集まり、アジア先住民族協定が締結され、AIPPがバンコクに事務局を置いて団体を発足することが正式に決定された。協定では、AIPPの主要な目的を「アジアにおける先住民族の組織と運動の間で連帯とつながりを強めること」と定められている。多くの先住民族参加者は国連の先住民作業部会への参加経験者であり、先住民族の権利に関する団体の重要性を感じて組織を設立し、または国内の既存の組織を強化してきたリーダーたちであった(木村 二〇一一b:一六一―一六二)。AIPPの創設団体は、フィリピンのコーディリエラ地域やマレーシア、インド北東部、バングラデシュのチッタゴン丘陵、日本のアイヌ民族などが主だった団体である。

ルイトゥイは創設メンバーの一人であり、一九九二年から八年間AIPPの事務局長を務め、二〇〇〇年に退任する。一九九〇年代の後半から「武装組織の活動に協力した」という容疑でインド発行のパスポートが更新されなくなり、インド政府から活動の妨害に遭った。そのため、AIPP退任後にカナダに行き、難民申請をして以後はカナダに滞在する。カナダでの生活は、当初は収入がおぼつかず、非常な苦労を強いられた[4]。現在、ルイトゥイのパスポートに関しては裁判が起こされ、二〇一四年には短期間の観光ビザを取得して故郷の地を踏むことができた。

一九八〇年代、九〇年代のインド北東部では、人権活動に取り組むことは生命の危険にさらされることを意味した。

ルイトゥイもアジア地域ネットワークの活動に大きな貢献をしながらも、その後一〇年以上、故郷とアジアから遠く離れたカナダで難民として過ごすことを余儀なくされた。こうした状況はナガランドをはじめ、アジア各地の紛争地における先住民族には決して珍しいことではなかった。このような迫害の状況がＡＩＰＰのような国家を越えたネットワーク団体を必要とした一因である。そのため、現在、ＡＩＰＰが最も力を入れるプログラムの一つが、先住民族の人権活動家に対する支援や連帯の表明である。

4　アジア地域の先住民族ネットワークのなかで

ＡＩＰＰはその後、順調にメンバー組織を増やして組織を拡大させてきた。発足当初は専従スタッフがおらず、インターンとして二人の先住民族出身の若者が事務局を担っており、二〇〇〇年にマレーシア出身の先住民族が事務局長を引き継いだ際にもスタッフは事務局長を含めて三人であった。しかし、国連で先住民族の権利に関する制度化が進み、援助団体からＮＧＯに対して先住民族関連のプロジェクトに予算がつき始めた機会をうまく捉え、二〇〇七年の段階では専従スタッフが一〇人以上になった。二〇一六年現在では専従スタッフは一七人、構成団体は四七団体となり、人権、女性、環境を含む七つのプロジェクト分野において調査研究やトレーニングを行っている（木村二〇一一b：一六一—一六二）。

ＡＩＰＰがとくに力を入れている活動の一つが、国連での政策提言活動のとりまとめである。国連の先住民族問題に関する常設フォーラムや先住民族の権利に関する専門家機構の定期会合には毎年スタッフを送り、アジアからの参加者の要望をとりまとめて共同声明を発表したり、イベントを共催して共通の問題について国際社会に発信を行ったりしている。こうした国連での活動を円滑に行うため、ＡＩＰＰは毎年アジアの先住民族地域において国連への準備会合を開催し、三日ほどかけて三〇〜四〇人ほどのアジア各地域の先住民族を招集する。会合では、その年の各国連機関の議題となるテーマについて、それぞれの先住民族地域における状況を紹介しあい、アジア地域共通の課題や特徴を見つけ、状況にあった改善策や国連に期待することを提案していく。この議論をもとに、国連の会合では共同声明の発表や、国連機関に対する働きかけを行っていく。

準備会合の開催により、その年に国連の会合に参加するアジアの先住民族同士が事前に知り合い、交流を深めると同時に、国連での活動を円滑にしている。また、毎年会議に参加する常連の先住民族活動家も多く、そうした人々の間では連帯が形成されていく。国連では単に会議の場で顔を合わせるだけではなく、会議の合間にイベントを開催して、国連機関やNGO、専門家の人々にアジアの先住民族の課題を印象づける活動を行ったり、夕食会を開催したりして交流を深める。国連の会議は物価の高いヨーロッパやアメリカで開催されるため、共同でアパートを借りて自炊するなど、日常生活を共にすることも多く、会議参加を通じて個人的なつながりを形成していく。こうしたアジアの先住民族ネットワークの中心にいるのがＡＩＰＰであるといえる。

また、ＡＩＰＰは原則として専従スタッフに先住民族を採用するという方針を持っており、アジア各地、とくに東南アジアや南アジアから多くの先住民族の若者をスタッフとして採用してきた。ＡＩＰＰのスタッフとして働くことにより、先住民族の権利の国際的な動向や専門知識を得て、さまざまなトレーニングを受けることができる。そして、帰国後にそうしたスタッフが現地で再度活動することで、ＡＩＰＰや他の地域の先住民族団体とのネットワークを強固にすることが可能になっている。

アジアの先住民族のネットワーク組織として成長してきたＡＩＰＰだが、ＡＩＰＰの存在はアジアの先住民族集団や個人にどのような影響を及ぼしているのだろうか。ルイトゥイのような第一世代は報酬や社会的地位などの見返りを期待できず、資金源に苦労しながらＡＩＰＰの土台を築いた。一方、第二世代以降の人々はより条件の整った状態でこうした活動に参加し、異なる形での関わりを持っている。

初代の事務局長がナガ出身のルイトゥイだったこともあり、ＡＩＰＰにはこれまで数名のナガ人が専従スタッフとして働いてきた。冒頭に紹介した友人のアティナは、七年間ＡＩＰＰに勤めた古参スタッフだった。以下、アティナとのインタビューを中心に、アジアの先住民族ＮＧＯの存在がどのように彼女の人生に影響を与えたのかを考察したい（アティナ・パメイとのインタビューは、二〇一六年二月二六日、インドの首都デリーにおいて実施した）。

アティナ・パメイはマニプル州タメンロン県出身で、ゼリアンロン・ナガというグループに属する。二〇〇三年に国連欧州本部のジュネーブで行われる先住民族トレーニングに参加したことをきっかけにＡＩＰＰのことを知り、二〇〇七年にＡＩＰＰのスタッフとなる。それまでは教会関係の開発プロジェクトに従事しており、女性やマイノリティのための所得向上プロジェクトなどに携わっていた。また、ゼリアンロン・ナガの女性団体でも活動を行っていた。ＡＩＰＰの経験で何を得たのか尋ねると、彼女は以下のように語った。

幅広い経験をできたと思う。とくに、ネットワーキングが大きい。（アジアの）いろいろな地域の人たちに出会えた。そして、自分たちの地域で起きている物事を他の地域の人たちの問題と関連づけて考えることができた。そういう意味では、自分も視野を広めることができたのかもしれない。スキルも身についた。プロジェクトの管理や、評価、調査方法などをＯＪＴで覚えることができた。

アティナは現在、デリーで国連機関や国際ＮＧＯの仕事をコンサルタントとして引き受け、生計を立てている。ＡＩＰＰで働いていなければ、何をしていたのか、という問いに対しては、地元の活動を継続していたのではないか、とのことだった。

もともと関わっていた、ローカルな女性運動は続けていたと思う。教員をしていたので、それを続けていたか、あるいは教会関係の仕事をしていたかもしれない。

写真 7-1　国連先住民族常設フォーラムに参加するアティナ・パメイ（写真中央。2005 年 5 月撮影）

アティナのライフヒストリーを聞くと、彼女はルイトゥイのように人権活動に人生を捧げた運動家というよりも、職業としてＮＧＯスタッフを選択していることが窺える。もちろん、彼女自身も女性やマイノリティのためのプロジェクトに従事していたことから分かるように、お金のためだけにＡＩＰＰに勤務したわけではないだろう。しかし、先住民族の人権トレーニング参加への資金やＡＩＰＰの給与が保証されていなければ、こうした活動に従事できなかったことも事実である。この点は現在のＡＩＰＰで働くスタッフの多くに共通した点であり、国際機関や援助団体からのさまざまな援助や資金の存在は先住民族の権利回復運動や人権活動に関わる人々の裾野を広げている。

ＡＩＰＰのスタッフとしてタイで七年間働いたことは、彼女だけではなく彼女の子どもたちの教育やキャリアに大きな影響を与えた。アティナはＡＩＰＰのスタッフとなった際に、すでに四人の子どもがあり、子どもたちは幼いうちはタイで教育を受け、大学からインドの名門校に進学している。

ＡＩＰＰにいたから、（財政的に）子どもたちにデリーで教育させる機会ができた。それは間違いないと思う。上の二人はパトカイ・クリスチャン・カレッジ（コヒマの名門校）に行って、その後デリーのカレッジで勉強した。下の二人はチェンマイの自宅で勉強させた後、デリーで勉強した。

長女はデリーのカレッジを卒業したあと、イギリス系の出版社ラウトレッジで編集の仕事に携わっている。次女はデリーの学校で教員をしている。北東部出身者がデリーなどインドの主要都市で職を得て生活していくことは容易ではなく、彼女の子どもたちが比較的恵まれた状況にあるのはデリーで高等教育を受けられたということが大きいだろう。

アティナの経験から、ＡＩＰＰでの勤務経験は彼女にとって故郷にいれば困難であった女性としての自立を可能にしたということが窺えた。国連機関や国際ＮＧＯと契約ベースで仕事を請け負うという現在の働き方の基盤となる経験や能力、そしてネットワークはＡＩＰＰで培われたものであり、帰国後もこれらの経験が彼女の生活の基盤を形成している。同時に、故郷にいれば「ゼリアンロン」というナガの一集団としてのアイデンティティが強かったであろう彼女が、アジア地域のネットワークを経験することで「先住民族」として自分たちの問題と他地域の問題を関連づけて捉えることができた、というアイデンティティの変遷も興味深い。

このように、国連で自分たちが「先住民族」であり、アジア地域に仲間がいるということを「発見」したルイトゥイや他のアジアの先住民族活動家の第一世代の人々が築いてきたＡＩＰＰとアジア地域のネットワークは、現在第二世代、第三世代に受け継がれつつある。第二世代の人々は、タイのチェンマイに拠点があるということもあり、国連まで行かなくともアジア地域でのつながりを得て、先住民族の権利という観点から自分たちの問題を捉え、国連の人権機関などの利用を学ぶことができるようになった。また、ＡＩＰＰの存在は世界各地の支援団体からの援助の受け皿となり、先住民族の人権活動を職業として成立させることを可能にした。ルイトゥイのように身を危険にさらし、手弁当の資金で活動に貢献するような活動家もいまだに多く見られる一方で、教育を受け、キャリアの一環としてＡＩＰＰのスタッフとなる若者もいる。先住民族の人権活動家の裾野が広がったといえるだろう。

5　国家にとらわれない先住民族ネットワーク

ナガのように国家のなかで主流民族とは異なるアイデンティティを持ち、差別や人権侵害を訴え、また異なる政治体制を要求する集団は世界各地に存在する。国際的な先住民族の権利回復運動が進展するなか、アジアの多くの集団も自らを先住民族と名乗り、国連の先住民族関連の機関などの国際的な場を利用してきた。一九八〇年代後半以降、グローバル化の広まりにつれ、国際的な場で自らの要求を主張することは困難ではなくなってきたが、それだけでは国民国家のなかで自らの置かれた地位が変化するとは限らない。AIPPの試みは、アジアという地域レベルで先住民族同士の横のつながりを強め、一国内ではマイノリティである先住民族が互いに協力し合うことにより、国家に対抗する力を強めることであった。実際、国連でのアジアの先住民族による政策提言活動は効果的と評価されており、共同声明で提案された項目の多くが国連の発行する成果文書に取り入れられている。

NPMHRを中心とするナガの人権活動やアジアの先住民族のネットワーク化は、国際的な先住民族運動がまさに草の根の組織や活動家の積極的な参加によって牽引されてきた側面の好例といえるだろう。国連を中心とした国際人権基準の進展は、しばしば「普遍的な価値」の押しつけといえる一面を生み出す。しかし、紛争や開発の被害に遭う先住民族にとって国際的に訴え、国家にプレッシャーをかける場は確かに必要とされている。同時に、こうしたアジア地域のつながりは、各地の先住民族組織や個人のエンパワーメントにもつながっている。

具体的にナガの事例を見てみると、まずナガの独立運動にとって、国際的な場で訴えることのできたこと、そしてそれを支えるアジアのネットワークがあったことは、八〇年代以降の運動を継続させるうえで非常に重要だった。軍事的な行動だけでは行き詰まっていた彼らにとって、国際的、地域的な活動の場の存在はナガの独立運動がいまだに継続していることを世界に知らしめると同時に、欧米のNGOなどの国際社会から支援を受ける契機ともなった。こうした国際的、地域的なネットワークを通じた訴えが一九九七年の停戦合意、そして二〇一五年の枠組み協定の発表につながったのである。

同時に、先住民族個人にとってAIPPや国際的な会議の場は、他にも自分たちと同じ立場の人々がおり、国は違っても似たような差別や課題に直面していることを共有し、連帯を高めるという点で重要である。マイノリティにとって国内での主張はしばしば多数派の理解を得られにくい。そうしたなかで、ＡＩＰＰのスタッフや、国連や地域レベルの会合参加者を含めた広いネットワークの存在は、こうした状況に置かれているのは自分たちだけではなく、仲間がいるという心強さや連帯感を与える。ルイトゥイの事例のように、人権活動家は政府からの迫害に直面することも多く、現在も多かれ少なかれ嫌がらせや身の危険が及ぶことも珍しくない。ＡＩＰＰの存在は、「先住民族」としてのつながりや連帯感を高めると同時に、国家と距離を保ちつつ独自のアイデンティティを持って生きる選択肢を増やしているといえるだろう。

最後にアティナの事例から、ＡＩＰＰのような組織の存在は先住民族の若者、とくに女性に多様な生き方を可能にすることが指摘できる。アジアの先住民族社会の多くは家父長的な価値観が強く、女性が子どもを育てながら自立することは容易ではない。アティナの自立は、ＡＩＰＰで勤務したことによる経済的な自立によってもたらされている側面が大きい。ＡＩＰＰをはじめとして、アジアの先住民族組織で国際的な活動で活躍している女性が目立つが、それはそれぞれの故郷よりもより大きな活躍とキャリアのチャンスが提供されているからかもしれない。

ＮＰＭＨＲや他のアジアの先住民族の人々は、国家による差別や弾圧を経験しつつも国境を越えてＡＩＰＰのような場所に集まり、国家の枠にとらわれないさまざまな活動を実践してきた。こうした実践は、国民国家への同化を強制されてきた人たちが国境を越えて活動し、自らのアイデンティティを表明できる可能性を見出してきた歴史でもある。先住民族の権利回復運動や国境を越えた活動に関わる人の数はそれほど多くないかもしれないが、国家にとらわれないオルタナティブな活動のあり方や個人の生き方を提示し、想像力を喚起するという点で重要である。

注

1　出自や言語を共有する集団。日本語で「部族（民）」と表記することもあるが、先住民族の権利運動のなかで差別的であると指摘されていることもあり、本章では英語の tribe をカタカナ表記したものを利用する。

2　インド北東部はアッサム州、アルナーチャル・プラデシュ州、トリプラ州、ナガランド州、マニプル州、ミゾラム州、メガラヤ州の七州から成る。総人口約四五〇〇万人、ナガランド州人口は約一九七万人。

3　英米の英語圏において、東洋人、とくに中国人を指す蔑称。

4　'To live as an exile, and to be back home,' published in Morung Express, December 12, 2014. http://iva.aippnet.org/india-to-live-as-an-exile-and-to-be-back-home/（二〇一六年七月二六日閲覧）

参考文献

木村真希子　一九九九『ナガの「先住民族化」――インド北東部の民族独立運動と自決権をめぐる近年の動向』慶應義塾大学大学院社会学研究科提出修士論文。

木村真希子　二〇一一a「訳者解説」カカ・D・イラル『血と涙のナガランド』木村真希子・南風島渉訳、コモンズ、三一二―三二五頁。

木村真希子　二〇一一b「先住民族ネットワーク――アジアの草の根運動と国際人権システムを架橋する」勝間靖編『アジアの人権ガバナンス』勁草書房、一五三―一七一頁。

Baruah, S. 2015. A Pseudo Peace. *The Indian Express*, August 11. http://indianexpress.com/article/opinion/columns/a-pseudo-peace/（二〇一六年七月二二日閲覧）

Kikon, D. 2009. From Loincloth, Suits, to Battle Greens: Politics of Clothing the 'Naked' Nagas. In S. Baruah（ed.）, *Beyond Counter-insurgency: Breaking the Impasse in Northeast India*. New Delhi: Oxford University Press, pp. 81-100.

Luithui, L. and N. Haksar 1984. *Nagaland File: A Question of Human Rights*. New Delhi: Lancer International.

McDuie-Ra, D. 2012. Cosmopolitan Tribals: Frontier Migrants in Delhi. *South Asia Research* 32（1）: 39-55.

【コラム⑥】「後から来た人」から「先住民」へ
カメルーンのボロロ牧畜民

ミカエラ・ペリカン
（丸山淳子訳）

ボロロは牛牧畜民で、一九世紀から二〇世紀にかけて、ナイジェリア北部からカメルーンに移住してきた人々である。このコラムでは、カメルーンの北西部英語圏に住み、グローバルな先住民運動を中心となって進めてきたボロロに焦点を当てる。そして、ボロロにとって、「先住民」というアイデンティティは国家のなかの彼らの立場を強めた一方で、さまざまな集団の間、あるいはボロロ社会の内部においても、先住民性（indigeneity）の意味をめぐる不一致が生じていることを論じたい。

カメルーンは一九九〇年代に民主化し、それによって民族的あるいは宗教的エリートたちが組織化することが可能になった。この時期に、MBOSCUDA（ボロロの社会と文化の発展のための組織）が設立され、国家や国際社会に対峙してボロロを代表する最も有力な団体になった。この団体の主な活動は、児童教育、女性の社会経済的エンパワーメント、政治的・法的権利に関するロビー活動である（Duni et al. 2009）。二〇〇〇年代半ばには、MBOSCUDAは政策提言活動の幅を広げ、先住民の権利に関するグローバルな運動に活発に関わるようになった。しかし、彼らの主張する先住民性は、ローカルな概念である土着性（autochthony）と衝突するために、問題含みであった（Pelican 2008, 2009）。

カメルーンでは、他の西アフリカ地域と同様に、先住民性、土着性、「最初に来た人々（first comer）」そして「ネイティブ（natives）」といった考え方は、過去から現在に至るまで、政治的階層や法的権利に関するローカルな考え方をかたちづくってきた（Bayart et al. 2001, Geschiere 2009）。カメルーン北西部では、「草原の民」と呼ばれる農耕民が、この地域に数百年にわたって居住し続けてきたために、自

写真１　ジュネーブで開催された先住民の権利に関する専門家機構の年次集会に集ったアフリカの先住民（2008 年 10 月撮影）

表1　ボロロと草原の民の先住民性をめぐる複雑さ

	ローカル	植民地時代	ポスト植民地時代	今日の政府	国連
ボロロ	後から来た人々 latecomers	よそ者 strangers	外来の人々 allochthon	周辺のマイノリティ marginalized minority	先住民 indigenous
草原の民	最初の人々 firstcomers	ネイティブ natives	土着の人々 autochthon	マジョリティ majority	非先住民 non-indigenous

分たちのことを「ネイティブ」で「土地の管理者」だと考えている。ボロロもまた同じ地域に居住しているが、彼らは二〇世紀の初頭にここに到着したに過ぎず、「よそ者（strangers）」で「後から来た人々（latecomers）」と見なされ、土地や資源に対して限られた権利しか与えられてこなかった。一方、国家のレベルでは、土着性という言説は、カメルーンの民主化の文脈で注目されるようになった。一九九六年に改正された憲法は、マイノリティと先住民の権利擁護に主眼があり、この政治的枠組みのなかでは「先住民」とは自分たちを「最初に来た人々」「ネイティブ」あるいは「土着の人々」であると考える人々を指している。これは、国連や国際労働機関の用いる先住民概念が、自己アイデンティティや周辺化の経験、多数派との文化的違いを基準として重んじているのとは異なっている（ILO 1989, Daes 1996）。

ボロロ牧畜民は、南部や南西部カメルーンに暮らすバカやバギエリなどのピグミー系狩猟採集民と同様に、国連や国際労働機関の基準を満たしているという点では、カメルーンの先住民と考えることができるかもしれない。しかし、カメルーン政府は、この二つの集団を公式に「先住民」と認めたことはなく、「周辺の人々（marginal population）」として位置づけている。このように、似てはいるが、異なる政治的、法的意味を持つ概念が複雑に絡み合っていることによって、ボロロは国際的には「先住民」と認められるものの、地域や国家の文脈では「よそ者」「外来者（allochthones）」あるいは「周辺のマイノリティ」と見られるという困惑するような状況が生じているのである。そして、先住民性をめぐる国際的な理解とローカルなそれとが一致せず、新たな競合や揉めごとの可能性が生まれている。

このような状況は、たとえば、二〇〇七年のサブガ（Sabga）のリーダーシップをめぐる難局に見てとれる。サブガは、北西カメルーンにある最も影響力を持つボロロの居住地で、その地を中心に「先住民」としての地位を求める運動が展開されてきた。しかしこれに対して、経済力のあるボロロのエリートの間からは、ボロロが「先住民」に分類されると後進的で貧しいという不適切な連想がなされるとして、批判的な声が上がった（Pelican 2013）。

サブガのリーダーシップに関する揉めごとは、カメルーンのボロロについて、先住民の権利という言説の適用性や有効性を検討するうえで、重要なテストケースとなった。そして新しいコミュニティリーダーを決める手続きには、先住民としての十全な政治的、領土的権利を主張するボロロの運動家が関与した。二〇〇七年の夏、問題は、政府の代表者がサブガに強引に介入したときに露わになった。このとき、サブガのコミュニティの選んだ代表者が、裕福で縁故に恵まれた企業家の影響で、行政的に退任させられ、その企業家と関係のあるボロロのリーダーに代えられたのである。サブガ

写真２　カメルーンの北西部にてウシを追うボロロ（2009年９月撮影）

の人々がこの妨害に対して抵抗すると、政府は、今度は軍事介入を進めた。これに対して、サブガのボロロ・エリートらは、政府に圧力をかけるために、すぐに国際的なコネクションを活用した。まず退任させられた代表者とその支持者は、命の危険を感じたとして、首都ヤウンデにあるアメリカ合衆国の大使館に難民申請を出した。ボロロの女性らは、首相官邸で抗議活動を展開し、押し付けられたリーダーの退任と、コミュニティが選んだリーダーの復任を要求した。さらには、ＭＢＯＳＣＵＤＡの助けを借りて、この問題を国内や国際的な人権団体に報告するとともに、国連の人権理事会にも訴えた。

その結果、すぐに、カメルーン政府はこの問題を再考する様子を見せ、首相のイニシアティブで、調査団がサブガに送られた。ところが、調査結果は首相に報告されたものの、何も起きなかった。そこで、ボロロの人権活動家はさらにこの問題を広く訴え、国家機関や国際機関に、この問題について公式な文書を提出するよう働きかけた。また、先住民の人権と基本的自由に関する国連特別報告者のラドルフォ・スタベンハーゲンも、カメルーンを訪れ、二〇〇七年の報告書にサブガの問題を取り上げるとともに、カメルーン政府からの回答と問題解決を要求した（Stavenhagen 2007）。しかし、結局

のところ、政府は、報告されたボロロの人権や先住民の権利の侵害について、回答する義務があるにもかかわらず、なんの結論も出さなかった。退任させられたリーダーに力がもどることはなく、ボロロ・コミュニティは長期化する問題によって生じた政治の混乱と内部の揉めごとを引き受けざるをえなくなってしまったのである。

このサブガの例は、先住民の権利という言説に対する幻滅が生じていることを示している。そして一連の出来事によって、ボロロの活動家らも、公然と批判するよりも、現実主義的なアプローチをとり、政府機関とも協力する方向へと転換するようになった。カメルーン政府は、依然として、先住民の権利という言説を「周辺の人々」という名に変えて、開発計画のなかに取り入れようとしてはいる。したがって、ボロロの組織もひきつづきこの言説を用いてはいるが、同時に政府との協調の道も探るようになってきた。

ボロロは、国際社会、国家、ローカルなど、さまざまなレベルでの政策提言活動を統合していくことによって、社会政治的戦略をあるものから別のものへと移行させるのではなく、むしろ多様化させてきた。すなわち、彼らは国連の先住民問題に関する常設フォーラムに毎年参加し、国連人権理事会に報告書を提出し、SNSをつかって重要な情報を拡散し、開発に関わる問題については政府の代表と協力しあっている。カメルーン政府は、先住民という概念やその法的な実質化について、完全に受け入れてはいないが、先住民の権利という言説は、国家や国際的な政治領域において維持はされている。

ボロロは、先住民性を政治的資源として活用することができた。しかし、「先住民」として承認される権利を持っていると主張することが難しかったり、そう望まないグループも存在している。そして、ボロロの先住民運動は、その進展とともに、期待と成功から幻滅と現実主義へとフェーズが移り変わってきた。その過程で、彼らの主張が生み出した不利な結果に対応したり、よりよい状況を生み出したりするために、別の戦略を採用することもあった。

アフリカの先住民運動は盛衰を繰り返してきた。多くの人々にとって、「先住民」というアイデンティティは、第一に、法的主張を立証し、開発にアクセスするための政治的な戦略であった。これは、先住民というアイデンティティがより長く具体的な歴史を持ち、先住民性が共有された意味や帰属の源泉となってきたアメリカや太平洋（Clifford 2013）などと、アフリカが異なっているところである。このような先住民性の持つ抽象的でつかみどころがない特徴は、先住民がグローバルに適用可能なカテゴリーとして用いられる際に、強みにも弱みにもなりうるだろう。

参考文献

Bayart, J. and P. Geschiere, F. Nyamnjoh 2001. Autochtonie, Démocratie et Citoyenneté en Afrique. *Critique Internationale* 10: 177-194.

Clifford, J. 2013. *Returns: Becoming Indigenous in the Twenty-First Century*. Cambridge, Mass.: Harvard University.

Daes, E. 1996. Working Paper on the Concept of Indigenous Peoples. UN doc. E/CN.4/Sub.2/AC.4/1996/2.

Duni, J. and R. Fon, S. Hickey, N. Salihu 2009. Exploring a Political Approach to Rights-Based Development in North-West Cameroon: From Rights and Marginality to Citizenship and Justice. *BWPI Working Paper 104*. Manchester: Brooks World Poverty Institute.

Geschiere, P. 2009. *The Perils of Belonging: Autochthony, Citizenship, and Exclusion in Africa and Europe*. Chicago: University of Chicago Press.

ILO 1989. *Convention* (*No. 169*) *Concerning Indigenous and Tribal Peoples in Independent Countries*.

Pelican, M. 2008. Mbororo Claims to Regional Citizenship and Minority Status in Northwest Cameroon. *Africa* 78/4: 540-560.

Pelican, M. 2009. Complexities of Indigeneity and Autochthony: An African Example. *American Ethnologist* 36 (1): 149-162.

Pelican, M. 2013. Insights from Cameroon: Five Years after the Declaration on the Rights of Indigenous Peoples. *Anthropology Today* 29 (3): 13-16.

Stavenhagen, R. 2007. *Report on the Situation of Human Rights and Fundamental Freedoms of Indigenous Peoples; Addendum: Summary of Cases Transmitted to Governments and Replies* Received, 20 September 2007. UN doc. A/HRC/6/15/Add.1.

第8章　包摂と排除の政治力学

インドにおける指定トライブ、ビールの表象をめぐって

小西公大

1　トライブとは誰なのか

政府によって「トライブ（tribe）」として認定されたい、そのためには暴動も辞さない。二〇〇六年からインド北西部において断続的に起きた、多くの人々を巻き込んだ抗議運動や暴動は、大きなニュースになって世界をかけめぐった。

そもそもインドにトライブと呼ばれる人々が存在するということ自体あまり知られていなかったかもしれない。インドは「カースト」[1]に縛られた国であり、マイノリティであるイスラーム教徒などを除けば、ヒンドゥー教的な階層社会によって特徴づけられるというのが一般的な捉え方だからだ。

ことの発端は、二〇〇三年のラージャスターン州（インド北西部に位置する州）における下院選挙で、当時の与党であったインド人民党（ＢＪＰ）が、農民カーストであるグッジャールの人々の地位を「指定トライブ[2]（scheduled tribe）」に変更すると公約に掲げたことである。指定トライブとは、差別や搾取から保護し、教育・雇用・議席など

において留保枠（優先的に占めることのできる枠）を定めるなど、社会・経済的な向上を促すために認定されてきた行政範疇の一つだ。いわばカースト・ヒンドゥー社会（カースト制によって構築されたヒンドゥー教徒たちの社会＝マジョリティ）によって抑圧されてきた人々、もしくはそうした社会から縁遠い「山の民」「少数民族」といったニュアンスで語られる人々だ。

グッジャールの人々は、それまで別の保護政策の範疇となる「その他後進諸階級（other backward classes）」に属していたのだが、同枠は強い政治的影響力を持つジャートと呼ばれる別の集団が占めており、よりよい政策の果実（優遇策や留保枠）を手に入れるために、指定トライブ枠への「降格」を要求してきたのである。結局この公約が守られなかったため、暴動へと突き進んでいくこととなった。一方で、すでに指定トライブとして認定されてきた人々（とくにミーナーと呼ばれるトライブ）が、グッジャールの認定（新規参入）を阻止するために暴動を起こし、事態はより複雑化していった。

この事件は、指定トライブ枠への参入を要求していたグッジャールに対し、これまでの「その他後進諸階級」の枠での留保の拡大を認めることで事態は収束していった。しかし、この問題はインドの政治状況において一九世紀から連綿と使用されてきた「トライブ」という範疇が、もはや集団の特徴や文化・社会的背景などを無視した、きわめて政治的な人間類型として使用されるに至ったことを示しているだろう（小西二〇一〇：八三—八四）。本章では、こうしたインドにおけるトライブ範疇がどのような意味を持つのか、どのような変遷を経て現代に至るのか概観していくことで、インドにおける少数民族に対する政治的言説の特殊性を明らかにしていこうと思う。

2　インドにおけるトライブ

さて、先住民族を扱う本書において、インドにおけるトライブ概念について記述していく理由に触れておこう。

インドはイギリス帝国によって植民地化（イギリス領インド帝国、一八五八〜一九四七年）され、一九四七年にパキスタンと分離しつつ独立することになった。後述するように、トライブという用語は、このイギリス植民地期においてインド社会の理解（もしくは社会を「統治」するのための管理の強化）のために学術分野から導入されたことをきっかけに、その後独自の発展を遂げていったものだ。トライブという集団範疇は、いわゆる「カースト・ヒンドゥー社会」とは別の、独自の文化・社会体系を持つ人々を指すものとして、歴史的に形成されてきた。一方でトライブには、カースト・ヒンドゥーがその版図を広げていく以前から広範に分布していた「先住の民」という含意もある。彼らを言い表す「*adivasi*（adi＝先住の vasi＝人々）」という語彙が、現在においても使用され続けていることからも分かるだろう。

しかし、独立後のインド政治の文脈では、先住性を含意する adivasi や indigenous という語彙は使用されておらず、一貫してトライブ（tribes もしくは tribals）という語彙が用いられてきた。インドの社会構成における主流＝カースト・ヒンドゥーから、文化的・社会的・地理的な隔たりを持った人々は、独立後「指定トライブ」として認定され、社会経済的向上を促す「保護的差別」政策の対象とされてきた。このように、トライブという概念は、インドの植民地経営および独立後の国家建設における開発の方針と深く結びつき、独自の変遷をたどったのである。その過程で、彼らの先住性に関する議論が巧妙に回避されてきたことが、彼らの存在を国際的な先住民族運動のなかで位置づけることを（少なくとも近年まで）拒絶してきたのではないかとも考えられる。

一方で、トライブという概念そのものが、インド世界に存在していたあまりに多くの（先住の）民族集団を（その多様性を無視する形で）包括的に指示するものとして形成されてきた歴史があり、まさにそのことによってトライブとしての結合や一貫性を持ちえなかった事実を忘れてはならない。その結果、トライブとして捉えられてきた人々の意識や描かれる未来像は分散的なものになっていった。国際的な先住民族運動に与しないトライブの人々が多いのも、こうした背景によるのだろう。

本章で扱うのは、このトライブという恣意的な概念をめぐる（ある種むりやりな）議論の展開過程であり、またそれらの議論を支える、包摂と排除のはざまでゆれうごく、政治的な意図の変遷である。つまり、彼らを「どう理解するか」という議論とともに、「どうすべきか」という政治的な意図が深く刻み込まれている状況を見出すことができるだろう。具体的な分析対象として、私が長年研究してきた指定トライブのビール（Bhils）[3]の人々を描いた民族誌が中心となることを、まずお断りしておきたい。

まずはトライブ概念が生み出される最初の状況から話を始めよう。

3　トライブ概念の生成

なぜトライブだったのか――。この疑問に答えるのは、とても難しい。ただ、イギリスの植民地化の初期の段階では「人種（race）」と「部族（tribe）」が併用して用いられていること、二〇世紀以降トライブ概念がイギリス社会人類学の世界で「共通の言語や習慣を有した、特定の地域に住む集団」を指すものとして幅広く使用されてきたこと、そしてその語彙がインド統治の過程で独自の人間類型として採用されていったことだけは間違いない。くわしく見ていこう。

イギリスのインド支配体制に対応した情報管理が行われていくのは、インド大反乱（スィパーヒーの反乱、一八五七年）の後である。イギリスは反乱の原因究明作業がほぼ完了した段階で、地誌編纂を体系化するとともに国勢調査を一元化し、それにあわせてインド社会を記述するために基本概念の統一を目指すことになった（藤井 一九九四：八九）。この過程で成立したのが「公的インド社会観」であり、それはインドの人々を宗教的帰属によって分けるという特徴があった。つまり、ヒンドゥーはカーストに細分化されたものと見なす一方で、イスラーム教徒はその内実の多様性を無視して一体として扱われた。また、これら宗教を受け入れることなく、固有の信仰体系を保持しているとされた人々が「トライブ」として両者の周辺に配置されたのだ。ここで問題となるのは、本来ヒンドゥー／トライブという明確な境界線を引くことができなかった社会構成を、制度上の分類でははっきりと二分してしまったことだろう（藤井 一九九四：九〇）。

一九世紀では、トライブと見なされた多様な人々の多くは、森林の奥深くや山岳地帯のように、比較的税収の低い、外界と隔絶された地域に居住していた。より生産性の高い地域を確保し、植民地支配を安定させるためには、そうした地域を「通常の支配体制より切り離してしまうことが最も簡便な方策」であった（藤井 一九九四：九二）。また、このようなイギリスの切り離し策は、選挙制度のあり方に直接結びつくことから、二〇世紀に入って現実的な「数の利害となって政治問題化していく」のである（関根 一九九七：三一九―三二〇）。イギリス側はこの切り離し策の大義名分としてトライブの固有文化の保護を掲げたが、反英運動を推進したナショナリストたちは、それを分割統治の象徴として批判し、トライブとカースト・ヒンドゥー社会の（ときには同質な）関係性を強調していくこととなる。

一方で、感情的な側面で彼らを擁護しようとする「トライブ派」と呼ばれるイギリス人官僚が多く存在していた。彼らはキリスト教的な信条を背景に持ち、トライブに対する「高貴な野蛮人」幻想とヒンドゥー教徒に対する嫌悪とを重ねる形で、彼らの切り離しの政策を擁護していった。他方で、インド出身のナショナリストたちは、インドのアイデンティティの創造の根幹にカースト・ヒンドゥー的なるものを据え、反英運動を展開していった。その過程で、トライブをカースト・ヒンドゥー社会の一員として捉えるか、もしくはトライブをカースト・ヒンドゥー社会へと変化していくものとして主張する必要があったのである（小西 二〇〇四：七三）。

それではまず、トライブの固有性はどのように捉えられていったのか。

4　トライブを捉える（一）——孤立論的表現

前節ではトライブという範疇が、植民地経営の文脈できわめて恣意的に線引きされた社会類型として生み出されたことを記述した。二〇世紀に入ると「トライブ的宗教」という枠組みも作り出され、彼らは独自の文化を保持した「実体」として把握されていくことになる。ではその独自性はどのようなものとして捉えられていたのだろうか。当時の研究者や行政官たちの記述を見ていこう。

そもそもインド社会の研究は、イギリス植民地時代の行政官や宣教師による調査研究に始まり、これら研究の蓄積は数多くの優れた研究を生み出し、世界の人類学・社会学の発展に大いに寄与したといわれている。

イギリス行政官による、トライブの記述の最も古い例として、ジェームズ・トッド大佐（Col. James Tod）の年代記が挙げられる。トッドは一九世紀初頭のラージプーターナー（現在のラージャスターン州）に存在した諸藩王国をくまなく周遊し、膨大な年代記をまとめあげた（Tod 1829）。そのなかで、のちにトライブとして認定されるビール社会の人々は、「先住の人種（aboriginal race）」「野蛮な人種（savage race）」「森の子どもたち（children of the forest）」などと記述されている。

ビールに焦点を当てたまとまった記述は、ベンガル・アジア協会の機関誌に一八七五年に提出されたジャイプル管轄区の軍医ヘンドリー（T. H. Hendley）による「メーワール・ビールに関する報告」が最も初期のものだろう。ここでもビールは「最も独自性を保持した『種族（race）』」として描かれている。この報告のなかでは、宗教的特性をはじめとして生業、居住形態、食事、慣習、法と支配、時間概念、医療、地質学的研究、形質人類学的研究（後述）、言語学的研究などが記され、あらゆる側面における情報の羅列が行われている（Hendley 1875）。とくに人類の進化過程を骨の形状から明らかにしようとする形質人類学的な分析が詳細に行われており、身体的特徴の指数が他の種族

(race)(たとえばEuropean, Tibetan, Africanなど)と比較分析され、ビールの特質が明らかにされていった。一九世紀の段階で、まだトライブ概念が使用されていない事実に驚くが、山岳部に見出された人々を多様な側面から同定しようとする努力を垣間見ることができる。

ビールが初めてトライブとして記述されたのは、一九〇一年センサスと同時に進められた地誌(Gazetteer)編纂事業の一環として作成された、ラージプーターナーにおける地方地誌だろう(Erskine 1908)。同報告書では人口分布、迷信、居住形態、衣服、食生活、言語、教育、宗教、慣習(出産儀礼、婚姻、葬送儀礼、相続関係)に加え、その起源、歴史的背景に関しても詳細に記述されている。インドを統治する植民地官僚のための利用可能な情報源として、トライブのあらゆる情報が蓄積されていった状況がよく分かる。

写真8-1 「指定トライブ」ビールの子どもたち(2012年3月撮影)

植民地期に形成されたこのようなトライブの記述スタイルは、独立後インド出身の人類学者たちにも引き継がれていった。ビールがインドにおける人類学において注目され出したのは、ロンドン大学において博士号を取得したナーイクによる「ビールの研究(*The Bhils: A Study*)」と題された民族誌に負うところが大きい(Naik 1956)。

ナーイクがビールのもとを訪れたのは一九四三年であり、ベンガル出身の人類学者マジュムダールの形質人類学的調査に参加したときであった。一九五六年に出版されたこの民族誌は「民族誌学的地図における空白部分の埋め合わせを行うということだけが目的ではなく、トライブへの関心の増加が見られる州政府の、もしくは慈善組織の福祉活動家の助けとなるために」(Naik 1956: v)書かれたものであるとされている。また最終章においては、これまでの章で扱ってきたビール世界のさまざまな細部は「おしなべて固有のビール文化と呼ぶことができる」

(Naik 1956: 313) と結論づけている。

この民族誌はビールの断片化された文化要素が各章のタイトルとなり、ビールを（社会構造、経済から言語、神話に至るまで）多様な側面から包括的に、かつ固定的に記述するという植民地期に形成された表象形態を踏襲していることが分かる。

このように、植民地期から独立後にかけて行われたトライブ研究は、彼らをあらゆる側面から同定し、包括的に記述を進めるといった固定的なものであったことが分かる。またそこには、さまざまな西洋的知の体系（たとえば、言語学、形質人類学など）を援用しながら進められた近代の科学的「分類」の論理が働いていた。

次節ではこのような視点を「切り離しの論理」として批判し、新たなネーション形成におけるトライブの同定作業に最大の努力を注いだ一連の流れを追いかけていこう。

5　トライブを捉える（二）――同化論的表現

一九四七年のインド・パキスタン分離独立後のトライブ研究は、ある種の混乱を伴ったものとなっていった。その原因として二点が考えられる。一つには、トライブ研究が進むにつれ、内部の多様性やヒンドゥー社会との類似性が明らかになり、彼らの孤立性と固有性を主張し続けることが難しくなったことが挙げられ、もう一つには政策史的な問題が挙げられる。

一九三六年に設定された「インド政庁規則」には、トライブに対する特別措置（留保議席・特別選挙区）が盛り込まれ、州ごとの受益資格認定作業が行われていったが、その過程で認定されたトライブが、現行インド憲法に基づく「指定トライブ」の原型となっていった（藤井　一九九四：一〇五）。その指定の基準となったのは、①言語や宗教など文化的独自性、②社会経済的後進性、③山岳地など隔絶度の高い地域での居住の三点であったが、そのいずれも、客観的・絶対的基準となりうるものではなかった。またトライブ政策で当初想定されていたのは、「本流（メインストリーム）への統合」であるものの、そのためには「指定トライブ」として切り離さなければならないという、まさにその端緒から矛盾を抱えたものであったため、学界においてもトライブ概念をめぐる混乱をきたすことになった。

こうしたなかで、ヒンドゥー的な世界を基盤とした国家建設を主張するナショナリスト人類学者たちの多くが、それまでなされてきた固定的な記述方法に対抗すべく、トライブを「ヒンドゥー社会へと連なる変化を含み込んだ存在」として捉えようとした。その際、トライブと呼ばれた人々の間に見られた多様性もまた、この進化論的発想に還元されていったのである。変化の先に想定されたものは曖昧模糊とした「本流への統合」であり、それはしばしばカースト・ヒンドゥー社会と同一視された。トライブの認識に関する混乱はそのまま継続されたが、トライブ社会は「（社会的・経済的・文化的に）後進的（backward）」であるとの見解は共有され、「文明化（civilized）」が必要であることは共通の認識となった。

独立前夜における、ムンバイー出身の社会学者G・S・グーリエの、「アボリジナル（＝トライブ）は『後進ヒンドゥー（Backward Hindus）』である」とする有名な記述（Ghurye 1943: 19-20）は、トライブのカースト・ヒンドゥーへの一系的な進化過程を提示するとともに、トライブの固有性を否定するものとして捉えられるが、むしろこれは極端な例だろう。トライブの固有性を強調しながらも、彼らがカースト・ヒンドゥーへと「進化」していく過程がさまざまな場所で記述されていったのである。

その理論的な根拠として、イギリスの社会人類学者ベイリーの「連続体理論」を挙げることができる。彼はコンド「先住民（adivasi）」とオリヤー・カーストの政治組織の比較を通じて、分節的・平等主義的な社会＝トライブ社会と、従属・依存型社会＝カースト・ヒンドゥー社会を双方の極とした、ゆるやかな連続体（continuum）としてインド社会を捉えることができると主張した（Bailey 1960）。

ビールの研究においても、同様のアプローチがなされている。たとえばラージャスターン州のトライブ研究家ヴィヤースは、ラージャスターンにおけるビールと、カースト・ヒンドゥーとの接触の歴史的過程を記述し、孤立した状態からの接触、その後の影響、そして今なお依然として残る「文化的隔たり」を明示している。

「トライブ－カースト間の相互作用に先立って、孤立の状態と、経済レベルの低さを伴ったトライブ地域が、閉じた構造を有していたことが分かってきた。時代を超えたトライブ－カースト間の相互作用がビールを［本流へと］より近づけることを可能にしたのである」（［ ］は引用者注。以下同様）（Vyas 1978: 6-7）。

写真 8-2　炎天下、薪を運ぶビールの老人（2014 年 3 月撮影）

ケンブリッジ大出身の考古学者であるフージャー（Hooja）は、ビールと非ビールとの歴史的な接触過程を通じて生じたとされるビールの多様性を、三類型にまとめている。すなわち、①二〇世紀初頭（ある場合では中ごろ）に至るまで、非ビール・非トライブと最小限の接触しか持ちえなかった遠隔地に居住するビール、②中世以前からメーワール平野の非トライブの農村内部、もしくはその周辺部に住み着いたビール、③一九世紀から二〇世紀初頭にかけて、社会改革主義者や宣教師たちに影響され続けていたビール（Hooja 1994: 129-130）である。

フージャーは三つめのカテゴリーのビールに対して、以下のように付け加える。

「このカテゴリーのビールは、意識的に彼らの伝統や習慣の多くを捨て、ヒンドゥー的、もしくはキリスト教的影響を受けた、社会的に優位とされた『汎インド人（pan-Indian）』の伝統や習慣に置換していった。善意の非トライブによって、これら『未開の人々』に対する慎重な生活向上運動や社会改革が、計画的に試みられてきたのである。過去四〇～五〇年においてこのカテゴリーのビールは、他のビールより進んだ近代化（modernization）と進歩（progress）への最前線に立ってきたのである」（Hooja 1994: 130）。

このようにビール社会は、孤立したものから想定された「主流」、すなわちカースト・ヒンドゥー社会（フージャーの言い方では「汎インド人」）へと変化していくものとして考えられていた。彼らの独自の伝統や習慣は主流社会のそれへと置き換えられ、その先には発展と進歩の「近代」が見据えられていたのである。こうした一系的な変化の過程を主張するトライブ論を、同化論的立場として捉えよう。この立場は独立後もトライブをめぐるさまざまな議論のなかで大きな力を持ち続けている。一方で、トライブの持つ固有性や、彼らの持つ多様な文化的側面を、新生国家においてどのように保護するかという議論も並存しており、そうした議論のなかから新たな立場が登場する。それが統合論である。

6　孤立論と同化論を超えて——統合論的表現

統合論は、独立後にトライブ政策の柱としてインドの初代首相J・ネルーによって掲げられた「トライブ五原則（Tribal Panchasheela）」が、その理論的枠組みを提供している。五原則制定の中心となった人物は、イギリスの人類学者で、インドのさまざまなトライブと生活をともにしながら（ときにはトライブの女性と結婚しながら）研究を続けたヴェリア・エルウィンである。彼はのちにネルーのトライブ政策のアドバイザーとなっている。彼は独立後のトライブ政策の根幹となるべき重要な論理として、以下のような主張をしている。

「彼ら［トライブ］に対する特別の注意と保護が、むしろインドの統一に、いかなる影を落とすものであってはならない。

彼らは共和国において、真の権利とさらに多くの急を要する義務をかねそなえた完全な市民であると感ずるように、教育されねばならない。［中略］現在では、我々の側から彼らに対する助力という点に、全力がそそがれている。彼らに、彼らの文化、彼らのアートが、我々が尊敬し必要とするものであることを教えようではないか。彼らが国家に対して貢献することができることを理解したとき彼らは自らがその一部であることを感じるであろう。このことが彼らの統合（integration）の重要な点なのである」（Elwin 1964: 303）。

人類学的なトライブ研究者である一方、エルウィンはトライブの文化保護や政策立案などに奔走する活動家でもあった。独立前夜の三〇年代から始められた彼の集約的なフィールドワークにおいて、エルウィンはトライブと呼ばれている人々が、植民地化の過程で外部に晒されることになり、外部社会からの強い抑圧状況に置かれてきたことを指摘し、断罪した。土地や森林資源は奪われ、重い課税を強いられ、ときには無賃金労働を余儀なくされてきた人々に対し、保護政策の重要性を訴えたのだ。

また彼は、インドの国家の一員（市民）としての彼らの存在の重要性をも主張している。旧来のカースト・ヒンドゥー社会への同化ではなく、「彼らの伝統と知性のラインに沿った発展」を後押しする必要性があるとした（Elwin 1943: 14）。このような独自性の保持を基盤とした多系的な進化による国家形成という考え方こそが、統合論の核となる。このことは、独立後の国家建設における国是が「多様性のなかの統一（Unity in Diversity）」として掲げられたことと無関係ではない。エルウィンの統合論は、多分に国家主義的な側面があったが、一方でトライブと呼ばれた人々に対する尊敬と愛着の念とともに、彼らの奪われていく権利の保護に主眼が置かれていたことは忘れてはならない。

彼らの文化的独自性の重要性と権利の保護に関する条項は、前述のトライブ五原則の柱であるが、注目したいのは最後の五ヶ条目である。そこではトライブ開発の成果に関して、「統計や、かかった金額によって査定をしてはならない」（Elwin 1964: 303）としている。むしろ、「発達することになった人々の性質」（Elwin 1964: 303）に意識を向け、その是非を問うことが説かれている。彼にとっての開発は、トライブの生活基盤の保護や文化的独自性による尊厳の確保とともに、人間としての生き方や質そのものを問うものでもあった。エルウィンの思想には、このような人間主義的・博愛主義的な発想が底流にあったのである。

7　トライブ概念の政治化

これまで見てきたように、インドにおけるトライブをめぐる視座は、大きく「孤立論」「同化論」「統合論」の三つに分けることができる。この三つは、独立後から現在に至るまで、トライブに関するさまざまな政策において、そのつど登場する対立的な政治的立場であり続けた。しかし、実際のトライブに対する政策のあり方を見ていくと、エルウィン的な統合論の原義が省みられずに進められていった状況が見られる。実際トライブ開発が進められる過程では、限りなく「同化」に近い方策がとられ、文化的独自性や彼らの尊厳の問題よりも、社会・経済的後進性の除去作業に最大の力点が置かれてきた。

現在インドにおいては、指定されたトライブは人口一億人を超え、全人口の八・六％を占めている（二〇一一年国勢調査）。その数は年々増加傾向にあり、ますます彼らに対する政策の重要性は増している。前述の通り、彼らには（アファーマティブ・アクションを含む）保護的な優遇政策が独自になされてきており、こうしたインドの経験がエスニック多元主義の成功例として国際的に高く評価されている側面もある（真実 二〇〇一：四三）。実際に彼らの自治や自主決定権を求める運動に対して、国民国家の枠組みの内部ではあるものの、自治州を認める動きも活発化している。指定トライブの認定を受けてきたムンダ、サンタル、オラオン、ホーなどの少数民族による自治回復運動であるジャールカンド運動により、ジャールカンド州[4]の設立が認められるなどのケースだ。また、本章の導入部でも紹介したように、トライブとして指定されてこなかった社会の成員が「トライブ枠」を求めて運動を起こすことも起き始めている。

このように、インドではこの概念が政治性を帯び、保護や優遇政策のパイをめぐる行政範疇の一つとして捉えられ始めている。今やトライブは、文化的な側面というより、「後進階層」としての政治・経済的な問題のみが扱われる存在となり、人類学者が植民地期以降連綿と続けてきたような包括的で詳細なモノグラフは描かれなくなりつつある。一方で、福祉政策や開発、政治的動員の問題を前に、彼らの微細な生活世界や文化的独自性、アイデンティティの問題は後景化し、経済統計や人口学的な側面のみが重視された諸研究が主流となっている。

ところで、私のトライブの友人たちのなかには、差別の対象となってしまうことを恐れず、自らが指定トライブとして認定されていることを公言し、自らのトライブ性を新たに構築し、声高にその権利を主張する人々が少なからず存在する。彼らは、具体的な生活習慣や宗教実践がいかにカースト・ヒンドゥーとされる人々と似通っていたとしても、そのなかから微細な差異を抽出し、新たなトライブのあり方を提示しようとしている。このことは、自らをトライブとして提示した方が有益であると考えられている状況とともに、重層的なアイデンティティのなかでもトライブであることが強調される政治的なシーンが、日常生活のなかで増大してきていることを指し示しているのかもしれない。

一九九〇年代以降のインドの経済自由化の波は、人々の生活の基盤となる生産活動・消費活動にも大きく影響を与え、指定トライブとされた人々の近代産業への進出もめざましいものとなっている。しかし、政治的・経済的なパイの増大のなかでも、彼らが得ることができる果実は依然として少なく、構造的な格差社会が強化・固定化されようとしている。彼らはそうした世界を不公平なものと感じ、近代的個人という枠組みではなく、あえて旧来の人間範疇であるトライブ概念を用いながら異議申し立てをしていこうと決意しているかのように思える。

こうしたトライブとしての主張は、村落議会（グラーム・パンチャーヤト）における選挙の際や、農地や水利に関する権利の確保、事業を興す際の融資の申請など、政治・経済的な要求の際に突出して現れる。このことは、本章で見てきたように、トライブをめぐる言説空間が、「彼らをいかにすべきか」という開発論的な文脈において、トップダウン的に構築されてきたことと無縁ではない。トライブ概念が、あくまで同化論的でナショナルな枠組みにおける開発の問題と結びつくとき、人々はその限定された枠組みにおける希少な政治的・経済的パイの争奪戦に絡めとられることになる。そこでは、エルウィンが主張したような、そしてトライブ開発の本義として提示されたような人間主義的な発想が抜け落ちてしまっている。自らの生を引き受け、既存の枠組みにおける要求を超えた、新たな人間開発のあり方も視野に入れて考えていく必要があるだろう。なぜなら、こうした政治的要求が活発化する傍ら、日本でも有名となったナルマダー・プロジェクトが引き起こした問題（三州にまたがるナルマダー川におけるダム建設と流域住民――その多くはトライブである――の強制的な立ち退きに対する抵抗運動）に見られるように、巨大開発に付随するマイノリティの抑圧事件は後を絶たないからだ。こうしたマジョリティへの功利を最優先した政策は依然として続けられており、トライブはそうした開発政策のなかでは排除される存在としてそのつど浮上してくる。開発という現象が、彼らに包摂（同化）か排除（孤立）かという二元論的な選択を（植民地期に形成された枠組みのまま）、依然として迫り続けているということを意味しているように思われてならない。

8　トライブの描く未来

トライブであるからこそ排除される空間と、トライブであるからこそ権利が主張できる空間のせめぎあいのなかで、彼らは交渉をし続けながら生存戦略を練り続けている。こうした事態は、もはや従来の「孤立論」「同化論」「統合論」といった、国家を前提とした大雑把なトライブ論では捉えることのできない、人間類型の力学が生み出す（個別の社会における）微細な政治性と戦略性に目を向けなければならないことを示している。トライブ概念は、もはや外部者がそれを論理的に定義づけようと努力すべきものではなく、人々がそこに何を見出し、何を主張し、いつどのような場面で顕在化するのかを捉えるための具体的な視座を提供するものになっている。

一方で、このトライブ概念が主張され、顕在化する場面は、国内における権利や再配分に関する議論に終始する傾向が強い。国民国家形成というナショナルな枠組みで独自に鍛錬されてきたトライブ概念は、ナショナルな文脈を越え出ることができないという弊害をも併せ持っている。自らの権利獲得に向けた運動が、国家という枠内における自治（州）の獲得なのか、より国際的な枠組みにおける自治、すなわち国家からの「独立」なのかは、トライブによって大きな幅がある。トライブと位置づけられてきた人々が、新たに「先住民族（indigenous peoples）」という語彙とともに、権利獲得に向けたグローバルなネットワークを構築し始めているという現状は（第七章参照のこと）、後者に対応する形で生まれた新しい運動形態を表している。

以上見てきたように、トライブをめぐる近年の動向はますます多様化している。ある側面では、国家における開発の対象者として自らを規定し、政治的文脈の強い場においてトライブ性を主張している。一方で、本章のはじめに触れたグッジャールの例は、それまでトライブとして認定されてきた歴史がない状況下でも、トライブであることを主張するような場面が登場している。その意味で、トライブは固定的な概念ではなく、常に人々の意思と主張によって改変可能なものとして広がりを持っているといえよう。また別の側面では、あくまでも国内的な政治的パイの獲得に限定されてきたトライブとしての権利の主張を放棄し、先住民族として国際的な枠組みを採用しながら自らのよりよい生を獲得しようとする人々も存在する。また、トライブではなく、従来社会の「主流」として地位を固めてきたカースト・ヒンドゥー社会における自らの位置を獲得するため、トライブとしての表象を拒絶する人々も現れている。

本章では、トライブをめぐる表象とその背後に存在する政治的な意図の変遷を概観してきた。しかし重要なのは、そもそもトライブという概念を導入することで破棄してしまった、インド世界に見られる多様な民族集団の動態性を捉える視点を醸成させることにあるように思えてくる。「トライブはどうあるべきか」という本質主義的な視点を乗り越えて、複雑な現代社会を生きる個別の人々の主張に耳を傾けることから始めること。そこに、多様性を認める包摂的な社会を構築していくためのヒントが多く隠されている。

注

1　カーストは、日本の教育で教えられるように四つの身分に分かれた階層制度（ヴァルナ制度）というより、内婚規制（集団内部での結婚が許される）や生まれによって職業が決定されていることなどが特徴となる社会集団（ジャーティ）のことを指すことの方が多い。これらのジャーティ集団は、お互いにサービスを授受することで緩やかに連結している。ジャーティの間には身分の上下関係が主張されることがあるが、最上層を主張するバラモンや底辺層として位置づけられてきたダリト（不可触民）の人々以外は、明確な階層が認識されていないことが多い。

2　指定トライブは、インドにおける保護的な差別政策のために作られた諸コミュニティの総称で、指定部族とも訳される。指定カースト（不可触民として被差別的状況に置かれたコミュニティの総称）とともに「後進諸階層（backward classes）」を構成し、インドにおける国民の不平等な状態を是正させるために、各州が指定するスタイルをとっている。一九九三年には、それまで認定されてこなかった「その他後進諸階層（other backward classes）」も加え、現在の「留保制度（reservation system）」ができあがった。

3　インド西部から中西部にかけて広範に居住するトライブの一つ。人口は一二〇〇万人を超えるとされる。ビールという名称の由来は諸説あるが、弓を意味するドラヴィダ系言語の vir を起源とするとされることが多く、「山の民」といった意味合いの強い包括的な民族範疇である。かつてはその一部が山賊として略奪行為を行ったことが知られているが、現在はその多くが農耕や牧畜を生業としている。

4　二〇〇〇年一一月にビハール州南部の分離によって成立。ジャールカンド運動はイギリス統治時代の一九三八年に結成されたアーディヴァーシー（先住民族）大連合がその始まりであるとされる。先住民族としての自らの自治を、新州設立という文脈で獲得しようとする運動である。その後、分裂や再編成を繰り返し、一九七〇年代以降は指定トライブであるサンタル出身のリーダー、シブー・ソーレンによるジャールカンド解放戦線（ＪＭＭ）がその指揮をとった。

参考文献

小西公大　二〇〇四「『トライブ』表象の系譜――インドにおける『分化』と『同化』のエスノグラフィー」『インド考古研究』

二五、七一―八四頁。
小西公大　二〇一〇「トライブ」田中雅一・田辺明生編『南アジア社会を学ぶ人のために』世界思想社、七四―八六頁。
関根康正　一九九七「『不可触民』はどこへ行ったか？――南アジア人類学における『植民地主義と文化』という問題」山下晋司・山本真鳥編『植民地主義と文化』新曜社、三〇七―三四七頁。
藤井毅　一九九四「トライブと不可触民」小谷汪之編『カースト制度と被差別民二　西欧近代との出会い』明石書店、八七―一二五頁。
真実一美　二〇〇一『開発と環境――インド先住民族、もう一つの選択肢を求めて』世界思想社。

Bailey, F. G. 1960. *Tribe, Caste and Nation: A Study of Political Activity and Political Change in Highland Orissa*. Manchester Univ. Press.

Elwin, V. 1943. *The Aboriginals*. London: Oxford University Press.

Elwin, V. 1964. *The Tribal World of Verrier Elwin: An Autobiography*. Oxford University Press.

Erskine, K. D. 1908. *A Gazetteer of the Banswara State with a Chapter on the Bhils and some Statistical Tables*. Ajimer: Scottish Mission Industories.

Ghurye, G. S. 1943. *The Aborigines "so called" and their Future*. Poona: Gokhale Institute of Politics and Economics.

Hendley, T. H. 1875. An Account of Maiwar Bhils. *Journal of Asiatic Society of Bengal* 44: 347-389.

Hooja, R. 1994. Contact, Conflicts and Coexistence: Bhils and Non-Bhils in Southeastern Rajasthan. In B. Allchin（ed.）, *Living Traditions*. Cambridge: South Asia Publications, pp. 125-142.

Naik, T. B. 1956. *The Bhils: A Study*. Delhi: Bharatiya Adimjati Sevak Sangh.

Tod, J. 1829. *Annals and Antiquities of Rajasthan*, Vol.1.（reprint in 2001）, New Delhi: Munshiram Manoharlal.

Vyas, N. N. 1978. Rajasthan Bhils: A Contemporary View. In N. N. Vyas and R. S. Mann, N. D. Chaudhary（eds.）, *Rajasthan Bhils*. Udaipur: Tribal Research and Training Institute, pp. 1-10.

【コラム⑦】先住民と言語的少数派
フィンランドのサーミとスウェーデン語話者

髙橋絵里香

フィンランドの「先住民」(フィンランド語でalkuperäiskansa)とは、誰だろうか。

「先住民」であるという主張を実際にしているのは誰かということならば、それはサーミの人々(北サーミ語でSámit)である。彼らはノルウェー、フィンランド、スウェーデン、ロシアにまたがるサーミの地(北極圏地域)に暮らしている。ただし、誰がサーミであるのかを判断するのはとても難しい。そもそもサーミ語は一つではなく、少なくとも一〇個の異なる言語からなるグループであるとされているし(言語の独立性を決めるのは他言語との違いの大小ではなく、国家という単位をめぐる政治的立場であることに注意したい)、独自の生業とされるトナカイ遊牧に従事する人々は非常に少ない。だから、サーミとはどんな特徴を持つ人々なのかという定義の違いに応じて、サーミ人口の見積もりも六万人から一〇万人とばらつきがある(Lehtola 1997: 8)。

しかも、フィンランドにおけるサーミの人々と多数派との関係は、他のスカンディナビア諸国よりも少しだけややこしい。何しろ多数派の「フィン人」自身もまたヨーロッパの辺境に暮らす野蛮人と見なされ、他国の支配下に置かれてきたからだ。ゆえにノルウェー・デンマークでは一三世紀ごろからサーミの地への植民地化が始まり、明確な同化政策が実施されてきたのに対して(庄司 二〇〇五:六八)、フィンランドが国家として独立する二〇世紀初頭近くまで、サーミに対する積極的な政策はとられてこなかったのである。とはいえ、他国に追随するようにして、とくに一八九〇年以降は(Lehtola 2015: 29)、フィンランドもサーミの地を行政管理の対象としていった。それは、たとえば積極的にサーミ語の公的使用を禁じたノルウェーのような分かりやすい暴力ではない。だが、郵便や保健医療といった公的サービスをフィンランド語のみで提供し、マイノリティの言語や文化的遺産や社会制度の保護を与えないことでマジョリティと「等しく」扱うこともまた、近年では「説得的植民地主義」(Lehtola 2015: 29)と呼ばれて反省の対象となっている。

写真１　フィンランド語／スウェーデン語の道路標識（2005 年 8 月撮影）

　こうした状況が改善し、サーミ語が積極的な保護の対象となったのは、比較的近年のことである。一九九一年に制定されたサーミ言語法によって、公的領域におけるサーミ語の使用が保障された。さらに二〇〇〇年に改正されたフィンランド憲法では、サーミの人々は「先住民」であり、ロマを始めとする集団と並んで言語と文化を維持する権利を持つことが、フィンランド手話の利用者に対して通訳・翻訳を受ける権利と共に明文化された。この憲法に対応する形で二〇〇三年にサーミ言語法が改正され、サーミ語使用自治体においては北サーミ語、スコルト・サーミ語、イナリ・サーミ語という三つの言語によって行政サービスや教育を受ける権利が保障された。さらに、サーミ議会に言語文化自治が認められて以降、「サーミ文化」を表象する権利がサーミの人々に限定され、各国に設置されたサーミ議会や四年ごとに開かれる北欧サーミ会議といった場において、サーミを代表する意思決定が行われている。

　ここで注意しなくてはならないのは、言語をめぐる権利が保障されているのはサーミ語だけではないという点である。ロマニ語、フィンランド手話、そしてフィンランド語と共に「国語」と位置づけられているスウェーデン語もまた保障の対象となっている。とくに、ロマニ語や手話の利用者が全国に散在しているのに対して、スウェーデン語使用者は地域的凝集性が高く、言語法によって自治体や行政と強く結びついているという点でサーミの言語使用権の保障と類似している。だが、スウェーデン語話者は「先住民」ではない。彼らはむしろフィンランドに後からやってきた人々であり、民族集団としてのアイデンティティも強くは主張してこなかったからだ。考えてみれば、先住性の有無と関係なくスウェーデン語話者「独自」の文化を表象しても良いはずなのに。なぜ、サーミと異なる位置づけがされてきたのだろうか。それは、フィンランドの言語政策におけるスウェーデン語の位置づけ、スウェーデン語を母語とする集団の歴史と関係している。

　二〇世紀初頭まで、フィンランドは常に他国の支配下にあった。まず七〇〇年近くにわたってスウェーデン王国の一部だったが、一八〇九年にロシア帝国へ割譲されて、フィンランド大公国となった。ロシア皇帝がフィンランド大公を兼ねる同君連合の状態が一〇〇年ほど続き、一九〇四年にやっと共和国として独立した。スウェーデン統治下のフィンランドでは、スウェーデン語が公用語であり、支配階級の言語でもあった。スウェーデン語を母語として選択する人々の存在は、ここに端を発するのである。彼らは「スウェーデン系フィンランド人」、あるいは「スウェーデン語系フィンランド人」と呼ばれている(finlandssvenskar/ suomenruotsalaiset スウェーデン語／フィンランド語)。どちらが「正しい」訳し方であるかを判断するのは難しい。言語以外に集団を区別する特徴があるのかないのかという結論は、学問的立場によっても政治的考え方によっても異なってくるからだ(cf. 吉田 二〇〇八：二〇五)。

呼称はどうあれ、現在でも人口の六%にあたる約三〇万人が、スウェーデン語を第一言語として選択している。彼らはフィンランド西部から南部にかけての沿岸地域、群島部、オーランド諸島、および首都圏に多く暮らしている。これらの地域ではスウェーデン語を用いて日常生活を送るための環境が整えられている。行政手続きだけではなく、教育、兵役などもスウェーデン語で受けることができる。スウェーデン語単一使用の大学があるし、福音ルーテル派教会の教区も言語によって分けられている。新聞、テレビ、ラジオなど、スウェーデン語のメディアも発達している。このようなスウェーデン語を使用する豊富な環境が整えられている一方で、自分達の「文化」を表象する権利をめぐる状況は、サーミの人々とスウェーデン(語)系の間で大きく異なっている。サーミの人々については政治的アリーナで「文化」をめぐる権利が闘われているのに対して、スウェーデン(語)系の文化を表象する動きはあまり目立たない。むしろ言語が異なるだけで同じフィンランド人であるとされることも多い。

だが、こうしたレトリックを受けてスウェーデン(語)系は独自の文化を持たない人々であり、民族集団であると認められないと断定するのは乱暴である。スウェーデン(語)系を中心に共有されている慣習は多くある。たとえばルシア祭や夏至の柱といった行事はスウェーデン語使用自治体(つまりスウェーデン語教区)を中心に開催されてきた。これらの風俗・習慣の多くがスウェーデン本土のそれと類似しているが、ユニークでなければ「文化」として認められないというのは大きな誤解である(日本「独自」の年中行事とされている

写真２　ルシア祭で。冠の蝋燭に火をつけている（2002年12月撮影）

ものでも、他国に起源を持つ場合は多い）。だとしたらなぜ、スウェーデン（語）系の人々は、サーミの人々のような文化表象を行ってこなかったのだろうか。

一つの理由は、スウェーデン（語）系と多数派であるフィンランド語話者との間の歴史的経緯にあるように思う。そもそも多数派としての「フィンランド語・フィンランド文化」もまた、ロシアに対する独立運動のなかで再発見／創造されたものだったからだ。前述のようにロシアの属国であった一九世紀は、ナショナリズムに基づいてフィンランド語・フィンランド文化を振興する動きが進められた時代でもあった。この動きを担ったのが、実はスウェーデン（語）系の知識人たちだったのである。たとえば民族叙事詩「カレワラ」を発掘したのはスウェーデン語を母語とする知識人の医師エリアス・リョンロートであったし、この「カレワラ」を題材とした絵画で知られるアクセリ・ガレン＝カッレラは、「カッレラ」というフィンランド語風の名字を後に付け加えたが、元々は「ガレン」という名字のスウェーデン語話者であった。つまり、スウェーデン（語）系独自の文化の存在は、フィンランド語・フィンランド文化を再創造した人々の正統性を脅かすリスクを抱えており、文化は真正で純粋で普遍のものでなくてはならないという幻想が、フィンランドの二つの少数派をめぐる表象を異なるものとしてきたのである。

もう一つの理由は、スウェーデン（語）系という人々のなかでも、スウェーデン統治時代の入植者、あるいはスウェーデン語が行政や支配階級の言語であった時代にスウェーデン語を学んだ知識人・支配階層の子孫が集団の中心であるというイメージのためだ。第二次大戦以前のフィンランドを舞台とする映画・文学のなかでは、良家の人々がスウェーデン語を使用し、フィンランド語を話す人々は農民や労働者、下働きとして表現されることが多い。さまざまな昔話やことわざのなかでも、スウェーデン語が「権力側の理解不可能な言語」（レンクヴィスト　一九九六：三七）として冗談の種や罵詈の単語になっている。こうしたスウェーデン（語）系が金持ちの特権階級であるというステレオタイプは一面的で、実際には社会的にも地理的にも非常に多様な人々の集まりである。沿岸部・島嶼部に暮らす人々が多いから、漁業や造船業などとも関連が深い。スウェーデン（語）系の研究者は、この言語集団がフィンランド語話者と同じように多様であることを主張してきた（cf. Allardt and Miemois 1981, レンクヴィスト一九九六）。あるいは、集団間の違いを説明するために、文化や階層以外のより穏当な要因が探し求められてきた（髙橋二〇一三）。

こうしてみると、スウェーデン（語）系とサーミという二つの集団は、一見異なる文化表象の戦略をとっているようでありながら、根源に似通った発想を抱えている。サーミの人々のように、フィンランドの多数派と異なる文化を維持していると主張することも、スウェーデン（語）系の人々のように多数派と同じであると主張することも、多数派との関係において自らの立ち位置を確保しようとしているという点では共通しているからだ。その意味で、先住性という意味では対極的な位置にあるサーミとスウェーデン（語）系というフィンランドの二つの少数派の存在は、民族、言語、文化といった概念が国家との関係でしか定義できない複雑で曖昧なものであることを示しているのである。

参考文献

庄司博史　二〇〇五「サーミ——先住民権をもとめて」綾部恒雄監修、原聖・庄司博史編『講座世界の先住民族六　ヨーロッパ』明石書店、五八—七五頁。

髙橋絵里香　二〇一三『老いを歩む人びと——福祉国家フィンランドの民族誌』勁草書房。

吉田欣吾　二〇〇八『「言の葉」のフィンランド』東海大学出版会。

レンクヴィスト、ボー　一九九六「言語境界」キアステン・ハストロプ編『北欧のアイデンティティ』菅原邦城・新谷俊裕訳、東海大学出版会、三五—一一三頁。

Allardt, E. and K. J. Miemois 1981. *The Swedish Speaking Minority in Finland. Research Report No. 24*. Helsingin Yliopison monistuspalvelu.

Lehtola, V-P. 1997. *Saamelaiset: Historia, Yuteiskunta, Taide.* Kustannus-Puntsi.

Lehtola, V-P. 2015. Sámi Histories, Colonialism, and Finland. *Arctic Anthropology* 52 (2): 22-36.

第9章　誰のための伝統文化か

グァテマラのマヤ系先住民に見る生業の選択

中田英樹

1　「赤いダイヤモンド」のコーヒーか「黄色い私たち」のトウモロコシか？

(1)「満月の夜は要注意」

広大な国土を有する北米や南米と異なり、いずれも小さな国々の集まる中米。その一つにグァテマラ共和国がある。人口は約一三〇〇万人ほどなのだが、グァテマラの言及すべき重要な特徴は、他の中米諸国、コスタ・リカやエル・サルバドルなどとは異なり、この総人口の六割とも七割ともいわれる人たちが、マヤ系の先住民であることだ。グァテマラの中西部には三千メートル級の山々の連なる山岳地帯が広がる。スペインによる植民地支配以降、マヤ系先住民たちはこの山々に隠れ込み、あちこちで村を作り、トウモロコシの自給農業に根ざした伝統的な生活をひっそりと営んできた。

この山岳地帯のほぼ中央ソロラー県に、山々に囲まれた綺麗な湖がある。水面標高が一六〇〇メートル強と、空にポッカリ浮かぶようなこのアティトラン湖は、「世界で最も美しい湖の一つ」と国内はもとより国際的にも名が高い。

そしてこの湖畔には、合計一二ほどの先住民村落が並んでいる。それぞれの村では、伝統的な先住民衣装の柄もそれぞれ固有で、異なっている。大きな鏡のような湖に、映し込まれる雄大な火山。その湖畔を囲む、パレットに置かれた色とりどりの絵の具のような艶やかな衣装で統一された先住民の伝統的な村々。もちろん今では、グァテマラの国内外を問わず、山岳地帯に暮らす先住民の独特な文化を楽しみたい観光客が、まず候補に挙げる村々である。

さて、この湖畔村落のなかにサン・ペドロとサン・ホァンという村がある。この二つの村は互いに徒歩一〇分ほどの距離にある。この両村間で、一九九八年、ある事件が起こった。サン・ホァンのある男が、サン・ペドロの少女に性的暴行を加えた。サン・ペドロの大人たちは憤慨してサン・ホァンに乗り込み、匿われていたその男を見つけて引きずり出し、リンチに処した。これに対し今度はサン・ホァンの村人が怒って、村内を通っていた、山からサン・ペドロに至る上水道の水道管を遮断した。やがて話し合いの末に一応騒ぎは収まり、男は法的に罰せられたのだが、この両村の大喧嘩は、それで終わったわけではなかった。次のような根深い問題があったからだ。

ある記録によれば、一九二六年、サン・ペドロで一人の男がコーヒー栽培を村内に持ち込んだ（Paul 1968: 99-100）。男の始めたコーヒー栽培は、次第に隣人へと普及し、やがて村全体が、コーヒー畑でいっぱいになった。村内で、それまでは売っても誰もが持っているので買おうとしない、もっぱら自家消費のためのトウモロコシを耕していた畑々が、大小問わず、すべてコーヒー農園になってしまった。そこで村人は、さらに隣村サン・ホァンのトウモロコシ畑をコーヒー畑用に買い求め始めた。サン・ペドロの人たちはコーヒー畑にして収穫物を売ればとてもお金になることをすでに経験していたので、彼らが提示した価格は、トウモロコシ栽培しか知らないサン・ホァンの人々にとってはたいそう高かった。こうして一九三七年時の資料では、すでに「サン・ホァンの優良な農地は、サン・ペドロの村人によって購入され、コーヒー栽培に変わっている」（Rosales 1949: 134-135）とある。

結果はサン・ホァンの村人にとって苦いものとなった。かつての自分の畑に毎年「赤いダイヤモンド」が成り、サン・ペドロへ持ち去られていった。サン・ペドロの村は豊かになり、学校が次々と建ち、首都に行くバスが増発され、家々は二階建て、三階建てになっていった。

トウモロコシの自給農業に根ざした生活をしていたサン・ペドロの人々が、生業をコーヒー栽培に変えることで得られた豊かで安定した生活は、彼らのアイデンティティまでをも変えていった。それは、サン・ホァンなど他のトウモロコシ栽培に根ざした生活をしていた湖畔村落の先住民たちにとって、あまり気分の良くないものだった――「私たちの町は発展（desarrollado）している」「コーヒーのために私たちは一生懸命働いた。他の村の人たちはトウモロコシ栽培に固執している一方で」。

やがて、サン・ペドロの村人が所有する他の村のコーヒー畑で、誰かしらによって収穫物が夜中に盗まれるということが起こるようになった。「満月の夜は要注意」――月が満ちてきて手元も微かに見えるようになると、背丈ほどの木の茂るコーヒー畑に目を凝らせば、ゴソゴソと赤く熟れたコーヒーの実を盗んでいる場面が、珍しくなくなった。もちろん所有者たるサン・ペドロの村人には怒りが溜まる。先の少女暴行事件を機に一気に爆発した大喧嘩には、このように蓄積されていた両者間の確執がある。

写真 9-1　湖西から見下ろしたアティトラン湖（2009 年 12 月撮影）

ここでもう一つ、触れておきたいエピソードがある。サン・ペドロでは一九九〇年代初頭から、村人の有志たちが自然発生的に集まって、さまざまな社会的支援活動をする組織をつくり、活動を展開している。組織名を「生命の樹々（Arboles para La Vida）」といい、学校教員や農民など多様な職業の人たち数人が核となっている。湖岸清掃や荒れ地再植林などの環境保護的な活動と、近隣町村で天災などの事故が起きたときにサン・ペドロでいろいろな救援物資を募るといった、人道的支援活動が主たる活動である。

さて一九九七年に、この組織が、五千本のコーヒーの苗を町内外の貧しい人たちに分け与えようと活動を始めた。代表者の一人である四〇歳代の男性は私にこう述べた。「サン・ペドロ地域社会はコーヒーをベースとして発展した。私たちはそれを誇りに感じているが、ときには他の近隣村落では、村人が厳しい生活を余儀なくされていることを残念に思う」。

こうして始まったコーヒー苗の普及活動なのだが、失敗に終わった。「コーヒーを栽培し、より多い収入を得ることで、少しでも生活を楽にしてほしかった（貧しい）村人ほど、苗を受け取らなかった」からだ。コーヒーは「赤いダイヤモンド」どころか不気味な植物でしかなかったのだ。

(2) コーヒーに根ざした先住民村落を考えるために

伝統的な先住民村落に、換金作物が浸透する。それに伴い村落の経済が資本主義化して、当該村落の村人自身の考え方や生活様式もまた、近代的なものとなっていく——世界各地には「先住民」として生きる人々がたくさんいるが、先住民研究ではきわめて多く見かけるこの解釈を、グァテマラの、このサン・ペドロ先住民村落を事例として掘り下げてみるのが、本章の課題である。

まず次の第二節では、グァテマラの先住民の被抑圧の歴史を振り返ってみたい。彼ら彼女らにとって自給用のトウモロコシに根ざした生活を送るということは、たんに伝統的な生活様式を維持するという話では収まらない。先住民村落での日常生活にも、一九世紀末より近代的発展を目指す国家の一部であるという点から導かれる近代化の圧力が猛烈にかかってくる。

続く第三節では、今日のグァテマラにおいて、第一節で提示する、被抑圧的な歴史を経てきた先住民が、どのような立場に置かれているのかを考えたい。グァテマラは、近代的な共和国を目指している。近代的な共和国が民主主義に基づくならば、「多文化主義」を大きく掲げる現代グァテマラ社会において、先住民に対する民族的な差別や制度、施策などはその理念を真っ向から裏切る。そのうえで、先住民を取り巻く社会は、どのような状況にあるのかが考えられなければならない。

続く第四節では、このグァテマラの現代的動向のなか、村人自らの手で生活を豊かにし、国家から「これからの先住民村落」の先進事例として高く評価されうる、先のサン・ペドロ村の事例を考えたい。この村を理想的な先進事例として話は済むのかというのが、第四節の論点である。

そして第五節では、このサン・ペドロ村を、「多文化主義」「多民族共存」を掲げる今日のグァテマラ社会における先住民全般を対象とした議論へと展開し、マヤ系先住民が直面しつつある新たな危険性と可能性について見直してみたい。

2　マヤ系先住民の苦難の近現代史

(1)「マヤ系先住民」概念について

まずはマヤ系先住民に関する重要なポイントを述べておきたい。本章冒頭で「総人口の六割とも七割とも」と述べた。人口比率すら知らないのかと怒られそうだが、理由がある。公式な統計では三九・八％（二〇一一年センサス）と、もちろん正確な数値が出されている。だが現地で人に聞けば、おそらく大半が「六割」といった数字を挙げてくるだろう。この違いにこそ、マヤ系先住民という概念の重要なポイントが凝集されている。

第一に、グァテマラのマヤ系先住民か否かの区別は、肌の色とか顔の骨格などといった生物学的な特徴によるものではない。グァテマラの人口構成を見れば、旧宗主国スペインからの子孫である白人は、わずか数％に過ぎない。それで総人口の六割ほどが先住民だとしたら、残りの四割ほどは、この白人と先住民との混血となる。グァテマラではこうした混血の非先住民のことを「ラディーノ」という。白人は肌の色から容易に区別がつくものの、先住民とラディーノにそうした違いはない。伝統衣装を着ているか否か、先住民言語を話しているか否か、そして何よりも自らを先住民だと考えているか否かにかかっている。したがって、故郷の山村を出て都市に移り住み、スペイン語を日常語として、先住民衣装を着なくなれば、本人が先住民村落で先住民として生まれ育ったとしても、ラディーノだと名乗ればラディーノとなる。

第二に、先住民たちはスペインによる征服以降、被抑圧の歴史を強いられてきた。近現代史に限っても、先住民は、二〇世紀前半には大農園での過酷な労働で搾取され、後半の内戦期には虐殺の対象となった。内戦が激化した八〇年代初頭などでは、軍や警察に先住民だと言っただけで検閲され、連れて行かれ、拷問され殺されることもあった。ならば、先の国家統計の数値と現地の先住民の数値理解が、かくもかけ離れているのは至極当然だといえる。二〇世紀が終わろうという一九九六年の和平協定まで、先住民だと行政に宣言することは、自命の危機に直結することであったのだ。

この二点を押さえたうえで、グァテマラの国家と先住民の近現代史を少し振り返ってみよう。

(2) 先住民の苦難の歴史——大農園での強制労働

スペインによる植民地化以降、カトリックの絶対不動の権力構造のもと、前資本主義的な社会にあったグァテマラだが、これを打破し、欧米のような近代的な資本主義国家をつくろうと、一八七三年にバリオス政権が登場した。国も小さく、目立った地下資源もないグァテマラにあって、新国家の目指す近代的発展への道は、南部太平洋海岸エリアの帯状に広がる平地に、機械化された進んだ大規模農業を確立することであった。

広大な平野が切り拓かれ、サトウキビや綿花、そして何よりもコーヒーの大農園が準備された。ドイツに大きく援助を頼り、最新の技術や機械を導入し、海外に輸出するための鉄道網も敷いた。やる気ある農園主も募って揃えた。しかし、これらの地には人がほとんど住んでいなかった。大農園を用意したものの、働く労働者が圧倒的に足りないのだ。困った政府は、この海岸平野部に北接する山岳地帯に目をつけた。伝統的な村落の点在するマヤ系先住民の暮らす山間部に、南部から労働者斡旋のリクルーターが入って散っていった。

だが、先住民たちはトウモロコシの自給的な生活様式に根ざしていたため、賃金労働に従事する必要性は圧倒的に少なかった。南部大農園主の求める数の労働者は、まったく集まらなかった。そこでついにバリオス政権は、一八七七年、大農園への強制労働を認める法案第一七七号を発行する。

かくして、山間部に暮らす先住民たちにとって新たな苦難の歴史が始まった。多くが山間部の伝統的共同体を捨てて山を降り、大農園での常駐労働者として働くこととなった。ときには数キロ四方の農園のなかに数百人が住み込み、過酷な条件下を生き抜いた。

だが、ここで注意しておきたいのは、伝統的な生活を捨てて山を降りた多くの先住民の傍らで、それと同じ程度の数の先住民は、完全に山を降りることなく、一年のうちの数ヶ月のみを、わずかに必要な現金を求めて大農園で働く、という季節労働者になったという点である。このどちらとして暮らしていくかには、出自の村落に自給して生きていけるだけのトウモロコシ畑が確保できるか否かが大きく関わっている。また、この区別は流動的なものであり、季節労働者として暮らしていても、天災や家族が事故や病気に見舞われたりすると、より現金の得られる常駐労働者となる。

(3)「トウモロコシの先住民」／「コーヒーの国民」という社会構図

こうした季節労働者は、自分のトウモロコシ畑にトウモロコシや混作の豆を栽培し、質素な自給生活を送り続けた。動員法案があるものの、一年のうち必要労働力が激増するコーヒーの収穫期の数ヶ月のみを、大農園で季節労働者として働き、自分の山村のトウモロコシ畑の世話を常に優先した。このように多くの先住民が自給生活をベースにしていることは、賃金水準の上昇を抑えられるというメリットがあった。しかし、農園主から見れば、農園で確保できる労働力は決して満足のいくものではなく、後の歴代政府にも、絶えず労働力不足に関する苦情が寄せられた。

これが一九世紀末から二〇世紀前半にかけて顕著な、グァテマラの国家と先住民に関する基本的な構図である。「トウモロコシの先住民」と「コーヒーの国民」という二項対立的な概念が明確になってくる。「トウモロコシの先住民」であっても、誰もがコーヒーによる国家発展に寄与する「コーヒーの国民」であれ、という恫喝がかかるようになった。山間部の先住民たちが維持してきたトウモロコシに根ざしたマヤ文化は、コーヒー輸出による発展を目指す国家においては、前資本主義的な「遅れた」「教化・改造すべき」深刻な障害物となっていった。

(4) 先住民の苦難の歴史——内戦下での先住民虐殺

「人口約一千万のグァテマラで、二〇万人の死者・行方不明者、一五〇万人の国内避難民と一五万人以上の国外避難民がこの内戦によってもたらされた。（中略）死者・行方不明者の九〇パーセントが非戦闘民であり、（中略）総犠牲者の八三パーセントがマヤ系先住民である」（ODHAG 1998（日本語版解題五頁））。

グァテマラは、一九六〇年から一九九六年までの三六年間、ラテンアメリカで最悪最長といえる内戦を経験した。もともとこの内戦は、いってみれば軍の内部分裂から始まった。敗れた側が、打倒政府の大義名分として共産主義を掲げて、内戦が勃発。当時の冷戦構造下にあって、グァテマラ内戦は西と東の代理戦争として激化した。論じるべきことは山盛りあるが、本章では次の一点に言及するに留めたい。先の引用の最後の件である。内部分裂から、冷戦構造のもとで、資本主義政府VS共産主義左翼ゲリラの戦いに発展し、政府軍の展開したオペレーションのもと、数々の拷問や虐殺、強姦をはじめとする人権侵害が行われた。だが、これはあくまでも「共産主義者《アカ》狩り」だったはずだ。それでも、内戦終結後に行われた「真相究明委員会」の調査報告によれば、右の引用のように「総犠牲者の八三パーセントがマヤ系先住民」だったという。なぜ、「アカ狩り」が、「マヤ狩り」になったのか。ここにも、先の二項対立が根底に流れている。——「トウモロコシ栽培で生きる、遅れた先住民」か「コーヒー農園などで底辺労働に従事する賃金労働者たる国民」か。ある将校はこう言った。

インディオ（「先住民」の侮蔑的呼称）は、自分たちが無知蒙昧で、読み書きを知らず、貧乏で仕事もなく、農業技術も足りないと、自分で認めている。連中は昔ながらのお粗末なやり方でトウモロコシを植えている。こういった状況をすべて利用して、敵がイデオロギーを埋め込んでいるのだ。[1]

つまり先住民は「昔ながらのお粗末なやり方」でトウモロコシに固執している。だから貧乏で無知なまま、ゲリラの囁きに洗脳され、アカに容易く転化するのだ。――単なる軍内部の内輪揉めが先住民虐殺へと至ってしまった背景には、先住民がスペイン征服以前からトウモロコシに基づいて暮らしてきたという歴史が脈々と流れ続けていたのだ。

3　「多文化主義」のグァテマラ現代社会へ

(1)　逆転したマヤ文化の社会的位置づけ

リゴベルタ・メンチュウという女性がいる。キチェ族のマヤ系先住民である。内戦下、弟をはじめ親族を殺され、自身も命からがらメキシコへと脱出した。このメンチュウの半生をまとめた『私の名はリゴベルタ・メンチュウ』は、たちまち各国語に翻訳され、誰も目を向けてこなかったグァテマラという世界の片隅で人権侵害が繰り広げられていることを、彼女は世界へ向けて告発した。

その後も、彼女は先住民女性運動家として活動し、一九九二年、その功績が評され、ノーベル平和賞を受賞した。折しもコロンブスのアメリカ新大陸「発見」から五〇〇年。スペイン征服による歴史のなかでも最も苦い歴史を生き抜かざるをえなかった先住民の女性に、世界が注目することとなった。

やがて冷戦構造が崩壊し、グァテマラをはじめニカラグアやエル・サルバドルなど、革命や内戦などで混乱していた中米諸国も国家再建を模索するようになった。グァテマラの先住民も、もはや先住民というだけで殺されることはなくなった。メンチュウがノーベル平和賞を受賞した翌年には、国連で「世界の先住民の国際一〇年」が制定され、グァテマラのマヤ系先住民を含むこれらラテンアメリカ・カリブ地域の先住民はもとより、世界レベルで先住民たちが連帯し、強いられてきた社会的不正義を是正し、然るべき尊厳を勝ち取ろうとする動きにつながった。スペインによる征服以降、マヤ系先住民が壮絶な犠牲を払って実現した、大きな一歩である。

しかしながら一方で、グァテマラ政府もまた、マヤ文化を常に「遅れた」「近代化すべき」国家発展の障害物として扱ってきた立場から一転して、この二一世紀において「多文化共生」「多民族共存」を謳うようになったことも、忘れてはならない。内戦終結後の国家再建を、グァテマラ政府は観光の活性化による外貨獲得に賭けている。その「目玉商品」が「トウモロコシの先住民」たる人々が育んできたマヤ文化だ。

それゆえに先の一歩を、被抑圧者たる先住民の勝利として手放しで賞賛するわけにはいかないだろう。同時に何か新たな困難を招いていないか。マヤ文化に対する一八〇度の認識転換によって新たに考えるべき議論があるのではないか。

(2) 高品質ブランド・コーヒー生産発展戦略

さらに、管見では、グァテマラ国内外の研究で、こうした議論の文脈で言及されたことはないであろう重要な論点を、付け加えるべきだと私は考える。南部海岸平野部ではなく、先住民がトウモロコシを植えていた山岳部における、高品質コーヒーの栽培である。現在のグァテマラが、観光産業と並んで、内戦終結後の国家再建へ向けて最も力を注ぐ、第二の柱であるからだ。

二〇世紀も末に至り、コーヒーの国際市場は高級ブランド豆が価格のイニシアティブをとるようになった。だが、グァテマラはその波に乗り遅れていた。一九世紀末からグァテマラはコーヒー生産に力を入れ、海岸へ至る山裾を一大産地へ変えたのだが、これらの生産地帯は、標高がおよそ四〇〇～六〇〇メートルくらいである。この海岸平野部で生産されていたのは、コーヒー大国として有名なブラジルで生産されるロブスター豆ではなく、確かに高品質コーヒーに向いたアラビカ豆であった。しかし、世界的にブランド化され有名になるような高級豆であるアラビカの超硬質豆 Strict Hard Bean は、目立った生産はされていなかった。この超硬質豆は、じつは、標高が一千メートルを超えるくらいの冷涼気候と火山灰の地質が適している。つまり、グァテマラでいえば、先住民がトウモロコシ畑をあちこちに切り開いてきた、あの山岳地帯である。

かつてグァテマラがコーヒーの輸出農業で国をつくろうとした一九世紀末は、先住民の暮らす山岳地帯はコーヒー農園開墾の対象とはされなかった。機械化して、最先端の農業技術を投入しての大規模コーヒー生産には、アクセスの困難な山岳地帯は不適切だったからだ。「規模の経済が効かない」——経済学の基礎知識である。山岳地帯は、たとえ大規模化しても、機械で一気に作業するなどといったコストパフォーマンスが上がるような、地理的な条件を満たしていなかったのだ。

何よりも当時のグァテマラ政府が、先住民の暮らす山岳地帯に求めたのは、コーヒー農園にするための土地ではなく、南部の大農園で、とりわけ収穫期に爆増して必要とされる、先住民の労働力の方にあった。あえて、トウモロコシ畑が広がる傾斜地だらけの先住民が暮らす村落地域に、コーヒー農園をつくるための干渉をし、コンフリクトが起きるようなリスクを犯す理由がなかったのだ。

だが高級コーヒー志向に対応するために、状況は一変した。大規模化された農場で機械的に栽培されるコーヒー生産よりも、たとえば収穫も極力きめ細やかに手摘みされるコーヒー栽培が求められる。規模も家族経営くらいがちょうど良い。すなわち、格安の労賃で先住民家庭それぞれが丹念に育てる、冷涼な山岳地帯のコーヒーこそが、これからグァテマラ・コーヒーが世界市場を生き延びるための有力な選択肢になりえるのだ。

ブランド化戦略の代表的な計画に「コーヒーの輪・計画」（ANACAFE 1995）がある。安定した高品質の生産がブランド化には不可欠になっていくなか、輸出していた「グァテマラ産」は品質統制が不十分であったため、豆としての信頼を落としていた。これを立て直そうと、国内での高品質ブランド豆の産地として、五つの強化地が選定された。古くからの産地「アンティグア」を筆頭に、ここでは「ウエウエテナンゴ」および「アティトラン」が産地として選ばれていることに注目したい。これら両地は、一面広がるトウモロコシ畑に根ざした、先住民たちの村落が集まる地だからだ。だが、この「アティトラン」こそが、このサン・ペドロ村などの位置するアティトラン湖のエリアである。冒頭の「エピソード」でも触れたように、観光客にも有名な先住民村落サン・ペドロ村は、コーヒー栽培を村内に導入させた。そして今日に至っては、先の「コーヒーの輪・計画」なども相まって、生産されるコーヒーもかなり良質のものとなった。インターネットでも「アティトラン産」と明確に書かれるようになった。安宿が乱立し、コーヒー農園を散策する「エコ・ツアー」や、レンタサイクル、湖へのダイビングのサービスを提供する店など、週末には国内のグァテマラ人の富裕層の来訪も加わり、観光産業としても相当なお金が落ちるようになった。つまり、観光活性化と高級コーヒー生産の両者をサン・ペドロは実現したのだ。

では、サン・ペドロを最先端の事例として暗黙裏に措定して、議論は事足りるのだろうか。次に、このサン・ペドロの事例を、依然として現在もトウモロコシ栽培に根ざして質素な生活を送る湖畔の他の先住民村落と照らし合わせながら考えてみたい。

4　「コーヒーの先住民」の村？

(1)　先住民村落に導入されたコーヒー栽培

メディアにしばしば出るようになったリゴベルタ・メンチュウは、繰り返し、近代資本主義社会に暮らすラディーノを意識すると同時に、先住民である自らを「トウモロコシの先住民」として位置づける。先住民とは、主食のトウモロコシを自給栽培するだけでなく、生活様式や考え方など、すべてがトウモロコシに根ざした「トウモロコシの人間」であることを主張する。

ここで重要なのは、メンチュウはこの著で、過去の自分を語っているだけではない点だ。内戦終結までは「トウモロコシの人間たちである」という無根拠な理由をもとに蔑まれ、人権を蹂躙され、虐殺されてきた。それが突如として、グァテマラ国家は、先住民を含めた「多文化共生」社会の国を創っていこうと言い始めたのだ。だから彼女が、自らを繰り返し「トウモロコシの人間」と位置づけるのは、こうした不条理な過去を告発するだけではないのだ。二一世紀の一八〇度変わった「多文化主義」なるマヤ文化と共生した社会を政府が創りたいというのならば、この私たち「トウモロコシの人間」は「トウモロコシの人間」として、どのようにこれからの多文化社会の一員たり得るのか。これを彼女は、グァテマラの未来に向かって問いかけているのである。

では、このようなか、トウモロコシを捨ててコーヒーで安定した生活を獲得したサン・ペドロの先住民村落の事例は、どのように考えたらよいのだろうか。

先住民が暮らす地域としてよくある伝統的な農村共同体が、グローバリゼーションとともに、外部から資本主義的な情報や商品、考え方が浸透し、かつての伝統的共同体が崩壊する。これを、グァテマラでは「ラディーノ化」というのだが、このサン・ペドロの事例は決定的に違う。サン・ペドロはコーヒーが浸透しても、先住民村落としてのまとまりを崩さなかった。むしろラディーノ化とは逆の方向へ、よりいっそうの伝統的なマヤの村として、そのあり方を強固にしていく方へと変貌を遂げてきたのだ。コーヒーによる経済水準の上昇は、先住民文化を維持してきた村落の代表地として観光化し、マヤの村としての知名度をいっそう押し上げた。つまり、コーヒーが外部から浸透したことを、サン・ペドロのマヤの伝統として創りかえたのだ。この点を、少し掘り下げてみよう。

(2) 今日のサン・ペドロの発展の象徴——先住民素朴画とスペイン語学校

サン・ペドロへのコーヒー浸透の歴史は、じつは一方で、「先住民素朴画」という絵画を描いて売るという手工業の発展史と併走してきた。現在では、村内の民芸品を売る土産物屋には必ず置いてあるし、一口に素朴画といっても、喫茶店などに置かれた絵はがきレベルの稚拙なものや、数千ドルの値がつく大作までさまざまだが、いずれも先住民村落としてのサン・ペドロを外にアピールするための、世界的に知られる強力な地場産業として、素朴画はすっかりその地位を確立した。

描かれるのは、トウモロコシの収穫祭や長老の夜の寄り合い、女性の伝統衣装織りなど、いずれもヨソ者観光客にはマヤ文化と映るシーンばかりである。村のサッカーのトーナメント戦や、小学校の授業風景が描かれることは決してない。そして、この描かれるモチーフの最もありふれた一つに、村内で栽培されたコーヒーの収穫があるのだ。雄大な火山に綺麗な湖、真っ赤なコーヒーの実を摘み取る色鮮やかな衣装を着たサン・ペドロの先住民。

訪れる観光客は、サン・ペドロの先住民村落を訪れた想い出の画を買いたがる。「新入り」だろうが「師匠」レベルだろうが、描く側もこの点は十分承知だから、自分の村の伝統的な風景をもっぱら描く。つまりサン・ペドロにおいて「コーヒーの摘み取り」は、サン・ペドロの先住民の文化として、観光客はじめ外部からサン・ペドロを眼差す側からしても、そしてまた画家といった内部から土着の伝統文化を発する側からしても、十分に(サン・ペドロの)先住民文化として認められているのだ。

このコーヒーが、村の経済水準を一気に押し上げた。息子や娘を、学校に行かせる余裕ができた。小学校はもとより中学校、そして高校まで行く若者が続出した。サン・ペドロでは先生になりたい者があふれかえった。学校の先生になれなかった若者たちは、村で外国人相手にスペイン語学校を始めた。これは大当たりし、ゼロ年代には大小あわせて十数のスペイン語学校が「二匹目のドジョウ」を求めて乱立した。

子どもたちが学校に行き、大人たちはより活発化した経済活動を繰り広げようとするなかで、スペイン語が普及する。見ず知らずの人に接することにも慣れる。村にやってきた観光客にもスペイン語で商売ができるようになり、レストランや安宿が乱立する。

だがこれは、先にも述べたように、内戦後に政府が国家再建をかけた二本柱の実現であるともいえる。マヤ文化を「目玉商品」にした観光産業活性化と、先住民の暮らす山間部で家族経営規模での高品質ブランド・コーヒー栽培の活性化――コーヒー栽培の導入と、トウモロコシを基盤とした伝統的村落の維持という、グァテマラ近現代史において今まで両立することはないと思われていた、先住民村落が国家に貢献する思惑通りの行き道を、現在のサン・ペドロは村人自らが実現させているのだ。

ならば、このサン・ペドロの事例を、すべてがうまくいった事例として議論を済ませてよいのだろうか。先進的な成功例として、より一般的に応用性の効く見解を引き出そうと、サン・ペドロの成功した要因や条件を探っていくことが、ここまでの議論に続いて展開されるべき唯一のものなのだろうか。

(3) 湖畔に存続する「トウモロコシの先住民」の村

アティトラン湖湖畔のすべての村落で、トウモロコシがコーヒーへと栽培転換されたわけではない。現在でも、湖から水を汲み、トウモロコシ畑に毎日通い、夕方には薪を集めて背負えるだけ背負って山を降り、腰を折って家路を歩く――そうした昔からの暮らしを続ける先住民村落もある。村人のほとんどはスペイン語を話さない。もちろんヨソ者が利用できる食事処や宿泊所はない。観光どころではない。こうした村落は、第一に、二一世紀のグァテマラ観光活性化に何の寄与もしない。そして第二に、高品質コーヒーが産出されることもない。

こうした自給的な先住民世帯に、現金の貯蓄はほとんどない。だが必ず、突発的に現金が必要になることはある。家族の誰かが事故や病気に遭う。たとえば、こうした場合どうするか。自分の湖畔沿いの土地を売るしかない。湖か

写真 9-2　薪を背負って歩く先住民女性と湖畔の別荘（2010 年 2 月撮影）

ら汲んで水撒きができるがゆえに、トマトやタマネギといった換金作物が栽培できる唯一の大切な土地である。そこがヨソ者の立派な別荘となる。売った村人は、ますます貧乏になる。

一方で学校に通い、帰校時は歩かず、村内の公共交通機関である乗り合いのピックアップの荷台に乗って騒ぐサン・ペドロの子どもたちがいる。他方で一日中、トウモロコシ畑の面倒を見て、枯れて薪になる灌木を束ね、黙々と背負って帰る、トウモロコシの自給栽培に基づいた昔ながらの先住民村落の子どもたちがいる。コーヒーの育つ同じ湖畔にありながら、この両者には圧倒的な違いがある。そして湖畔ではどこでもコーヒーは育つのだ。さらに、かつて大農園での労働を強いられたあのコーヒー栽培を、自らの先住民村落内に持ち込み、そのコーヒー収入に全面依存しても、自らが先住民であることをやめることは必至とならず、伝統文化は大事に伝承されゆく。これはサン・ペドロが充分に実証したことである。

ならばこの湖畔に暮らしつつ、自給用のトウモロコシ栽培に根づいて暮らす家もまた、コーヒー栽培を導入すれば良いのだろうか。もしその家族が、村が、「生きるためのトウモロコシ栽培を放棄し換金作物コーヒーにすべてを賭けるわけにはいかない」と拒否したら、それは「サン・ペドロのようなあり方を知りつつも、相変わらず解らない頑固な古い頭の持ち主」となるのであろうか。薪を背中いっぱい背負い帰路につく世帯は「遅れた」「わからず屋」なのだろうか。

そうはならないだろう。そうといってしまえば、私たちは一〇〇年以上も前に、グァテマラが輸出用のコーヒーの大規模栽培で、近代資本主義的に発展した国家建設を目指そうとしてからの歴史で起こってしまった過ちを、まったく同じく辿るに過ぎなくなる。では、あの貧しい湖畔の「トウモロコシの先住民」に対して、外部にいる私たちは、どうしたら良いといえるのだろうか。「そんな生活は辞めるべきだ」か、「貧しくとも誇り高くトウモロコシの先住民を維持している。素晴らしい」か。コーヒーを導入するか、トウモロコシ栽培にしがみつくか。現地の先住民世帯それぞれが選択したということで、「それで良い」として議論は終えて良いのだろうか。学校に行くことなどまったく不可能な貧しい先住民たちに。

5 「トウモロコシの先住民」／「コーヒーの国民」から零れ落ちる人たち

(1) 一枚の写真に写り込んだ老婆

写真９‐３を見ていただきたい。私が同じ湖畔の別の有名な先住民村で二〇〇九年に撮ったものである。同じ手提げ布鞄をみんな肩にかけていることから、この村で開催された何らかの先住民女性が主となった運動の集会だと思われる。向こうから何やらシュプレヒコールを繰り返し、デモ行進をしてこっちにやってきたところを撮った。

グァテマラ史で最も搾取や抑圧の対象とされてきたマヤ系先住民の女性たち。大農園での労働の時代を耐え、内戦下では性的暴力も含め最も弱く、声を上げられずにひっそりと山岳部の家に閉じこもっていた彼女らが、「多文化主義」を掲げる二一世紀において、しばしば海外のＮＰＯやＮＧＯの支援団体と連携しながら、識字運動や、地元のマヤの伝統産品のフェアトレード祭など、自ら社会に飛び出し、意見を述べ、世界へと発信している。

写真 9-3　湖畔の先住民村落でのデモと通りに座る老婆（2009 年 11 月撮影）

こうした社会活動および活動が活発化していくグァテマラ現在社会について、私は全面的に肯定する。だが絶対に忘れてはならないのは、この写真右下に写り込んだ裸足の先住民老婆とその子どもである。

私がサン・ペドロの現地調査でお世話になった一人の女性は、バックパッカーとしてサン・ペドロに長期滞在していたカナダ人と恋に落ち、結婚した。立派な家を建て、子どもは先住民言語、スペイン語、英語のトリリンガルである。彼女はといえば、現在、対岸にあるグァテマラの某大学の分校に通っている。専門は法学。「なぜグァテマラの先住民女性は、先住民として、女性として、虐げられた歴史に追いやられてきたのか」という問題を法の観点から考えたいという。サン・ペドロがコーヒーを導入したことによって、たとえばこの彼女のように、人生に多様な選択肢が広がることに、何の留保が付けられようか。

だがその傍らで、依然としてひっそりと村で家に閉じこもって暮らす物凄い数の先住民女性がいる。子どもを学校にやるという選択肢すら見込めるはずもなく、生活は貧しくいつも裸足だ。先の写真に写り込んだこの老婆に、行進で皆が繰り返していたスペイン語のシュプレヒコールは、どれほどまで届くのだろうか。二一世紀において多様化するグァテマラ先住民の社会的尊厳を回復するための活動が、全国あちこちで展開されるなか、この老婆と幼児は、どこに行けばよいのだろうか。

(2) 山間部で先住民として生きることすらできなかった貧農

そして、一九世紀末の南部大農園開拓期以降、圧倒的な数の先住民たちが南部へと完全に移り住んだ、その大農園での常駐労働者となった者たちを忘れてはならない。一九世紀末より政府は山間部に暮らす先住民たちに対して、南部大農園へと働きに行くよう動員をかけたが、ここで真っ先に行けと村長から命じられたのは、村社会のなかでも十分な自給用トウモロコシ畑を確保できない、周縁部に暮らす貧農たちだった。

「グァテマラのマヤ系先住民の伝統的共同体は、その村内の過剰人口を他地域へと排出することで維持されてきた」

（Wolf 1957: 13）などとグァテマラ先住民研究の古典でもいわれるように、グァテマラ近現代史において、膨大な数の先住民たちが、南部へと移住し、そのまま海岸平野部での最貧困層——農園での低賃金労働者のみならず、それに関わる行商人や、人夫、物売りや乞食、売春婦など——となった。こうした人々は、たんなるグァテマラ社会の経済的な貧富格差の問題として片づけてよいのであろうか。そこでは先住民《マヤ》も混血系非先住民《ラディーノ》も同じく熾烈に搾取される貧民なのか。

話はそう簡単でないだろう。グァテマラのコーヒーの歴史のなかで、南部へと山を降りていった先住民たちを捨象し、「山間部に居住し続け伝統を受け継いできた先住民」という概念で対象を本質主義的に設定した議論は、また別の重要な論点を逃してしまう。第二節で見たように、グァテマラ近現代史が私たちに教えてくれるのは、「遅れた」「怠け者の」先住民という民族抑圧に帰結するこの「マヤ」という属性は、ほかならぬこのコーヒー農園という生産の現場にて農園主が、労働力が足りない、労働者が思うように働かない、そういった問題の原因を、先住民たちが「トウモロコシの人間たち」であることに還元させたことにあったはずだ[2]（McCreery 1994, 冨山 一九九二）。

(3)「先住民」および「ラディーノ」概念の歴史的再検証

グァテマラで現在展開されている先住民運動に「汎マヤ運動」というものがある。マヤ系先住民たちが、グァテマラ周縁社会の方々で分断されて押しやられてきたのに対して、先住民たちがつながることによって、先住民言語としての公式な表記法を決め、スペイン語とともに公用語として認めさせるなど、公共圏での交渉力を強化させようというのが大きな狙いである。

だが、こうしたときにこそ、その「分断」となってきたそれぞれの固有性《シンギュラリティ》が歴史的に辿り直されるべきだと私は考える。グァテマラの歴史を見る限り、歴代の国家政府が先住民を完全に支配しきれなかったのは、むしろその先住民の断片性にこそ原因があった（Smith 1990: 293）。バリオスやカブレラの政権期など、世界的に名だたる独裁大統領政権下だろうが、内戦の虐殺下だろうが、国家は先住民に対して、何か一つ、これを、ここを潰せば、アイデンティティもろとも打ち砕き、屈服させ、「マヤ」なるものを同化あるいは絶滅させる、というものを見つけることはなかったのだ。それは、この「マヤ」の「マヤ」たりえたゆえんが、あまりにも多様だったからだ。「トウモロコシの人間」とされてきたマヤ系先住民とは、実際にはあまりにも多様なあり方で、山を降り、海岸部大農園へ行ったり、地方農村部での小作人になったり、都市部郊外の富裕層の家政婦になったり、数夜くらいなら平気で歩き続ける移動労働者として出稼ぎの旅に出たりしてきた。その一つとして、何気なしにコーヒーを持ち込んでブームとなったサン・ペドロがあったはずだ。

「多文化共生」や「多民族共存」が世界的にいわれる今日。だがそうした語が清く美しく議論されていたとしても、その「多」を構成するそれぞれの間での関係は決して対等なものではなく、必ずやどこかに社会的弱者《マイノリティ》になりゆく人々がいる。

ならば「共生」し「共存」された、まとまった平和な社会を考えるためには、その「多」を占めるそれぞれの固有性を、歴史的観点をも十分にふまえたうえで、キチッと描き位置づけることがまずもって必要なのではなかろうか。

本章でいえば、「トウモロコシの先住民」が多様であることの一例として、このコーヒーを持ち込んだサン・ペドロの村史を、他も見倣うべき一般性を持った先進事例としてではなく、まずはサン・ペドロの農業史や労働史などといったミクロな地域研究のレベルから、丹念なモノグラフとして描き直していくことではなかろうか。私は、そう思う。

注

1　アルタ・ベラパス県の（政府に完全服従を誓い、完全監視下に置くために隅々まで住居計画された村）モデル村の管理責任者である政府軍将校の発言（一九八二年）（ODHAG 1998: 142（vol. 2）、邦訳一一四頁）。

2　この論点の詳細に関しては、日本語でアクセスしやすいテクストとして冨山（一九九一）を参照されたい。大阪へとで稼ぎに来た沖縄人たちが、まさに大阪での生産の現場にて、「怠けた」二流の労働者として規定されていく、つまり、結果から原因が遡及的に手繰られていく過程を鮮明に描いている。

参考文献

冨山一郎　一九九一『近代日本社会と「沖縄人」――「日本人」になるということ』日本経済評論社。

ANACAFE（Asociación Nacional del Café）1995. *Hombre del Café*. Guatemala: ANACAFE.

McCreery, D. 1994. *Rural Guatemala, 1760-1940*. California: Stanford University Press.

ODHAG（Oficina de Derechos Humanos del Arzobispado de Guatemala）1998. *Guatemala: Nunca más*. Guatemala:（REMHI）Recuperación de la Memoria Histórica（一部抄訳として、飯島みどり・狐崎知己・新川志保子訳、二〇〇〇『グァテマラ――真実と和解を求めて』岩波書店）

Paul, B. 1968. "San Pedro La Laguna," Flavio Rojas Lima y Sol Tax eds., *Los Pueblos del lago de Atitlán*. Guatemala: Seminario de Integracimón Social Guatemalteca, pp. 93-158.

Rosales, Juan de Dios 1949. *Notes on San Pedro La Laguna*. Microfilm Collection of Manuscripts on Middle American Cultural Anthropology 25.

Smith, C. 1990. Conclusion: History and Revolution in Guatemala. In C. Smith（ed.）, *Guatemalan Indians and the State: 1540 to 1988*. Austin: University of Texas Press, pp. 259-285.

Wolf, E. 1957. Closed Corporate Peasant Communities in Mesoamerica and Central Java. *Southwestern Journal of Anthropology* 13(1): 1-18.

【コラム⑧】生業変容と土地をめぐる権利

タンザニアの狩猟採集民ハッザとサンダウェ

八塚春名

東アフリカのタンザニア連合共和国には、一二〇を超える民族が暮らしている。その多くは農耕を生活の基盤とする人々だが、他にマサイやダトーガといった牧畜を行う人々や、ハッザやサンダウェといった狩猟採集を行う人々もいる。一九八九年、アフリカから初めて国連先住民作業部会に出席した人々は、東アフリカにおいて国家や主流社会から見放されている脆弱な少数民族として、マサイら複数の牧畜民と、ハッザとサンダウェの名前を挙げた。そして、彼らの権利取得の必要性について主張した（Parkipuny 1989）。それから三〇年近くたった現在、二つの狩猟採集民の現状は大きく異なっている。ハッザは先住民として土地の権利を主張・獲得している一方、サンダウェは先住民と見なされることも、自らそう主張することもない。先の国連での演説以降、サンダウェが先住民として示されたのは、アフリカ先住民調整委員会（Indigenous Peoples of Africa Co-ordinating Committee）のホームページなど、非常に限られた場のみである。

この状況の違いを理解するためには、政治・経済・社会的な立場、歴史的背景、国内外からの支援の有無など、検討すべき事項はたくさんある。しかし、ここでは彼らの生活により即した視点から検討してみたいと思い、生業活動の変化をキーワードに、両者の違いを考える。なお、タンザニア政府は二〇〇七年に採択された「先住民の権利に関する国連宣言」を支持したものの、現行の憲法では、特定の民族を先住民として認めていない。

ハッザは推定人口一千人でタンザニア北部の半乾燥地帯に居住し、サンダウェは推定人口六万人で同国中央部の半乾燥地帯に居住する。両者はどちらも、それぞれの現在の居住地域に、他の民族より先に暮らし始めた人々だと推測されてきた。また彼らは、東アフリカでは唯一、南部アフリカのコイサン系の言語と同様に舌打ち音を持つ言語を話す。こうした言語の特徴に加えて、近年まで狩猟採集を行ってきたという生業実態によって、圧倒的に農耕従事者が多いタンザニアのなかで、ハッザとサンダウェは「異色な民族」と見なされてきた。

まずは、それぞれの生業変容について説明しよう。タンザニアがイギリスの統治領であった一九二〇年代から、ハッザは何度も定住・農耕化政策の対象になってきた。一九六一年に独立し、六四年にタンザニアとして建国した後の政権も同様に、ハッザに対して定住と農耕を促進する開発プロジェクトを実施した。しかしいずれのプロジェクトでも、多くのハッザはしばらくすると住居や農地を捨てて、遊動しながら狩猟採集を行う元の生活へと戻っていった。現在のハッザのなかには、すでに定住し農耕をする人も少なくないが、多くの人は依然として狩猟採集を継続している。それは、ハッザが狩猟を在来の生業とする「伝統的コミュニティ」であり、自家消費用であれば、狩猟免許を取得せずして狩猟することを、天然資源観光省の大臣によって、特別に認められているからだ。さらに、一九九〇年代からは、狩猟採集文化を「売り物」にした観光業にも従事している。とはいえ、ハッザ観光の場において、観光オフィスを運営したり、客を案内するガイドをつとめたりするのは他民族で、観光の内容についてハッザの言い分は通りにくく、収益もきわめて小さい。そこで現在、外部者の支援を得ながら住民組織をつくり、他民族との間の政治的・経済的な格差について、解決の道を探っている。

一方サンダウェは、独自の言語や狩猟採集技術を理由に、自分たちは南部アフリカ起源の狩猟採集民だと強く意識している。今日、狩猟はカロリー源としての貢献こそ小さいが、男性はどこへ行くにも弓矢を持ち歩き、彼らにとって文化的に重要なものであり続けている。また近隣民族からは、「狩猟民であるサンダウェは農耕がへたくそで、原野に暮らしている」と語られてきた。しかし、ハッザと異なり狩猟が認められていないサンダウェにとって、高価な免許取得ができない限り狩猟は「違法」と見なされる。狩猟の現場や狩猟具の所有が見つかり、サンダウェが逮捕される事件はこれまでに何度も起き、彼らはそのたびに「サンダウェなのに狩猟ができないなんて」と愚痴をこぼしてきた。

実際のところ、サンダウェ社会にはかなり古くより他民族との交流を通して農耕や家畜飼養が伝播し、一九世紀末にはその多くが定住し、農耕にも従事していたことが報告されている。彼らは砂地での雑穀栽培を好み、数年に一度、農地を移動させる焼畑移動耕作を行ってきた。かつては農地とともにひんぱんに住居も移動させていたが、独立後の政権が国内各地で実施した集村化政策によって居住場所が指定されると、住居の移動は減った。また、栽培植物の多様化に伴い耕作適地が広がり、近年ではより肥沃な土地における常畑も増えた。

生活の主体が狩猟採集か農耕かという違いはあっても、ハッザとサンダウェが生業活動を行ううえで、共通の重要な資源の一つが、土地である。土地を開墾せず、遊動する狩猟採集生活では、住居以外の日常的な土地の利用が他者からはわかりにくい。ハッザが利用してきた土地には、一九二〇年代にドイツ人が泉を利用して灌漑溝をつくり、降水量が少ない土地でも農耕が可能になった。以後、一九四〇年代から他民族が大量に移住し、広い面積の土地が農地や放牧地へと変化した。今日ではもはやハッザ全員が十分な自然資源を利用して遊動生活を送ることは難しい。この長年にわたる土地喪失を受けて、ハッザの居住地域の一部では、二〇〇四年からNGOが、利用目的に応じた土地分割プロジェクトを始めた。そして二〇一一年に、タンザニア政府の土地配分委員会は、三村にまたがる約二万ヘクタールの土地を「伝統的な生業活動を行うための土地」とし、ハッザの保有権を承認した。さらに二〇一六年末には別地域でも、狩猟採集を継続するために、ハッザに対して慣習的な土地の保有権が認められた。

他方、サンダウェ社会では、定住し、開墾した土地を複数年にわたり利用するようになったことで、狩猟採集生活と比べて、土地の利用状況が分かりやすくなった。そのため、ハッザのように他民族が移入し、土地が容易に収奪されることも最近まで起こらなかった。もちろん、狩猟を認めてほしいという希望はあったが、土地や生業の権利を求める運動の必要性は強くなかった。

そんなサンダウェの居住地域に、二〇〇八年ごろより、タンザニア最大の人口を持つ民族スクマが大量のウシを連れて移住し、季節湿地に大規模な水田をつくり稲作を始めた。季節湿地は粘土の含量が高いため、砂地を好むサンダウェの農業にはあまり適していなかったが、狩猟とハチミツ採集の場としてはとても有用だった。しかしスクマの移住により、季節湿地はあっという間に水田に変わった。サンダウェの土地保有に関するルールは決して厳格でなく、他民族にとっては侵入しやすかったといえよう。

スクマの移住を受けて、二〇一三年、ハッザの土地権取得を支援してきたNGOの理事が、ハッザとともに、サンダウェを会議に招いた。その場でサンダウェはスクマの移住について話し、同時にハッザからも土地に関する問題を聞き、互いの情報を交換した。しかし、この問題に対して、その後NGOが介入することや、サンダウェがそう働きかけたり、先住民として土地の権利を主張したりすることもなかった。とはいえサンダウェの不満は大きく、二〇一四年にはサンダウェと牧畜民の青年が結託して、スクマを弓矢で殺害する事件が起きた。このとき、サンダウェは県の行政官に問題への対応を訴えた。県行政は、村評議会のメンバーのうち他民族出身者が、賄賂の見返りとしてスクマに簡単に土地の用益権を与えたことを調べ上げ、そのメンバーを更迭した。しかし、土地がサンダウェに返ってきたり、水田がもとの季節湿地に戻ったりするわけではなかった。また、多くのスクマは事件が再び起こることを恐れ、事件直後に同地域を去ったものの、しばらくすると戻ってきて、今日も水田稲作と牧畜を続けている。

写真１　ＮＧＯにより出版されたハッザの文化を紹介する写真集を眺めるハッザ女性たち（2014年９月撮影）

　以上のように、かつてともに「東アフリカの先住民」として名前が挙げられたハッザとサンダウェの現状は、生業においても、また土地の権利取得についても異なっている。遊動を伴う狩猟採集生活を送ってきたハッザは、タンザニアの多くの民族と土地利用のスタイルが異なり、他民族によって彼らの利用可能な土地はどんどん狭められてきた。また国家は、彼らを主流社会に同化させようとしてきた。それゆえハッザは、近隣民族とは違った文化を持つ狩猟採集民であることを強調し、ＮＧＯや研究者ら外部の支援を受け、生業や土地の権利を主張する必要があった。一方、定住し農耕に従事するサンダウェは、近年まで土地が他民族に奪われることはなかった。また現在では、国内の多くの民族と比べても、生業にそれほどの差異がなく、同化政策の対象にもならなかった。他方、彼らの在来の生業を支援してくれるＮＧＯは存在しなかった。つまり、サンダウェは狩猟採集民というアイデンティティは持ちながらも、先住民としての主張を、これまではそれほど必要としてこなかった（Yatsuka 2015）。そして、スクマの移住に対しても、ＮＧＯや研究者といった外部者による強い提案もないまま、先住民運動という形で権利の主張を展開していく流れにはなっていない。社会が急速に変化するなかで、アフリカの人々の生業活動が今後どのように変化し、それに伴い彼らの主張がどう変化していくのか、注意深く見守りたい。

参考文献

Parkipuny, M. 1989. The Human Rights Situation of Indigenous People in Africa. *Fourth World Journal* 4 (1): 1-4.

Yatsuka, H. 2015. Reconsidering the "Indigenous Peoples" in the African Context from the Perspective of Current Livelihood and its Historical Changes: The Case of the Sandawe and the Hadza in Tanzania. *African Study Monographs* 36 (1): 27-48.

第10章　先住性と移動性の葛藤

ボツワナの狩猟採集民サンの遊動生活と土地権運動

丸山淳子

1　マンハッタンとカラハリ砂漠

ニューヨークはマンハッタン。イースト川沿いにそびえる国連ビルのなかで、ジュタに再会した。二〇一六年五月のことだった。国連は二〇〇〇年以来、毎年この時期に「先住民問題に関する常設フォーラム」を開催する。会場は、世界のありとあらゆる地域から集まってきた先住民の代表者でごったがえしていた。そのなかに、ようやく慣れ親しんだ顔を見つけたのだ。少しくつろいだ気持ちになって、いつものように冗談を交わした。それにしても、見慣れぬジャケットを着た彼の肩越しに見える景色は、いつもとはずいぶん違う。

ジュタと知り合ってから、もう一〇年以上がたつ。最初に会ったのは、ニューヨークからはるか遠い南部アフリカのボツワナ。その国内でも、最も辺境とされる地域に位置するコエンシャケネ再定住地という場所だ。コエンシャケネは、古くからカラハリ砂漠で遊動的な狩猟採集生活をしていたサンの人々の移転先として設けられた。彼らの故郷が中央カラハリ動物保護区（ＣＫＧＲ）内にあるため、自然保護や生活改善を進めるべく住民移転が必要だと、政府

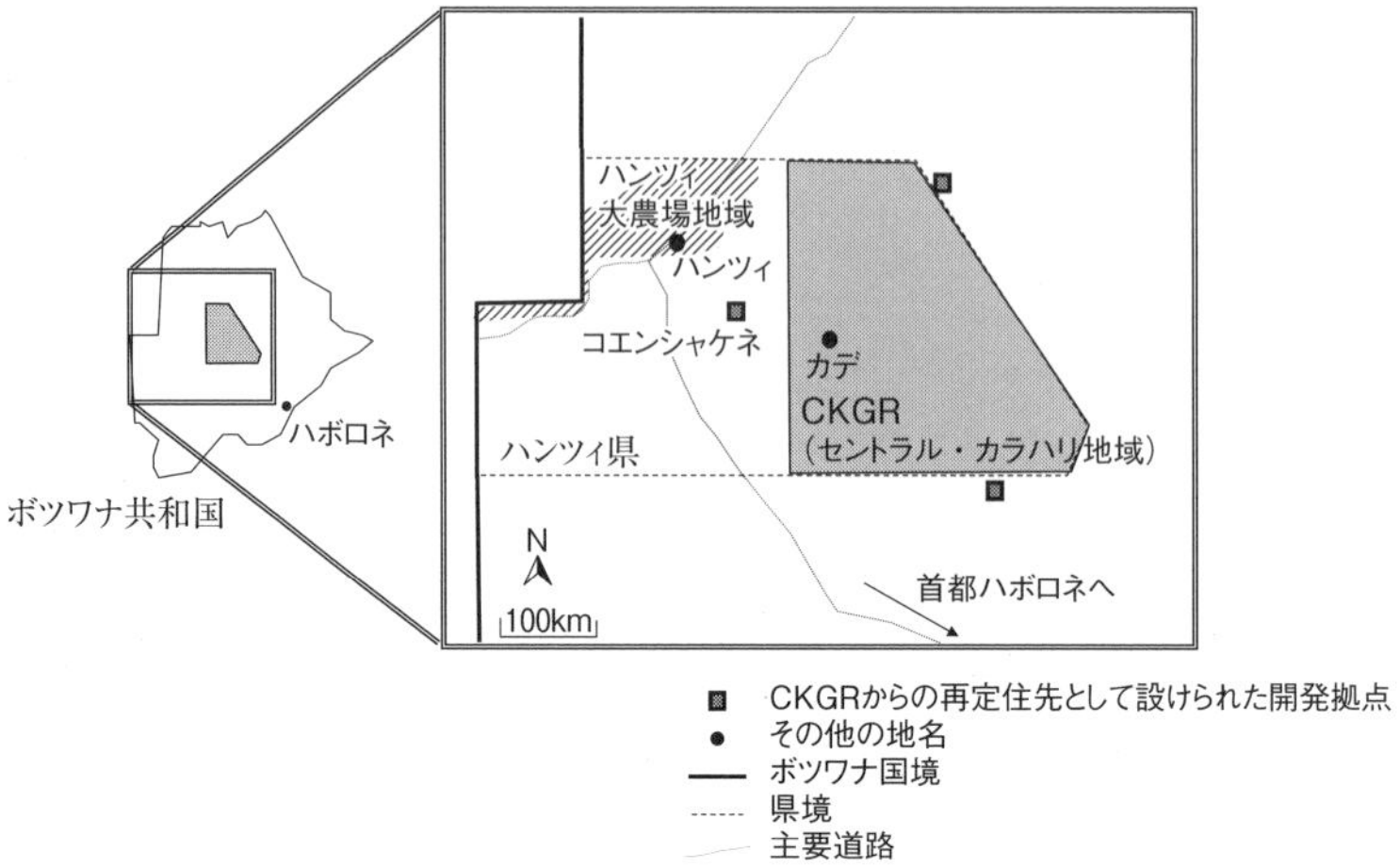

図 10-1　調査地とその周辺（筆者作成）

が判断した結果であった。コエンシャケネには、中心部に建てられた学校や病院を囲むように、住民が木と草でつくった簡素な家屋が立ち並び、その外側に、静かで乾いた草原がどこまでも続く。この草原で、かつてジュタの両親や祖父母たちは、野生動物を追い、実りの季節を迎えた植物を求めて、移動しながら生活していた。競うように空を目指す高層ビルの間をたくさんの人と車がひっきりなしに行き交うマンハッタンとは、まるで対照的な場所だ。

そんなところからはるばるやってきたジュタだけれど、慣れぬ国連の議場でおどおどする私とは比べるべくもないほどに、堂々としていた。それもそのはず、彼は一〇年以上も前から、世界各地で開催される、このような国際会議にいくつも出席してきたのだ。コエンシャケネへの移転が、サンの人々の意に反して実施され、その結果、故郷を奪われ、そこで狩猟採集生活を続けることも叶わなくなったとして、その窮状を「先住民の問題」として広く国際社会に訴える運動にジュタは関わっていた。私はその様子を、ネットやテレビのニュースを通じて、世界のどこにいても知ることができた。それほどまでに、彼の活動はグローバルなものだった。

とりわけ、あの日、テレビで見たジュタの笑顔を、私は今もはっきりと覚えている。二〇〇六年一二月一三日のことだった。コエンシャケネへの移転問題は、国外に拠点を置く先住民支援ＮＧＯから資金的・技術的サポートを得て、長い法廷闘争となり、いよいよこの日、最終判決が出ることになったのだ。テレビは、その判決内容をサンの言語に通訳するジュタを映し出していた。始終まじめな顔を保っていた彼だが、「この移転は違憲であった」という一文を訳したときだけ、思わず小さな笑みをのぞかせた。これまで土地を奪われるばかりだったサンの歴史に、大きな光が差し込んだ瞬間だった。

このように、国際社会からのサポートを得ることによって、南部アフリカの各地でサンが土地の権利を回復することができるようになったのは、最近のことだ。一九九〇年代の後半になってようやく、彼らの直面する問題が、世界各地の「先住民」と呼ばれる人たちの抱える問題と類似のものであることを認識し、そして、その人々と連帯することによって問題を解決しようというグローバルな先住民の権利運動が、アフリカでも実を結び始めたのである。ジュタは、その新しい動きのなかで、若いときから活発に活動してきた一人だった。

カラハリのはずれに暮らす小規模な社会にとって、こうしたグローバルな運動に関わることは、どのような意味を持つのだろうか。それまで各地の「声なき民」の個別的なものとして看過されてきた問題が、グローバルに解決すべき問題と位置づけられたこと。一方で、この運動に最も遅くに加わったアフリカには、運動の長い歴史を持つ他地域とは異なる独自の歴史的社会的状況があること。これらをふまえて考えたとき、この運動によって開かれた可能性と残された挑戦は、どのように見えてくるだろうか。本章では、ジュタの故郷ＣＫＧＲとコエンシャケネを事例に、この問題を考えてみることにしよう。

2　アフリカの先住民運動の展開

先住民運動は、もともと北アメリカやオセアニアなどの植民国家で、ヨーロッパ植民者よりも先にその土地に住んでいた人々が、「先住民」として自主決定の権利を要求したことによって始まった。一九六〇年代に入ると、この運動は、グローバルなレベルでの共鳴や連携を生み出すようになっていった。一方、当時のアフリカでは、それぞれの植民地が国家として独立を果たすことによって、脱植民地化を進めることに力点が置かれていた。このため、植民地支配から独立した国家のなかで、周辺化された少数民族などが経験している差別や困難には、なかなか注目が集まらず、議論の俎上に上ることも少なかった。

一九八〇年代に入ると、世界各地の先住民のグローバルな連帯が、国際社会に「先住民」の問題に目を向けさせる力となっていく。国連や国際労働機関、世銀などの国際機関において議論が活発化し、法整備が進むにつれて、各国の政策にも影響を与えるようになったのである。こうした動きは、国連が「世界の先住民の国際年」に定めた一九九三年と、翌年から始まった「世界の先住民の国際一〇年」の間に、さらに加速していった。

この過程で、先住民問題は国際社会が共通して取り組むべき課題として認識され、国際機関や先住民支援団体などは、すでに「先住民」と呼ばれている人々と同様の困難に直面している人々も視野に入れるようになっていった。それに伴い、「先住民」の定義をあらかじめ設けると、そこから排除される人々が発生することが問題視され、先住性、自己アイデンティティ、非主流、文化的独自性などの複数の要素を鑑みて「先住民」と認めることが合意されるようになった（Saugestad 2001）。「先住民」という言葉が、政治的に抑圧し、経済的に搾取し、あるいは文化的に見下すような国家支配への抵抗の文脈で使われ始めたのである（宮脇 二〇〇八）。

こうした動きに後押しされて、それまで先住民の存在が論じられてこなかったアフリカにおいても、各地の少数民族や集団が、自らの苦境を国際社会に訴えるために「先住民」という言葉を使い始めるようになった。国連の先住民作業部会に、アフリカからの初の代表として、タンザニアの牧畜民マサイと狩猟採集民ハッザの運動家が参加したのは、一九八九年のことであった（Hodgson 2011）。一九九三年には、先住民を支援するために国際的に活動しているNGOのIWGIA（International Work Group for Indigenous Affairs）が、アフリカの「先住民」に関する初めての会議をデンマークで開催した。サンは、マサイなどの東アフリカの牧畜民、サハラ地域の牧畜民トゥアレグ、中央アフリカの狩猟採集民ピグミーとともに、「先住民」としてこの会議に招かれ、議論に参加した（Veber et al. 1993）。

一九九〇年代後半にかけては、アフリカでも民族の組織化やそれを支援するＮＧＯの設立が進むとともに、国家を超えたアフリカの先住民どうしのネットワークも急速に構築されていくことになった。一九九九年には、先住民のＮＧＯやその支援団体などがタンザニアに集って「アルーシャ決議」を採択し、アフリカ連合によって設けられた「人および人民の権利に関するアフリカ委員会（ＡＣＨＰＲ）」に先住民問題を取り上げるよう働きかけた。その結果、二〇〇三年には、ＡＣＨＰＲにも先住民の代表を加えた作業部会が立ち上げられるに至った。

写真 10-1　常設フォーラムでアフリカの問題を話し合うアフリカ先住民の代表者たち（2016 年 5 月撮影）

このように、アフリカの先住民運動は、グローバルな潮流に呼応し、急速に進んだ。しかしこの運動が始まったオセアニアや北アメリカと、アフリカは、民族間関係や歴史的経緯が大きく異なっていた。そのため、アフリカの先住民運動はさまざまな矛盾を含みながら特有の展開を見せることになった。とりわけ大きな議論を呼んだのは、誰を「先住民」とするのかという問題であった。

オセアニアや北アメリカでは、現在も植民者が主流派を構成する国家が多く、先住民と非先住民の境界線が比較的わかりやすかったのに対して、アフリカでは事情が異なった。まずアフリカでは、古くから、人々がひんぱんに移動し、多様な民族や集団が融合と分離を繰り返しながら地域社会をつくってきたため、「もともとその土地にいた人」と「あとから来た人」を明確かつ固定的に区別することはできない。このため「先着性」によって先住民を確定することは容易ではなく、それぞれの地域における集団間の力関係も複雑である。

さらにアフリカは、ほぼ全土が植民地化を経験し、植民者との関係では、独立後の国家の主流派となった人々もまた「先住民」となりうる。このため、アフリカでは「すべてのアフリカ人が先住民である」という言説が広く流布している。加えて、アフリカ諸国は独立に際して、植民者の便宜に合わせてつくられた国境を維持し、そのなかで新たに「国民」を形成することを選択したという歴史的背景を持つ。このような状況のなかで、特定の民族を、独自性を維持し自主決定することが可能な存在である「先住民」として承認すれば、分離独立や国境修正を招いたり、国民形成を阻害したりするのではないかという危惧も表明された。

これに対して、ACHPRは「現代アフリカの先住民運動が問題にしているのは、今日のアフリカ国家のなかの抑圧である」と明言し、「アフリカでは、独立以来、（アフリカの）支配集団も周辺化された人々を抑圧してきた」ことを指摘している（ACHPR 2006: 10）。一九九〇年代以降の働きかけによって、今日ではこうした見方は広く共有されるようになり、アフリカの先住民運動の文脈では、先着性やヨーロッパ系植民者との関係の有無を「先住民」であるかどうかの基準としないことが定着しつつある。一方、それに代わって、アフリカにおいて、先住民の特徴としてしばしば強調されるのは、「文化的独自性」とならんで「土地との特別なつながり」である。

たとえば、アフリカから初めて国連の先住民作業部会に参加したマサイの運動家は、そこでアフリカの「先住民」とは「独自の文化的アイデンティティと土地の維持という最も重要な権利が、国家からも主流社会からも尊重されていない」人々だと述べた（Parkipuny 1989）。またその一四年後に、ACHPRは「先住民の構成要素または特徴」として「（「先住民」としての）自己アイデンティティ」のほかに「集団や文化の存続において欠かせない先祖伝来の土地との特別なつながりや利用方法を持っていること」と「主流社会とは異なる文化や生活様式、生業が理由で、従属化、周辺化、搾取、排除、差別を受けていること」を挙げている（ACHPR 2007: 4）。

それでは、実際にアフリカにおいて「先住民」として名乗りを上げ、あるいは名指しされ、この運動に加わっている集団はどのような人々なのだろうか。長年、国連において先住民問題の解決に携わってきたバルメ（Barume 2014）は、その大半が、狩猟採集民や牧畜民であると指摘している。この人々に共通するのは、野生動植物を追ったり、牧草地を求めるために、移動性の高い遊動生活を営んできたことであり、それを理由にさまざまな権利が認められなかったという問題である。多くのアフリカ諸国では、国家の主流を占めたのは、定住的な農耕を営む人々であり、異なる生業形態と居住様式を持つ狩猟採集民や牧畜民は周辺化されてきた。とくに遊動生活に対しては「後進的」「野蛮」といった否定的なイメージが与えられ、差別的に扱われることが多く、また遊動生活ゆえに、土地を所有せず、適切な管理もしてこなかったと見なされ、土地に対する権利が正式に認められることがほとんどなかった。

こうした人々にとって、グローバルな先住民運動に関わることは、遊動生活ゆえの排除の問題を、それまでとは異なるかたちで解決することに大きく貢献すると期待された。現在のところ、こうした問題に対応できるのは、国連を中心に練り上げられてきた先住民の権利をめぐる国際レジームが唯一であると考えられているからである。そして実際に、二一世紀に入るころには、少しずつではあるが、アフリカ各地で先住民の土地の権利の回復が進むようになった。

それではさら踏み込んで、こうした流れは、アフリカの多くの先住民の共通点である遊動生活に対しては、どのような影響を与えているのだろうか。高い移動性という点に注目しながら、サン社会の直面する問題に対して、グローバルな先住民運動が果たしてきた意義と限界を考えていこう。

3　中央カラハリ動物保護区における土地権回復運動の展開

現在、ジュタの暮らすコエンシャケネには、一五〇〇人前後の人々が住んでいる。その多くは、ボツワナの中央部に位置する中央カラハリ動物保護区（ＣＫＧＲ）を故郷とするグイまたはガナ語を話すサンである。サンとは、南部アフリカ一帯に最も早くから居住し、遊動的な狩猟採集生活を営んできた人々の総称である。共通してコイサン系の言語を話すが、それぞれの地域ごとにグイやガナなどの異なる言語グループを形成している。

サンの生活を共通して大きく特徴づけるのが、その移動性の高さである。彼らは、狩猟採集によって食物を得るため、季節によって変化する野生動物や植物の生育状況、あるいは水の有無に合わせて広大な土地を移動して暮らしてきた。そして、その移動に応じて人々は離合集散し、ときに複数の家族が集まる大きな居住集団を、ときに一家族だけの小さな居住集団を形成していたのである。

季節によって居を転々とする様子は、特定の土地に住まい続ける人々から見れば、無秩序で気まぐれに見えるだろうか。あるいは立派な家屋を持たない暮らしは、単に貧しい状況としてしか理解できないかもしれない。実際、狩猟採集民の生活様式や土地利用法は、国家や主流社会から正式なものとして認められることがほとんどなかった。とりわけ土地の権利の承認に際しては、特定の土地に長く住み着き、そこに家屋や農地などを持つ定住生活をしていることを前提とする国家が多く、移動が常で、土地利用の痕跡もあまり残さない遊動生活を営んできた人々は、そこから排除されることになった。彼らが利用してきた広大な土地は、誰のものでもない「空いている土地」に等しいと見なされ、他民族の領地や国有地、商業用地などになったのである。

こうしたことは、狩猟採集が「土地に対する投資」のない活動であり、彼らの利用してきた土地が経済の発展に資する農牧業や市場経済化に貢献していないことを理由に正当化された。あるいは、恒久的な家を持たず、野生動植物に頼る生活は「貧困状況」と見なされ、その改善こそが、彼らをその国家にふさわしい国民とするために必要だと考えられることもあった。同時に、遊動的な生活様式は、特定の領域を持つ国家の国民として彼らを捕捉し、管理するには不都合が多いものでもあった。したがって多くの国家は、彼らが利用してきた土地のごく一部、あるいはそこから離れた地域に設けられた定住地に、彼らを集住・定住させることによって、彼らを主流社会へ同化させ、国民として包摂しようと試みてきた。

こうして世界中の多くの狩猟採集民と同様に、サンは生活の基盤であった土地を失い、周辺化されていった。とりわけグイ／ガナの場合は、ボツワナがイギリスから独立を果たして以降、その傾向が顕著であった。一九六六年に独立を果たす以前、ボツワナを治めていたイギリス保護領政府は、最も「奥地」であったグイ／ガナの暮らす地域に、彼らの狩猟採集生活と野生動物の双方を保護することを目的に、ＣＫＧＲを設立した。ところが独立を果たしたボツワナ政府は、グイ／ガナを狩猟採集民として特別扱いし、野生動物とともに保護することは植民地主義的だと批判し、むしろ彼らを「主流社会に統合すること」を強力に推進した。この方針を具体的に進めたのが、都市部から離れた「遠隔地」に暮らす人々を開発拠点に移住、集住させ「他の国民と同じ生活をさせる」ことを目指して、全国規模で展開された「遠隔地開発計画」であった。この計画のもと、一九七九年にＣＫＧＲ内にあるカデ地域が開発拠点となり、各地に居住していた六〇〇人以上のグイ／ガナが集められ、定住化が進められた。さらに一九八九年になると、ＣＫＧＲから住民を立ち退かせる政策が閣議決定された。一九九七年には、ＣＫＧＲ外に設けられた開発拠点三つを再定住地とし、住民移転が始まった。この移転は、開発計画の推進と自然保護を目的とするものだと謳われたが、それとひきかえに、グイ／ガナは生活の基盤であった故地から追われることとなった。

歴史的に見ると、グイ／ガナだけでなく、ボツワナ各地でサンは土地を奪われるばかりであった。植民地期には、ボツワナの主流民族であるバントゥ系農牧民ツワナの諸首長国領土が画定されたときにも、国立公園やヨーロッパ人による大農場などが設けられたときにも、ＣＫＧＲを除いて、サンの存在はただ等閑視され、その土地権が認められることはなかった。独立後は、遠隔地開発計画が、サンに開発拠点を与える一方で、彼らがもともと生活していた土地を取り上げ、商業牧畜や自然保護、鉱物採掘などに利用することに力を貸した。その結果、二〇〇二年までに全国に六四の開発拠点がつくられたが、一方で、サンが使える土地は、開発拠点とその周囲、合計にして国土のわずか〇・六％にまで減ったといわれている（Hitchcock 2006）。このようなサンに対する土地収奪は、一九七八年に当時の法務長官が、「ブッシュマン（サン）は真に遊動的であるから、狩猟以外の権利はいっさい、認める必要がない」（Hitchcock 1978: 424）と発言したことに代表されるように、彼らの遊動的な生活様式を理由に急速に進んできたのである。

「声なき民」であったサンは、長年にわたって、こうした状況を否応なく受け入れざるをえなかった。ところがＣ

ＫＧＲからの立ち退きが発表された後の展開は、それまでとは大きく異なっていた。この時期、先住民問題は、すでにグローバルな課題として認識され始めていたのである。まず立ち退き計画が発表されるやいなや、国外に拠点を置く先住民支援団体が中心となり、「先住民が故地を追われる」として大規模な反対運動が組織された。これに呼応して、地元でもサンを「先住民」と表現し、運動を進めるＮＧＯが誕生した。一九九二年には初めてサンの地域会合が開催され、国を越えてサンの直面する問題解決に取り組むネットワーク型ＮＧＯのＷＩＭＳＡの設立が決まった。翌年には、ジュタが所属することになったＮＧＯの「ファースト・ピープルズ・オブ・カラハリ（First Peoples of Kalahari 以下ＦＰＫ）」が立ち上げられ、国内や欧米諸国でのアドボカシー活動に力を入れた。二〇〇二年にＣＫＧＲ内の政府サービスがすべて停止されると、これらの地元のＮＧＯと、国外の先住民支援ＮＧＯ、ボツワナの人権系ＮＧＯなどが「ネゴシエーションチーム」を結成し、政府と交渉を始め、ついには提訴に至った。

その結果、冒頭に紹介した二〇〇六年の「勝訴判決」を得ることになったのである。土地を奪われ続けるだけだったサンにも、先住民としてグローバルな運動に加わったことによって、ようやく道が開けた。そして、この判決によって、アフリカにおいても先住民の権利という考え方が一定の有効性を持つことが示された。これは「アフリカの先住民運動史におけるランドマーク」と呼ばれるにふさわしい出来事であった。

それでは、この歴史的な裁判の過程と判決後の展開において、グイ／ガナの移動性の高い遊動生活はどのように位置づけられたのだろうか。続く二つの節で見ていこう。

4　裁判資料と遊動生活

グイ／ガナにとって、土地権をめぐる裁判は初めてのことであり、まずは、彼らがＣＫＧＲに長期にわたって居住していた「先住民」であることを示すための「証拠」の提出が必要だと考えられた。そのためにＮＧＯが率いて、さまざまな資料が用意されたが、その一つとして試みられたのが、GPSを用いてグイ/ガナの「伝統的なテリトリー」を示す地図を作成することであった。世界の多くの地域で、先住民が長らく使っていた地名は「正式な地名」として認められず、地図にも載っていないことが多い。しかし、地名とともに、その土地の利用方法などを丁寧に書き取り、GPSを用いて正確な場所を記録すれば、彼らとその土地の豊かなつながりを可視化することができる。近年の技術の進歩でGPSが簡単に使えることになったことも関連し、このような地図化プロジェクトは、世界各地の先住民運動で実施されている。

CKGRでは、国外の先住民支援団体の経験や資金を活用しながら、ジュタもメンバーの一人であるNGOのFPKが中心となって、地図化プロジェクトが立ち上げられた。土地のことをよく知っている住民が、国外のコンサルタントとともに自動車で各地を回り、グイ/ガナ語の地名を一つずつ地図に記していった。その多くは、雨季にだけ窪地にできるパンと呼ばれる水たまりにつけられた地名であった。

グイ/ガナは、数あるサンの言語グループのなかでも、とくに移動性の高い暮らしをしていたといわれるが、その移動に際して重要なランドマークとなったのがパンであった。一九七〇年代の調査によれば、セントラル・カラハリ地域西部の人口密度は、一〇〇平方キロメートルあたり五人で、移動距離は一回につき約二〇~三〇キロメートル、移動回数は年に一一回程度であったという(Kelly 1995: 114)。しかしこのひんぱんな移動はけっして「でたらめ」ではなく、雨季に集い、乾季に離散するという季節的なパターンを持っていた。というのも、この地域では、恒常的に水をたたえる川や池などがなく、パンが唯一の水場となる。そのため、雨季には水を求めてパンの周りにたくさんの人が集まり、パンの水が消える乾季になれば、野生のスイカや根茎類など水分を多く含む植物に頼るべく、少人数のグループが各地に散らばったのである(田中 一九七一)。

このように移動の起点として重要視されるパンには、大小を問わずほぼすべて、名前がつけられている。パンを基準として地域が把握され、ある地点からある地点への移動経路も、パンの名前の連なりによって記憶されていた。ここに注目した地図化プロジェクトは、これらのパンを一つずつ訪れ、その名前と、主にそこを使っていた人々を記すことによって、彼らの土地利用の実態を示そうとしたのである。参加したある老齢のガナの男性は、市販の地図ではほぼ空白に見えたＣＫＧＲが、最後には、数多のパンの名前でぎっしり埋まったことを、後々まで嬉しそうに語っていた。

このプロジェクトの最終的な成果としてまとめられた報告書は、グイ／ガナの暮らしが季節によって移動を伴うものであったことに触れた以外には、遊動生活にはほとんど焦点を当てなかった。そればかりか、報告書のなかで地図化された「伝統的テリトリー」は、定住的なイメージに基づいたものであった。すなわち、いくつかのパンを中心として地域が区分されたうえで、それぞれの地域区分ごとに、そこを利用してきた人々の出自集団名が特定されるかたちで示された。さらにこれに基づいて各地域を境界線で囲い、それぞれに「コミュニティ利用区域」を設けることで、参加型自然資源管理を実施することも提案された（Albertson 2002）。

裁判の過程で、グイ／ガナの知識に敬意が払われ、彼らの自然資源利用を可能にする提案が公の場でなされたことは、多くの人々に好意的に受け止められた。しかし、これらの地図や提案は、柔軟性を備えた彼らの土地利用のありかたを、定住的なものへと回収する結果も生むことになった。たとえば、それぞれのパンには、そこをよく利用する人々とそうでない人々がいたが、それは「伝統的テリトリー」の地図が想起させるような、特定の人々による排他的な占有ではなかった。セントラル・カラハリのような乾燥地では、毎年同じ場所に同じだけの雨が降るとは限らないため、生活域を限定しないことこそが重要である。したがって、前の年に利用していたパンに今年は十分な水がなければ、別のパンへ移動し、そこに集まったたくさんの人々と暮らすというのが、常であった。あるグイの老人は、遊動生活の様子を私に話す際に、パンを特定の誰かのものではなく、異なる地域に住んでいる人々が「出会う場所」だったと説明した。遊動生活を支える基本的な考え方は、引っ越すか否か、その行き先をどこにするかということについては、それぞれの状況のなかで個々人が決めることであり、そして、誰がどこへ行っても歓迎されるべきであるというものだったのである。
その一方で、パンの周囲に集う人々の間には、居住地や狩猟地に関するゆるやかな住みわけのマナーがあり（野中二〇一四）、コンフリクトが回避されていた。そのマナーとは、各地から集ってきたときには、水場となるパンの手前に居住地を構え、パンの向こう側には行かないこと。そして、水場と他の人たちの居住地との間にわりこまないこと。この二つを守ると、パンの周囲に散らばった居住地はすべて、以前に住んでいたところに近い方角に位置することになる。その結果、もともと近くに住んでいた人々どうしが隣り合い、別の方角に住んでいた人々とは引き続き距離を保ちながら暮らすことが可能になる。さらに居住地から見て水場のある側を「前」、その反対側を「後」と位置づけ、狩猟や採集は、各居住地の「後」の方角で行うことになっていた。このようにして、特定の集団が特定の土地を所有するという形態をとらなくても、そのときどきのパンと居住地の立地に基づいて、互いの資源利用空間が重ならないように、うまく住みわけながら暮らすことができていたのである。

こうした移動の持つ多面的な意義とそれに伴う複雑な土地利用の仕組みは、裁判の過程でつくられる資料のなかでは、注目されることはなかった。彼らと土地との結びつきは、外部の人々により受け入れられやすいかたちで「伝統的なテリトリー」として示されるにとどまったのである。そもそも、ある土地の先住民であることは、そこに古くからいて、そして今もいるという「連続性」を前提としている。したがって、先住民の土地の権利を主張する際に、移動性の高さを強調するのは、不都合なことが多いと考えられるのかもしれない。しかし、移動性に目をつぶり、定住的な発想に基づく土地権の獲得を目指すことは、たとえそれが実ったところで、結局

写真 10-2 「水たまりを挟んで、こっちとあっちに別れて住んでいたんだよ」と昔の住まい方を説明する（2017 年 1 月撮影）

のところ、彼らが築いてきた独自の生活様式を否定することにつながる可能性があることを、この事例は示している。

5 裁判判決と自由な移動

それでは、裁判の結果は、グイ／ガナの移動生活を保障するものとなっただろうか。ＣＫＧＲからの移転を「違憲」とした判決は、彼らが故郷に戻る権利を認めたものとして、世界的に大きく評価された。しかし、長い判決文は、移動生活そのものに焦点を当てることはなく（Judgment of High Court of Botswana 2006）、三〇年続く遠隔地開発計画によって阻まれてきた彼らの移動を伴う生活の回復を全面的に保証するものにはならなかった。

遠隔地開発計画は、単に彼らを故地から引き離しただけでなく、遊動生活を「改善すべきもの」として捉え、定住化を強く推進してきた。とくに、ＣＫＧＲからの移転先として計画されたコエンシャケネは、彼らのそれまでの居住形態とはまるで違い、定住と集住を前提として設計されたものであった。居住域は、約一五〇〇人の住民に対してわずか三平方キロメートルしか用意されず、二五×四〇メートルに区画化された居住用の敷地が、移住の手続き順に、家族ごとに配分された。これによって、かつてのように自然環境の季節変化や社会状況に応じて移動することも、離合集散しながら居住集団を柔軟に編成することも阻まれたのである。

このような状況にあっても、グイ／ガナは、独自の方法で、移動性を維持しようと工夫してきた。まず多くの人々は、再定住地に家を維持しながらも、再定住地の外側に広がる原野に散らばり、狩猟採集や農耕牧畜などを目的とした非公式の居住地を拓いていった。そして、再定住地での雇用機会の有無や、原野の動植物の季節変化、ときには隣人との人間関係などに応じて、再定住地の住まいと原野の住まいの間を行き来しながら生活を続けている。このようにして、限られた環境においても、誰もが自由に移動できる生活を取り戻そうとしてきたのである（丸山 二〇一〇）。

ところが、裁判の判決は、遊動生活を積極的に評価しなかっただけでなく、移動できる人とそうでない人を選別する結果を生んだ。その要因の一つは、判決結果を受けて、政府が「原告リストに載っていた一八九人に限って帰還を許可する」と発表したことであった（Mmegi 2006）。この一八九人とは、最後まで政府の計画に抵抗し、CKGRの東部に残って生活を続けていた人々であった。彼らは、先住民を支援する国際NGOが中心となって起訴の準備をしたときに、まっさきに呼びかけられ、原告として名を連ねた。一方で、CKGRの西部から移住してきた人々のほとんどは、これらのNGOとの接点も少なく、原告リストに名前を載せていなかったために、正式に帰還することが許されなかった。実際、CKGRの入り口には、提訴者リストを持った行政官が待機し、それに基づいて、移動の可否が定められることになった。すなわちNGOが中心となって進めた活動に同調し、「先住民」として名乗りを上げることができたかどうかによって、判決の意味は大きく異なったのである。

さらに判決文には「政府はCKGR内に行政サービスを提供する義務はない」という判決が含まれていたこと（Judgment of High Court of Botswana 2006）も、土地へのアクセスをめぐって大きな問題を生んだ。移転先から数百キロメートルも離れ、政府からのサービスはいっさい提供されないCKGRに戻るには、移動手段としても運搬手段としても自動車は欠かせないものだった。帰還した人々は、自分の自動車に水や農作物、市販の食品などを積み込んだ。一方、こうしたことが可能なだけの経済力のない人は、コエンシャケネにとどまるよりなかった。長きにわたる開発計画のなかで、その恩恵にうまく与ることができたかどうかによって、従来は比較的均質であったグイ／ガナの間にも貧富の格差が生まれつつあるが、その格差こそが、故地へのアクセスの可否を決める結果を生じさせたのである。

このように、実際にCKGRに戻ることができた人は、先住民運動に加わることが可能で、同時に経済力も持っていた、いわば限られた「成功者」たちだけだった。一方で、十分な政治力も経済力もない、グイ／ガナのなかでも周辺化された人々は、「先住民」としてCKGRに戻ることは叶わず、再定住地にとどまるよりなかったのである。この結果は、誰もが自由に移動を繰り返し、同じ場所に集えば、互いにマナーを守りながら、ともに暮らすというグイ

／ガナが築いてきた暮らしとは、まるで逆のものであった。グイ／ガナは、メンバーを固定させた集団を形成したり、排他的なテリトリーを持つことはなく、彼らにとって、土地と人の関係は常に開かれたものであった。ところが裁判の判決がもたらしたのは、故地には特定の人々だけがアクセスできるという状況だったのである。

たしかに、二一世紀に入るころから、アフリカの「先住民」の土地権回復が成し遂げられるケースは増えてきたし、それは運動の「成果」として評価もされている。しかし、土地権を得ることはむしろ始まりであり、その土地で彼らに独自の文化や生活様式を実践することを可能にするためには、多くの課題が残っている。それだけではなく、むしろ土地権を認める過程やその判決こそが、ときとして、先住民の遊動生活の実践を阻むことにつながることがありうることを、ＣＫＧＲの事例は端的に示している。

6　移動する暮らしを続けるために

「先住民問題に関する常設フォーラム」は二週間にわたった。その間、少しヨソイキの顔をして流暢な英語でいろいろな人とあいさつをしていたジュタも、ときどき私を見つけると、嬉しそうにガナ語で話しかけてきた。そんなとき、私たちはいつもコエンシャケネの噂話に花を咲かせた。「原野の住まいにいたあのおじさんは、いい仕事を見つけて再定住地に戻ったよ」「あぁ、あの人たちはやっぱり喧嘩別れして、引っ越していったんだ」「今年は野生スイカがたくさん実って、たくさんの人がＣＫＧＲを訪ねて行ったよ」。公的な働きかけとは別に、この人たちにとって、移動する暮らしは、ごく日常のこととして今も続いている。

判決以降、コエンシャケネからＣＫＧＲに戻って生活している人は、おおよそ二〇〇人前後であるが、その大半の人々が実はコエンシャケネとＣＫＧＲの間をひんぱんに行き来しながら生活していた。一度でもＣＫＧＲを訪問したことのある人の数は、その倍を超える。判決後まもなくは、行政官がＣＫＧＲへの人々の出入りを厳密に管理していたが、それも次第に行われなくなり、提訴者の家族や短期の訪問については黙認されるようになっていた。この状況のなかで、人々は、親族関係や姻族関係を再強化して、そのつながりをたどって、「提訴者の家族」であることを説明したり、富裕者の持つ車に分乗したりしながら、コエンシャケネとCKGRの間の移動性を確保する工夫を続けている。こうした移動の実践は、コエンシャケネで提供される開発プロジェクトや社会福祉と、CKGRにおける狩猟採集生活双方へのアクセスの維持を可能にし、判決の結果、分断されたかに見えた人々の間のつながりを取り戻させつつある。そしてそれは、誰がどこへ移動しようとも歓迎されるべきだという、グイ／ガナの移動に対する古くからの考え方に支えられている。

こうした移動の実践は、いまだに「見逃されている」に過ぎず、正式に認められたものではない。グローバルな先住民運動も、近代的な法体系のなかで、居住の流動性や柔軟性を損なうことなく、故地に対する権利を回復する方法を見出すところにはまだ至っていない。それどころか、ときには、土地の権利の回復は、かえって、彼らが築いてきた土地との関係性を否定し、むしろ彼らに定住的な発想に基づいたものへと移行を強いる可能性さえ持っている。アフリカの多くの「先住民」となった人々が、移動性の高い生活をしてきたこと、そしてその移動性ゆえにさまざまな権利を認められてこなかったこと。その一方で、この問題を解決することを試みているはずの「先住民」という考え方やそれにまつわる法制度のあり方が、遊動生活の持つ柔軟性を捉え損ねていること。そこには大きな葛藤がある。

二〇〇六年の判決から一〇年が経過し、残された課題の解決のために、先住民どうしの連帯や、国際機関や国外のNGOとの協力関係は続いているのは確かだ。裁判後、国連先住民権利宣言が出されたこともあって国連の規約人権委員会は、すべての人がCKGRへ帰還する権利を保障されるようにと、政府に対して勧告した（Anaya 2010）。また今回の常設フォーラムにおいても、この問題を取り上げたコメントがなされていた。また国外からの資金サポートを得てCKGR内の水の利用権を求めた裁判も実施されるなど、状況の改善に向けた取り組みもなされている（Zips-Mairitsch 2013）。しかしそれらは、いまだ具体的なかたちでは実を結ばないままである。

法廷闘争で大きな役割を担ったNGOのFPKや、南部アフリカのサンのネットワークであるWIMSAは、二〇一七年時点では、ほとんど活動していない。その背景には、CKGR裁判の勝訴を契機に国際的な関心が去り、また国際支援の焦点が、先住民の問題から別のものへと移りつつあるなかで、以前のように資金を得られなくなっているという現状もある。最近では、具体的な問題の解決には、「先住民」として政府や主流民族と対立を深めるよりも、地域社会に共感や協力を仰ぐことが必要だということを、NGOのメンバーの多くが口にするようにもなった。

ジュタもまた、先住民のグローバルな連帯や、国際機関を活用した運動は、土地問題の解決に大きな進展を生んだが、一方でそれだけではうまくいかないことも強く感じるようになったと話していた。実のところ、ジュタ自身の最近の活動の中心は地方政治に移っている。彼は、二〇一三年に、野党から地方議員に立候補し、コエンシャケネを含む選挙区で当選した。CKGRとコエンシャケネを行き来しながら、地方政府に働きかけることによって、CKGR内への社会福祉の提供や、コエンシャケネでの開発計画の充実、またこの二つの地域を結ぶサービスの提案などに向けて働いているという。

アフリカでは、誰を「先住民」とすべきかをめぐっては、学術的にも政策的にも多くの論争がなされてきた。それでも現場では、サンをはじめ、周辺化された人々の多くが、「先住民」概念をきわめて柔軟に取り入れ、グローバルな運動とつながることで問題を解決しようとしてきた。そして、その動きはかつてないほど急速に広まり、いくつかの成果を上げつつある。しかしなお、アフリカで遊動生活を営んできた人々にとって、特定の土地に特定の人々がずっと住まい続けてきたという「先住民」イメージや、定住的な発想に基づいた「土地との特別な関係」は、けっして使い勝手のいいものとはいえない。挑戦すべき課題はまだ多い。

常設フォーラムの間、ジュタは多くの時間を、他地域の先住民と話すことに使っているようだった。会場のロビーで、隣国ナミビアと南アフリカからの参加者と盛り上がったあと、彼はふと「こういう場に来るのは大切だ。自分たちの問題が、ほかの人の問題と同じだということも分かるし、ほかの解決方法を学ぶことも多い」と少しまじめに言った。その場にいた人たちはみな静かにうなずいた。最近では地方議員の仕事に専念しているように見えたジュタだったから、思わず「もう国連に来たりするのはやめたのかと思ってたよ。裁判のあと、ＦＰＫも活動をやめたみたいだし、結局、みんな自由に移動することもできないままだし……」とぼやく私に、彼は即答した。「そんなことはない」。こうやって問題解決に挑み続け、世界を飛び回るジュタもまた、新しいかたちで移動する暮らしを追及しているのだろうか。彼はニヤリとして続けた。「まだあきらめてないよ」。

参考文献

田中二郎　一九七一『ブッシュマン』思索社。

野中健一　二〇一四「砂漠に住まう——カラハリ狩猟採集民の居住地選択と決定」宮本真二・野中健一編『自然と人間の環境史』海青社、九九—一一六頁。

丸山淳子　二〇一〇『変化を生きぬくブッシュマン——開発政策と先住民運動のはざまで』世界思想社。

宮脇幸生　二〇〇八「解説北東アフリカ」『講座世界の先住民族——ファースト・ピープルズの現在五　サハラ以南アフリカ』明石書店、二一二—二一五頁。

ACHPR（African Commission on Human and Peoples' Rights）2006. *Indigenous Peoples in Africa: The Forgotten Peoples? The African Commission's Work on Indigenous Peoples in Africa*. ACHPR and IWGIA.

ACHPR 2007. *Advisory Opinion of the African Commission on Human and Peoples' Rights on the United Nations Declaration on the Rights of Indigenous Peoples*. ACHPR: Banjul.

Albertson, A. 2002. Sustainable Use of the Central Kalahari Game Reserve. In Ditshwanelo（ed.）, *Central Kalahari Game Reserve Report*. Gaborone: Pyramid Publishing, pp. 12-24.

Anaya, J. 2010. *The Situation of Indigenous Peoples in Botswana*（UN. doc. A/HRC/15 22/02/2010）.

Barume, A. K. 2010. *Land Rights of Indigenous Peoples in Africa: With Special Focus on Central, Eastern and Southern Africa*.

Copenhagen: IWGIA.

Hitchcock, R. K. 1978. *Kalahari Cattle Post: A Regional Study of Hunter-Gatherers, Pastoralists and Agriculturalists in the Western Sandveld Region, Central District, Botswana.* Gaborone: Government Printing.

Hitchcock, R. K. 2006. 'We Are the Owners of the Land': The San Struggle for the Kalahari and Its Resources. *Senri Ethnological Studies* 70: 229-256.

Hodgson, D. 2011. *Being Maasai, Becoming Indigenous: Postcolonial Politics in a Neoliberal World.* Indiana: Indiana University Press.

Judgment of High Court of Botswana 2006. *Roy Sesana and Keiwa Setlhobogwa v The Attorney General, MISCA No52 of 2000.*

Kelly, R. L. 1995. *The Foraging Spectrum: Diversity in Hunter-Gatherer Life Ways.* Washington D. C.: Smithsonian Institution Press.

Mmegi 2006. Government Responds to Basarwa (15 December, 2006).

Parkipuny, M. O. 1989. *The Indigenous Peoples Rights Question in Africa* (Statement before UNWGIP).

Saugestad, S. 2001. *The Inconvenient Indigenous: Remote Area Development in Botswana, Donor Assistance, and the First People of the Kalahari.* Uppsala: Nordic Africa Institute.

Veber et al. 1993. *"Never Drink from the Same Cup" Proceedings of Conference on Indigenous Peoples in Africa IWGIA Document no 74.* Copenhagen: IWGIA & Centre for Development Research.

Zips-Mairitsch, M. 2013. *Lost Lands? (Land) Rights of the San in Botswana and the Legal Concept of Indigeneity in Africa.* Zürich: Münster: Lit.

【コラム⑨】先住民コスモポリタニズム

オーストラリア先住民の語る「非先住民」

山内由理子

先住民コスモポリタニズム（Indigenous Cosmopolitanism）とは、比較的最近に使われるようになった言葉であり、しばしば「土地に根付き、文化的に不変であり、他のエスニックグループとミックスしていない」といった先住民のイメージに対抗して用いられている。概念としては現在のところまだ固まっていないが、「コスモポリタン的」として、往々にして言及されるのがアッピア（Appiah 1997: 618）の説く「自らの故地（home）に根差し、文化的特殊性を持ちながら、その他の土地においても自らと同じようにそれを故地として愛する他者が存在する、ということを楽しむことができる」という他者への理解、尊敬、義務という側面と、「先住民」とされる人々が経てきた剥奪、転地、適応などの経験である（cf. Forte 2010）。本稿では、この先住民コスモポリタニズムの議論における他者への理解・尊敬・義務という側面を梃子に、シドニー南西部郊外のオーストラリア先住民（アボリジニ）[1]における非先住民側のルーツに関する語りを考察していきたい。

シドニー南西部郊外とは、シドニーの中心部より二七～五一キロくらい離れ、低所得者層向けの住宅が多く立ち並ぶ地域である。統計上二〇一一年には一万一一六人の先住民人口を抱え、そのうちのほとんどがアボリジニである（Australian Bureau of Statistics 2012）。彼らは、この地域で集住することもなく、多様な親族関係や先住民向けのプログラムを通じて他のアボリジニとの関係を維持・形成する一方、オーストラリア社会の主流を成す旧宗主国イギリスからの移民の子孫の人々（アングロ・ケルトと呼ばれる）をはじめ、さまざまな非アボリジニの隣人、仕事仲間、友人、家族と日常生活を送っている（Yamanouchi 2007）。ここでは、この地域において、私が調査をしていたときに出会った二人のアボリジニ女性の語りから、話を始めていきたい。

ヴェラ（仮名）は五〇代のアボリジニ女性である。私がそれまで話を聞いた多くの人々と同じく、彼女の人生は平坦なものではなかったが、そのバックグラウンドに関しては、これまでの人々の話とは異なる側面が強調されていた。ヴェラは、自分は「マルチカルチュラル」なバックグラウンドを持っているのと言い、自分の父方の曽祖父はドイツ人であり、アボリジニ女性と結婚したと言う。それにより生まれたヴェラの祖父はマオリの女性と結婚し、ヴェラの父親が生まれたと語り、このドイツ系とマオリ系の家族についてもっとよく知りたい、と締めくくった。

シドニー南西部郊外のような場所では、アボリジニの人々も大抵どこかしらで非先住民の血を引いている。しかし私がそれまで調査したアボリジニの人々の多くは、ルーツを聞かれると、アボリジニ側のそれのみを主に語っていた。それゆえヴェラのルーツに関する語りはここで私に不思議な印象を残したが、数少ないとはいえ、そのような語りをした人はほかにもいた。たとえば、私の友人であるジャネット（仮名）は七〇代のアボリジニ女性であるが、自分のスコットランド人側のルーツを示す証書を額に入れて部屋の壁に飾り、自分の祖父はスコットランド人であり、そのルーツは一一世紀までさかのぼることができるなど、たびたび誇らしげに口に出していた。

それでは、この「非先住民側のルーツを語る」ということを「先住民コスモポリタニズム」という概念をヒントに、シドニー南西部郊外の先住民の置かれた状況から見てみると、何が見えてくるだろうか。

スチュアート・ホール（Hall 1996）にならい、アイデンティティを「ポジショニング」――立ち位置――の問題として考えてみよう。オーストラリアにおいても、シドニー南西部郊外を含む大陸南東部・南西部は「入植集住地域」と呼ばれ、同大陸のなかでもインテンシヴな植民地化にさらされ、社会や生活環境がドラスティックに変化した地域であった。このようななかでは、「先住民」としての「抵抗」という観点からすると、「先住民」の側のルーツのみを主張するということは十分な意味がある。たとえば、あるアボリジニ男性は、自分の曽祖父はアボリジニ女性と結婚したウェールズ人で、祖母は後述する「盗まれた世代」の一員であったが、彼のルーツにおいて「否定されてきた」アボリジニのそれを自分は選ばざるをえない、と主張する。

現在のオーストラリアにおいて「先住民であること」の定義は、出自、自認、コミュニティによる認知という三基準による（Department of Aboriginal Affairs 1981）。この定義は一九八〇年代より広まったものであるが、それ以前、アボリジニは「混血」の「度合」によって分類され、「混血」の人々はアボリジニの親から引き離されて白人の運営する施設や里親の下で育てられるという「盗まれた世代」などの政策にさらされてきた。このような歴史を鑑み、シドニー南西部郊外のアボリジニの人々は、「肌の色が白くてもアボリジニはアボリジニであり、大切なのは肌の色ではなく家族につながるルーツとその関係なのだ」ということを往々にして強調するのである。

それでは、ヴェラやジャネットの「ポジショニング」はどう考えればいいだろうか。ジャネットによれば、彼女の祖父は非常に裕福な家庭の出身であったが、ジャネットの祖母にあたるアボリジニ女性と結婚したため、家族から追い出されたという。ここで重要なのは、この話の「史実性」よりも、彼女が家族の歴史をこのように「記憶」し「語っている」ということである。ここで「先住民コスモポリタニズム」における「他者への尊敬」を考えてみよう。ジャネットの祖父の時代、裕福な白人の男性が先住民の女性と正式に結婚する、ということは、簡単なことではなかったであろう。家族からの縁を切られながらもそれを行った人物として、ジャネットは自らの非先住民のルーツを「語る」ことに意味を見出していたということも考えられる。ここで見られるのは、アボリジニ女性であった祖母を「尊敬」し妻としたコスモポリタン的人物としての祖父に対する、コスモポリタン的立場からの「尊敬」といえるかもしれない。

旧政策下では「混血」により分類するという枠組みはあったが、そのミックスのルーツである個々人の関係は問われなかった。現行のシステムの下でも「先住民」である人々に基本的に先住民以外のルーツは問われない。ジャネットやヴェラたちが異議を唱えているのは、コスモポリタン的立場を表明する余地の見られない、このカテゴリー的な思考なのではないだろうか。

さて「先住民コスモポリタニズム」が比較的新しい概念だと私は冒頭で述べたが、それはあくまで学問のうえで議論されるものとしての歴史においてに過ぎず、先住民の人々が「コスモポリタン的態度」をこれまで身に着けていなかったということを意味するわけではない。オーストラリアの先住民としても、ヨーロッパ人による入植以前より東南アジアやパプアニューギニアの人々との接触の歴史があった。彼らが「コスモポリタン的」態度がとりにくくなったのは、むしろそのような態度からほど遠い形で行われたヨーロッパ人による入植以後かもしれない。このような観点から考えれば「先住民」

に「コスモポリタニズム」という概念が「適用されるようになった」のではなく、むしろ、問い直すべきは「先住民」という枠組みの拠ってきたその前提の方かもしれない。

注

1　オーストラリアの先住民には、大きく分けて、大陸部やその周辺の島の先住民であるアボリジニとトレス海峡諸島の先住民、トレス海峡諸島人がある。本稿では、アボリジニを中心に取り扱う。

参考文献

Appiah, K. A. 1997. Cosmopolitan Patriots. *Critical Inquiry* 23 (3): 617-639.

Australian Bureau of Statistics 2012. *2075. 0 - Census of Population and Housing: Counts of Aboriginal and Torres Strait Islander Australians, 2011*. http://www.abs.gov.au/AUSSTATS/abs@.nsf/DetailsPage/2075.02011?OpenDocument（二〇一六年六月二九日閲覧）

Department of Aboriginal Affairs 1981. *Report on a Review of the Administration of the Working Definition of Aboriginal and Torres Strait Islanders*. Canberra: Commonwealth of Australia.

Forte, M. ed. 2010. *Indigenous Cosmopolitans: Transnational and Transcultural Indigeneity in the Twenty-First Century*. New York: Peter Lang.

Hall, S. 1996. Introduction: Who needs "identity"? In S. Hall and P. D. Gay（eds.）, *Questions of Identity*. Sage: Thousand Oaks, pp. 1-17.

Yamanouchi, Y. 2007. Searching for Aboriginal Community in South Western Sydney, PhD Thesis, the University of Sydney.

おわりに

本書のきっかけは、二〇一三年の秋に遡る。日本における先住民運動を精力的に支えてきたＮＧＯ「市民外交センター」が、首都圏の大学生・大学院生を対象に「先住民族とは何か」を主題とした合同ゼミおよびスタディツアーを企画した。第一段階の合同ゼミは、二〇一四年一月一一～一二日に津田塾大学セミナーハウスで行われ、趣旨に賛同した若手の先住民研究者がボランティアとして集い、津田塾大学や東京経済大学、お茶の水女子大学などから二〇名を超える学生が参加した。学生たちはみな、先住民に関しては初学者であったが、研究者による世界各地の具体的な事例に基づいた授業を集中的に受けて活発に意見を交わし、知識を深めた。

第二段階のスタディツアーは、二〇一四年三月二七～二九日に沖縄本島で行われ、合同ゼミに参加した二〇名を超える学生たちが引き続き参加した。「先住民族とは何か」を、沖縄という具体的なフィールドで考えてみようという挑戦的な主題のもとで、スケジュールが組まれた。沖縄を拠点とするＮＧＯ「琉球弧の先住民族会」からその目的や活動に関する話を聞き、会のメンバーの案内で歴史遺跡や米軍基地を歩き、さらに沖縄国際大学の学生と意見交換する、といった盛りだくさんの内容であった。教室からフィールドに飛び出して、知識の上に体験を積んだ学生たちからは、より一層鋭い意見や難解な問いが飛び出すようになった。この合同ゼミおよびスタディツアーというセット企画は、参加した私たち研究者にとっても、非常に刺激的で学ぶところが多かった。

このような経験をふまえて本書の編者三人は、二〇一四年五月一七日に日本文化人類学会五〇周年記念国際研究大会（IUAES 2014 with JASCA）にて、On being "indigenous peoples": Connecting local practices with global context と題するパネルを組織した。世界各地から集まった一二本の発表では、現代において先住民が直面する諸問題が報告され、ディスカッサントを交えて議論は尽きるところを知らなかった。

以上のような一連のイベントをふまえて本書を構想するに至った。執筆は、合同ゼミで講師を務めた研究者や国際研究大会の発表者を中心に、フィールドにこだわって研究あるいは活動を進めている方々にお願いすることにした。初学者にもわかる平明さを保ちつつ、先住民という現在進行形の問題の多様さ、複雑さ、ダイナミズムを浮き彫りにする論集を編むことは、経験の浅い編者にはなかなか難しく、構想からあっというまに三年の月日が経ってしまった。

この場を借りてまず、章そしてコラムに、先端的で重厚な原稿をお寄せ下さった著者の方々に、心よりお礼申し上げる。また、二〇一四年に続いた一連のイベントなくしては、本書の構想に至ることはなかった。合同ゼミおよびスタディツアーにおいて、その成功を支えて下さった東京・沖縄の関係者および参加してくれた学生、そして国際研究大会のパネルにおける発表者および聴衆のみなさまにも、感謝の気持ちをお伝えしたい。

なお、本書の企画・編集は、以下の科学研究費補助金によって可能になった。

若手研究（A）「アフリカにおける先住民運動の展開と地域社会の再編に関する比較研究」（課題番号：二二六八一〇三六、代表研究者：丸山淳子）

若手研究（B）「ポスト『和解』時代におけるニュージーランド・マオリと都市の先住化（課題番号：二六七七〇二九六、代表研究者：深山直子）

若手研究（B）「インド北東部のエスニック運動とグローバル化の影響」（課題番号：二四七三〇四四二、研究代表者：木村真希子）

先に述べたように本書の著者はみな、フィールドにこだわって研究あるいは活動を進めてきた。それが可能だったのは、フィールドの方々の惜しみない理解と協力があったからである。著者を代表し、改めてここに最大限の感謝と敬意を表したい。彼らの多くは今なお日々の生活において、さまざまな苦難に直面し、またさまざまなかたちで闘いを続けている。私たちは今後もそのことに関心を寄せ、それぞれの立場から何ができるかを考え続けていきたい。

最後になるが、昭和堂の松井久見子さんの情熱的な仕事ぶりと叱咤激励がなければ、本書はかたちになっていなかった。思いばかりが先走りがちで、合意点を見出すことに時間がかかりがちだった編者三人に、よく最後まで付き合って下さったと思う。本当にありがとうございました。

二〇一七年九月二五日

編者一同

■執筆者紹介（執筆順）

清水昭俊（しみず あきとし）

国立民族学博物館名誉教授。専門は文化人類学。おもな著作に「先住民、植民地支配、脱植民地化——国際連合先住民権利宣言と国際法」（『国立民族学博物館研究報告』32巻3号、2008年）など。

上村英明（うえむら ひであき）

恵泉女学園大学大学院平和学研究科教授、市民外交センター共同代表。専門は国際人権法、先住民族の権利、植民地論。おもな著作に『新・先住民族の「近代史」——植民地主義と新自由主義の起源を問う』（法律文化社、2015年）、「日本における脱植民地化の論理と平和学——その関係性の整理と問題提起」（共著、『平和研究』47号、2016年）など。

宮里護佐丸（みやざと ぐさまる）

琉球弧の先住民族会（AIPR）。おもな著作に『グローバル時代の先住民族——「先住民族の10年」とは何だったのか』（分担執筆、法律文化社、2004年）など。

鈴木佑記（すずき ゆうき）

国士舘大学政経学部講師。専門は文化人類学。おもな著作に『現代の〈漂海民〉——津波後を生きる海民モーケンの民族誌』（めこん、2016年）、『小さな民のグローバル学——共生の思想と実践をもとめて』（分担執筆、上智大学出版、2016年）など。

石垣　直（いしがき なおき）

沖縄国際大学総合文化学部教授。専門は社会人類学、台湾地域研究、沖縄地域研究。おもな著作に『現代台湾を生きる原住民——ブヌンの土地と権利回復運動の人類学』（風響社、2011年）、『世変わりの後で復帰40年を考える』（分担執筆、東洋企画、2013年）など。

山本達也（やまもと たつや）

静岡大学人文社会科学部准教授。専門は文化人類学。おもな著作に『舞台の上の難民——チベット難民芸能集団の民族誌』（法蔵館、2013年）、 Lyrics matter: Reconsidering the ways to use 'Agency' in Ethnographic descriptions through discourses and practices concerning Tibetan pop in Tibetan refugee societies（*Revue d'Etudes Tibetaines* 40, 2017）など。

水谷裕佳（みずたに ゆか）

上智大学グローバル教育センター准教授。専門は文化人類学、北米地域研究、境界研究。おもな著作に『先住民パスクア・ヤキの米国編入——越境と認定』（北海道大学出版会、2012年）など。

アンエリス・ルアレン（ann-elise lewallen）

カリフォルニア大学サンタ・バーバラ校東アジア言語文化学部准教授。専門は文化人類学、先住民族学。おもな著作に *The Fabric of Indigeneity: Ainu Identity, Gender, and Settler Colonialism in Japan*（University of New Mexico Press and School for Advanced Research Press, 2016）, *Beyond Ainu Studies: Changing Academic and Public Perspectives*（共著、University of Hawai‘i Press, 2014）など。

齋藤　剛（さいとう つよし）

神戸大学大学院国際文化学研究科准教授。専門は社会人類学。おもな著作に『〈断〉と〈続〉の中東――非境界的世界を遊ぐ』（分担執筆、悠書館、2015年）、『イスラーム　知の遺産』（分担執筆、東京大学出版会、2014年）など。

久保田亮（くぼた りょう）

大分大学経済学部准教授。専門は文化人類学。おもな著作に「伝統ダンスを踊ることの意味――アラスカ南西部先住民の民族誌的事例検討」（『大分大学経済論集』67巻6号、2016年）、「ユピックの在来知と知的財産概念――人と伝統芸能の関係についての事例検討」（『国立民族学博物館研究報告』131巻、2015年）など。

ミカエラ・ペリカン（Michaela Pelican）

ケルン大学社会・文化人類学教授。専門は社会人類学。おもな著作に *Masks and Staffs: Identity Politics in the Cameroon Grassfields*（Berghahn, 2015）, Complexities of Indigeneity and Autochthony: An African Example（*American Ethnologist* 36-1, 2009）など。

小西公大（こにし こうだい）

東京学芸大学人文科学講座准教授。専門は社会人類学、南アジア地域研究。おもな著作に『フィールド写真術』（共編著、古今書院、2016年）、*Jaisalmer: Life and Culture of Indian Desert*（共著、D. K. Printworld, 2013）など。

髙橋絵里香（たかはし えりか）

千葉大学人文科学研究院准教授。専門は文化人類学、医療人類学。おもな著作に『老いを歩む人びと――高齢者の日常からみた福祉国家フィンランドの民族誌』（勁草書房、2013年）など。

中田英樹（なかた ひでき）

社会理論・動態研究所所員。専門は農業経済学、農村社会学。おもな著作に『トウモロコシの先住民とコーヒーの国民――人類学が書きえなかった「未開」社会』（有志舎、2013年）、「移民の生きる毎日は『開拓』か『侵略』か――在ブラジル日本人が『二分制限法』にみた『恐日病』の世界と日本帝国の近代」（『現代思想』45巻18号、2017年）など。

八塚春名（やつか はるな）

津田塾大学学芸学部講師。専門は生態人類学。おもな著作に『タンザニアのサンダウェ社会における環境利用と社会関係の変化――狩猟採集民社会の変容に関する一考察』（松香堂、2012年）など。

山内由理子（やまのうち ゆりこ）

東京外国語大学総合国際学研究院准教授。専門は文化人類学、オーストラリア先住民研究。おもな著作に『オーストラリア先住民と日本――先住民学・交流・表象』（編著、御茶の水書房、2014年）、*Hapa Japan Vol. 1: History*（分担執筆、Ito Centre Editions, 2017）など。

索　引

あ 行

か 行

さ 行

た 行

な 行

は 行

ま 行

や 行

ら 行

わ 行

略 語

■編者紹介

深山直子（ふかやま なおこ）
東京都立大学人文社会学部准教授。専門は社会人類学、オセアニア地域研究。おもな著作に『現代マオリと「先住民の運動」——土地・海・そして環境』（風響社、2012年）、『交錯と共生の人類学——オセアニアにおけるマイノリティと主流社会』（分担執筆、ナカニシヤ出版、2017年）など。

丸山淳子（まるやま じゅんこ）
津田塾大学学芸学部准教授。専門は人類学、アフリカ地域研究。おもな著作に『変化を生きぬくブッシュマン——開発政策と先住民運動のはざまで』（世界思想社、2010年）、『社会的包摂／排除の人類学——開発・難民・福祉』（分担執筆、昭和堂、2014年）など。

木村真希子（きむら まきこ）
津田塾大学学芸学部教授。専門は社会学（エスニシティ）、南アジア地域研究。おもな著作に『市民の外交——先住民族と歩んだ30年』（分担執筆、法政大学出版局、2013年）、*The Nellie Massacre of 1983: Agency of Rioters*（Sage Publications, 2013）など。

先住民からみる現代世界
——わたしたちの〈あたりまえ〉に挑む

2018年2月25日　初版第1刷発行
2020年4月1日　初版第2刷発行

編者　深山直子
丸山淳子
木村真希子

発行者　杉田啓三

〒607-8494　京都市山科区日ノ岡堤谷町3-1
発行所　株式会社　昭和堂
振替口座　01060-5-9347
TEL（075）502-7500／FAX（075）502-7501
ホームページ　http://www.showado-kyoto.jp

印刷　亜細亜印刷

ISBN978-4-8122-1640-8